主编 李玫 副主编 武瑾

［康乐］
经营与管理

重庆大学出版社

内容提要

随着社会进步、经济发展以及人们生活需求的不断改进,康乐行业里所包含的经营项目在不断地丰富更新,康乐行业被消费者认可的程度在提高,从事康乐业的人员不断增多,关于康乐企业的经营、管理以及发展前景等问题也越来越受到关注。本书是高职高专旅游系列教材之一,全书分别对康乐业的歌舞厅、卡拉OK厅、KTV、棋牌室与康乐场所酒吧、台球室、健身房、桑拿保健室、美容美发厅、游泳池、保龄球场、网球场、高尔夫球场等的经营与管理进行了介绍。本书可作为高职高专康乐专业、饭店专业的教材,也可作为康乐业、饭店业从业者的参考书。

图书在版编目(CIP)数据

康乐经营与管理/李玫主编.—2版.—重庆:重庆大学
出版社,2009.3(2023.1重印)
(高职高专旅游系列教材)
ISBN 978-7-5624-4798-6

Ⅰ.康… Ⅱ.李… Ⅲ.①文娱活动—商业服务—高等学
校:技术学校—教材②文娱活动—商业管理—高等学校:
技术学校—教材 Ⅳ.F719.5

中国版本图书馆 CIP 数据核字(2009)第 022482 号

高职高专旅游系列教材
康乐经营与管理
(第2版)
主 编 李 玫
副主编 武 瑾

责任编辑:贾 曼 夏 宇 版式设计:贾 曼
责任校对:秦巴达 责任印制:张 策

*

重庆大学出版社出版发行
出版人:饶帮华
社址:重庆市沙坪坝区大学城西路 21 号
邮编:401331
电话:(023)88617190 88617185(中小学)
传真:(023)88617186 88617166
网址:http://www.cqup.com.cn
邮箱:fxk@cqup.com.cn(营销中心)
全国新华书店经销
POD:重庆市圣立印刷有限公司

*

开本:720mm×960mm 1/16 印张:18.5 字数:373 千
2009 年 3 月第 2 版 2023 年 1 月第 10 次印刷
ISBN 978-7-5624-4798-6 定价:54.00 元

目录

康乐经营与管理概述

随着社会进步、经济发展以及人们生活需求的不断改进,康乐行业里所包含的经营项目在不断地丰富更新,康乐行业被消费者认可的程度在不断提高,从事康乐业的人员也在不断增多,关于康乐企业的经营、管理以及发展前景等问题也越来越受到关注。

第一节　康乐业综述

康乐,从字面上看是指健康快乐的意思。它是满足人们康体和娱乐等一系列需要的活动,也是人们获得健康生活方式的重要手段,是人们消除亚健康的有效方式。康乐活动是能够满足人们追求健康、快乐目的的各种行为方式的总和,人们可以从康乐活动中得到心灵和肉体上的松弛。

一、康乐活动的分类

根据参与者具体目的的不同,康乐活动可分为康体项目、娱乐项目和保健项目三大类。

(一)康体项目

康体项目就是人们借助一定的康体设备设施和环境,通过自己积极的参与达到锻炼身体、增强体质的目的,是具有代表性的、易于接受的、趣味性强的运动项目。在这里需要强调的是,康体项目不是专业体育项目,而是一种承自体育运动项目,却摒弃了体育运动的激烈性、竞技性,以不破坏自身身体承受力为前提,具有较强娱乐性、趣味性的康乐项目。

在现代人心中,理想的康体运动项目是能使人体多种机能得到良好的锻炼与保健的运动,同时要具有明显的休闲效果,即它的节奏和运动量可随意进行调节,使人们根据自己的具体情况全面调整训练强度;还要能够适应不同年龄、性别和运动能力的人群,让所有家庭成员都可以参与其中,以维系因生存压力造成的不能经常与家人共处而疏忽的那部分亲情;在锻炼时间和前往路程方面,则要能够满足大部分消费人群的需求,使人们能从忙碌的生活中抽出时间参加运动;运动时所处的环境既要让消费人群感到舒适、美观、安全,又要能够放松绷紧的神经;同时在运动收费方面,它的价格要能让消费人群乐于接受;运动的季节性不能太强,要可以在全年大多数月份进行,以满足消费者持续锻炼的愿望;最后一点,理想的康体运动要兼具竞技性、观赏性和实用性。

现代康体项目为了顺应消费者的需求,在其发展的过程中逐渐形成了以下特点:

(1)现代康体项目需借助现代化、科学性的设施设备和场所。传统的康体项目一般是在室外进行的,人们通过利用自然的环境、简易的器具来进行以健身强体为目的的体育锻炼。随着城市化进程的加快,公用空间开始变得狭小,适宜的自然康体场所减少;同时,科学技术的发展,使室内环境与温度得以操控,康体设施设备更加人性化、综合化,适用的人群范围也在扩大;并且,教练的出现,为人们提供了科学的、系统的、针对性强的指导。这些因素使康乐活动逐渐从自发的、随意的、室外康体活动向由专业化康体教练进行指导,借助现代化、科学性的康体设施设备和场所的现代康体活动发展。

(2)现代康体项目具有特定的锻炼目的。个性化的生活习惯,导致每个人的健康和体型状态各不相同。每个康体活动的参与者针对自己的特点,确定了明确的训练目的。如加强心肺功能、训练力量、塑造形体、放松休闲等。

(3)康体运动量以不破坏身体承受力为限。现代康体运动的大部分项目,如跑步、自行车、划艇等,与体育项目又存在着本质的区别。后者的最终目的是在比赛中取得胜利,同时向观众展现了力与美的结合。而在康体运动中,参与者是以锻炼身体、增强体质为目的,遵循"循序渐进、持之以恒"的原则,选择适合自己的健身手段,把握好基本的运动强度和时间,以求达到最佳效果。

(二)娱乐项目

娱乐自古是人们生活中不可缺少的消遣活动。到了现代社会,都市生活节奏的紧张,生存的压力使得人们失去了太多生活的乐趣。人们或希望能够优闲地坐下来,享受大自然赐予的闲适、宁静和幽雅;或挥拍击球,感受智力与体力的巧妙结合;或在轻歌曼舞中享受良辰美景。娱乐项目因其趣味性强,参与性强,以及能够给人们精神上带来愉悦感,成为广大人民喜爱的消遣方式。因此,娱乐项目就是指人们借助一定的娱乐设施、设备和服务,使顾客在参与中得到精神满足,得到快乐的游戏活动。

饭店作为一个微缩的社会,客人来自各行各业,遍及世界各地,娱乐需求也因人而异,各有不同。康乐部在提供娱乐项目时,需要分析客人的消费需求,综合考虑饭店的具体情况、所在地的人文历史,以及开设娱乐项目的背景等因素来设置娱乐项目。

(三)休闲保健项目

生存的压力使人们进入"年轻时用健康换金钱,年老时用金钱换健康"的生活误区。很多健康组织、医疗专家对此提出了"关爱健康,关爱生命"的口号,这是生活质量提高的表现,更是现实的迫切需要。由健康引发的饮食保健、运动保健、休闲保健等话题也逐渐成为消费者关注的焦点。大部分旅游涉外饭店在为客人提供保健项目时,由于受经营场地、经营模式的影响,在经营过程中更侧重于休闲保健。

休闲保健项目是指通过服务员提供相应的设施、设备或服务作用于人体,使顾客达到放松肌肉、促进循环、消除疲劳、恢复体力、养护皮肤、改善容颜等目的的活动项目。休闲保健的经营项目,有我国老百姓所信服的传统中医保健项目,如足疗、中医按摩、中药浴等;也有传统保健与西方保健结合后涌现出的新的保健项目,如 SPA 水疗、美容护颜、修身美体等。

二、康乐业的历史沿革

人类对康乐的需求,可追溯到久远的历史。自从人类产生以来,就有了康乐需求和康乐活动。例如广西花山地区和云南苍源地区岩画中的很多舞蹈形象、汉代的杂技陶俑、唐代敦煌壁画中的许多画面,都反映出我国古代康乐活动的发展。

现代康乐行业的产生和发展,是随着社会经济的发展而产生和发展起来的。为了迎合消费者的消费需求,西方国家旅游饭店率先设立康乐中心和康乐部,带动了现代康乐业的发展和壮大。不仅使传统项目如网球、台球、棋牌等得到不断的完善和提高,而且随着高科技的发展,新兴的项目如模拟高尔夫球、桑拿等也得到很好的创新与开发。同时,随着人们对康乐活动需求的日益增加,饭店康乐中心的设施已经不能满足人们日益上升的需求,于是相对独立的康乐企业应运而生。

康乐业在我国还是一个"朝阳"产业。为了全面、系统地研究康乐经营与管理,首先应对现代康乐项目的产生与发展有一个大致的了解。

(一)保龄球运动的历史沿革

保龄球的历史可追溯到距今 5 200 年前的古埃及。现代保龄球运动的前身是"九柱球戏",它起源于公元 3—4 世纪的德国,起初是天主教打击恶魔的宗教仪式活动的一个组成部分,用来测试教徒的信仰程度和忠诚度。由于这项活动的娱乐性、抗争性和趣味性较强,很快便被人们接受,慢慢演变成与宗教信仰毫无关系的民间游戏,并逐渐由户外转到室内,传遍整个欧洲。1952 年,在芬兰赫尔辛基成立了国际保龄球联合会(FIQ),又称为国际保龄球联盟(简称国际保盟)。国际保龄球联合会统一了保龄球运动的场地和规则,并举办了国际比赛。1992 年巴塞罗那奥运会上,保龄球被列为正式比赛项目。

20 世纪初保龄球运动传入中国。1982 年 12 月,上海锦江饭店同美国 AMF 公司合作,在锦江俱乐部建成了 6 条自动化球道的保龄球场,成为全国首个自动化保龄球场。1995—1997 年,是保龄球运动在我国人为炒作的发展时期,保龄球球道从 1 000 条剧增到 20 000 条。紧接着,保龄球行业的发展进入衰退期,球道数目迅速萎缩。目前,保龄球的消费市场还没有完全恢复。

由于保龄球简便易学,可培养敏锐的判断力,不论高矮、胖瘦或老幼,均可以享受到其中的乐趣;而且它的娱乐性强,能够消除日常生活、工作的压力与烦恼。所以,大规模保龄球室与舞厅、商店毗邻而建,长期以来风行于欧美、大洋洲及亚洲一些国家和地区,流传到世界各个角落,成为现代康乐活动中越来越受欢迎的项目之一。

(二)台球运动的历史沿革

对台球运动的发源地和年代比较一致的说法是:在 14—15 世纪由欧洲人发明的一项室内运动。早期的台球是用黄铜和木材制造的,后来改用象牙。1868 年美国塑料工业之父海亚特研制成功塑胶台球,降低了台球消费的门槛。台球作为高雅的康乐活动的代表,受到了人们的欢迎。台球最早在亚洲的传播是伴随着殖民主义者的入侵而来的。1978 年改革开放,台球运动再次进入中国。随着社会经济迅速发展,台球也和其他体育休闲运动一样得到普及和发展,特别是众多体育场馆、俱乐部、娱乐中心和饭店都开设了正规的台球厅,开始了台球在中国发展的新时期。

(三)网球运动的历史沿革

网球起源于法国,后传入英国,并在英国发展壮大。英国的温菲尔特少校(Major Walter Clopton Wingfield)是现代网球运动的创始人。随着时间的推移,在全球范围内,逐渐形成了澳大利亚网球公开赛、温布尔顿锦标赛和美国网球公开赛四大赛事。中国的网球运动是在 19 世纪后期由英、美等国商人、传教士带入的。近年来,网球运动开始在我国兴起,不仅专业运动员的水平迅速提升,作为健身娱乐活动也正受到越来越多人的喜爱。由于网球的运动量大小可随活动者自身情况调节,男女老少皆宜,且运动技术难度不是很大,只要通过反复练习就可以提高技术水平,因而能提高运动者的兴趣。同时,它还能提高反应能力,增强灵敏度和身体的协调能力,并随着运动量的增大能有效地提高耐力和爆发力。最有吸引力的是,这项运动所需的场地不是很大,许多城市的饭店、度假村都利用现有场地建设了网球场,供客人消闲康体之用。

(四)高尔夫球运动的历史沿革

高尔夫球 15 世纪起源于苏格兰,18 世纪开始流传到世界各地,19 世纪 20 年代传进亚洲。第二次世界大战后高尔夫球运动迅速发展,现已遍及世界各大洲,并逐渐奠定了其优雅、高贵的形象,成为一种时尚及某种身份的象征。如今,全世界高尔夫球爱好者约有 5 000 万人。美国有"太阳谷"之称的亚利桑那州凤凰城,是美国平均气温最高的城市,有众多的高尔夫球场,冬季许多人来此度假,在绿草如茵的球场上挥杆,场面甚是壮观。目前,世界各地高尔夫球的组织和赛事繁多,主要有:美国高尔夫球协会、英国职业高尔夫球协会、美国高尔夫球公开赛、美国业余女子高尔夫球锦标赛、英国高尔夫球公开赛、世界杯高尔夫球比赛,等等。

我国宋代就流行着和现代高尔夫球相类似的运动——捶丸运动。1896年,中国上海高尔夫球俱乐部成立,标志着这项已有几百年历史的运动进入中国。改革开放以后,高尔夫球运动在中国获得较快发展。1985年5月,中国高尔夫球协会在北京成立。从此以后,中国每年都会举办各种类型的高尔夫球公开赛。

(五)游泳运动的历史沿革

游泳是古代人类在同大自然作斗争中为求生存而产生的。据《史记》记载,中国早在春秋时期即有关于泅水(游泳)的活动了,至唐、宋已成为一种体育活动。现代游泳运动起源于英国。1828年,英国在利物浦乔治码头建造了第一个室内游泳池。现代游泳在产生和发展过程中,逐渐形成了自由泳、仰泳、蛙泳和蝶泳等,并成为康体休闲的重要项目之一。经常进行游泳锻炼,能使神经、呼吸和循环系统的机能得到改善,并能促进身体匀称、协调和全面的发展。一般游泳场所有海滩、湖泊、天然泉水、江河、激流等新开发出来的天然游泳设施和各种室内外游泳池。

(六)桑拿浴的历史沿革

关于桑拿浴的起源,比较一致的说法是起源于古罗马。到了19世纪,北欧已开始流行一种冷热交替的洗浴方法。随着科学技术的发展,北欧人将先进的科技运用于桑拿浴设备,从而使桑拿浴达到了现代化水准。桑拿浴在国外又被分为干桑和湿桑,干桑拿浴从芬兰传入我国,因而称为芬兰浴。湿桑拿浴从土耳其传入我国,因而称为土耳其浴。1979年,广州东方宾馆引进中国第一台洗浴设备,从那时开始,这两种洗浴方式在中国被统称为"桑拿"。桑拿浴在欧美国家相当受欢迎,改革开放后逐渐在中国盛行起来。

(七)美容美发的历史沿革

1.美容的起源与发展

关于化妆品的历史,尚未发现准确的记载。从考古中发现的陪葬品、壁画、雕刻以及生活遗迹推测,远在公元前2000多年,人类就懂得化妆美容了。相传国外使用化妆品,源于古埃及。经过几千年的进化,19世纪70年代欧洲开始出现美容院。进入20世纪,美容和化妆作为一种产业出现在全球范围内,全面影响人们的生活。

我国是世界上最早懂得和使用化妆品的国家之一。早在公元前1000多年的商朝末期,已经有了美容品。我国现代化化妆品厂始建于19世纪末20世纪初。到70年代末80年代初,人们的物质生活水平与文化生活水平普遍提高,化妆品的消费也与日俱增。近10年来,人们在美容上的消费额成十倍以上的速度剧增。

2. 美发的起源与发展

在欧洲，古希腊罗马时代已有理发店出现。19 世纪末，开始创办培养理发师的学校。20 世纪 20 年代，女子烫发服务开始兴起。我国理发历史悠久。《仪礼·士昏礼》记载："女子许嫁，笄而醴之，称字。"1920 年，上海"一乐也"理发店首先引进国外烫发设备，开展女子烫发业务。近年来，美发业在我国发展迅猛，管理日渐规范，发展前景广阔。

三、我国康乐经营的特点

随着竞争越来越激烈，酒店行业的平均利润越来越低，酒店除了在住宿、餐饮方面竞争外，还必须不定期地开发新的收入来源。现代人越来越多地追求精神生活享受，康乐项目必然成为酒店开发项目的首选，又因康乐项目种类繁多，文化性强，容易形成经营特色和利润倍增的效应。

（一）客源结构的差异性，决定了康乐消费的水平

康乐消费与客房、餐饮等消费一个明显的差异就是前者作为人们精神享受的一部分，具有很大的弹性。在酒店业中，20% 的合资和外资酒店，康乐的营业收入占到整个酒店业的 80%。一个最重要的原因是这 20% 的酒店，垄断了 90% 以上的国际商务客和其他类型的海外旅游者。这些客人除了住宿以外，在餐饮、娱乐、购物等方面的消费能力较强，使酒店整体经营设施得到充分利用，促进了酒店整体经营业绩的提高。其他 80% 的内资酒店，主要是以国内客源为主。这些客源中绝大部分人在酒店的消费主要是满足住宿等基本消费的需要，在酒店进行餐饮、娱乐消费的很少。所以，客源的结构决定了消费能力，而消费能力又影响对酒店康乐项目的消费水平。

（二）康乐功能定位的不同，反映康乐在酒店中的地位差异

在酒店经营过程中，酒店中的康乐功能，最初是按西方人追求健康和缓解工作压力的需要而设立的，在相当长的一段时间，因国内顾客缺少对酒店娱乐设施的需求，酒店中的康乐设施大多处于闲置状态，酒店的康乐部门一直处于从属地位。近几年来，随着国内居民可支配的收入和可支配的时间增加，人们对休闲、康乐、健身等更高层次的精神消费需求也随之增加。人们越来越认识到康乐的重要，也越来越多地在康乐上投资，康乐正在改变着不同地区人们的生活。一些酒店为了适应这种需要，适时调整酒店康乐市场定位，康乐部门逐步从其附属的部门中独立出来，形成一个专业化、与客房餐饮等部门平行的重要部门，而且主要面向当地市场经营，使酒店康乐项目成为当地人们消费的代表性场所。酒店无论其类型如何，只要从市场需求出发将康乐功能进行合理准确的定位，使其符合时代发展的趋势，就能在目前微利的环境中，不断地创新，推出符合市场需求的特色项目，使酒店的康乐设施得到充分利用，就能成为酒店营业收入的重要来源。

(三)康乐项目的选择,影响酒店娱乐的盈利能力

酒店经营者过去因对康乐经营的不重视,在项目选择上赶潮流,市场上流行什么,就经营什么,内容雷同,人为造成了酒店康乐经营的难度。中国新的《酒店星级的划分与评定》中只保留必备的健身设施,如健身房、游泳池、美容美发中心等。康乐项目、康乐设施中大部分内容调整到加分项目中,给予酒店在康乐项目的设置上有了很大的选择权。酒店不仅可以选择歌舞厅、音乐厅、迷你电影厅或是地方特色的民俗风情表演,如茶道、民族舞蹈等娱乐项目,而且可以选择网球场、保龄球室、溜冰场、潜水或冲浪、室内游泳池等运动休闲项目,还可以选择棋牌室、桑拿、美容、按摩等保健服务项目。引导酒店在提供基本康乐服务项目的同时,因地、因店、因时不同而选择特色服务项目,从而形成特色经营。例如,都市中心的商务酒店受场地限制,不可能设置占地面积很大的乡村高尔夫,但为了满足日益增长的高尔夫爱好者的需要,可考虑造小型高尔夫球场或室内模拟高尔夫练习球场。市场的运作机制是优胜劣汰,而竞争压力将始终驱使酒店合理选择康乐项目,最终实现资源的优化配置。

(四)康乐项目的特色功能,体现现代酒店经营趋势

尽管现代星级酒店内的客房、餐饮、康乐等服务项目基本满足了顾客的工作、旅游的需要,然而必须在康乐经营上形成特色。

首先,康乐部的地位越来越重要。康乐部是高星级酒店的重要标志之一。目前,酒店为了适应竞争的需要,不断引进新的康乐设备,完善服务设施,对管理标准和职能要求越来越高。在酒店的运行中对康乐部的职能提出了更高的要求。康乐部必须在尽可能提高酒店各种康乐项目盈利能力的同时,尽可能地降低能源、原材料、配件和人力消耗。

其次,康乐项目是酒店特色经营的体现。酒店实施差异化经营战略关键在于推出不同于竞争对手的特色产品,为顾客创造更多的价值,而康乐项目正是酒店张显个性和突出风格,体现酒店的事业性和独特性的重要内容,有利于形成具有特色的酒店品牌,并最终赢得市场的认可。

第三,康乐项目延长了旅客停留时间,提高了酒店接待能力。酒店康乐项目不仅为度假旅游的客人提供了休闲、游玩、社交的场所,而且也为商务客人提供了健身、运动的基本条件。酒店具有特色的休闲、康乐项目,丰富了酒店内容,形成了特有的市场吸引力,如商务酒店的客房新增交互式多媒体游戏、收费电视、音乐与剧场转播、频道租用等康乐项目,提高了客房出租率,增加了酒店收益。

(五)康乐经营环境较差,导致酒店经营的风险大于机会

目前,中国有关康乐经营管理的相关法律、法规还不能与康乐业的发展同步,甚至有些滞后。这样也造成对康乐经营者管理的盲目性,执法者处罚的随意性。酒店康乐经营的环境差导致经营风险大,从而使一些酒店业主的经营行为短期化,要么不

开发康乐经营项目,要么钻法律空子,进行投机经营,甚至进行某些不法的营销活动。

(六)康乐管理模式呈多样性,反映酒店经营的多样化

不同类型的酒店为了实现经济效益最大化,在不断推出新颖和具有市场吸引力的娱乐项目的同时,也在探索切实可行的管理体系来规范和管理娱乐项目的经营。目前,康乐部管理模式常见的有自营式管理模式、业务外包式管理模式和独立实体式管理模式。

总之,由于人们观念的更新,审美情趣的变化,酒店经营者应对那些康乐形式单调,内容不受消费者青睐的项目加以改造,使其内涵加深、外延拓宽,从形式和内容上都更符合客人的需要。

四、康乐业的经营现状与发展前景

(一)康乐业的经营现状

1.康乐项目开发能力强,新颖的康乐项目层出不穷

目前,世界上新兴的娱乐项目几乎都是西方国家开发的,且项目开发速度越来越快,开发周期越来越短。随着社会的进步和经济的发展,人们对康乐活动的需求在不断地增加。国内外的实践经验告诉我们,康乐经营的生命力在于不断地自我更新。这些情况都促使康乐行业不断推出新的项目,以促进其自身的发展。例如,高尔夫球本是一项传统的康体项目,但由于自身客观条件的限制不易推广。在这种情况下,西方发达国家先后开发出了城市高尔夫球(也称微型高尔夫球或迷你高尔夫球)和模拟高尔夫球。前不久,日本又开发出了木杆高尔夫球。桑拿浴是传统的保健项目之一,近些年来,一些经营者陆续开发出了光波浴、米酒浴、茶水浴、花水浴、桑叶浴、薄荷浴、瀑布浴、泥浴、沙浴、药水浴、酵素浴、牛奶浴等,形成了一种洗浴文化。此外,康乐业又推出了火箭蹦极、室内攀岩、滑草、沙弧球等新兴的康乐项目。新项目的不断涌现,给康乐业带来了活力,促进了康乐业的发展。

2.康乐项目设计水平高,同时具备越来越突出主题的经营理念

康乐设施设备及环境设计倾向豪华、精美,科学合理。在科学的指导下,现代康乐项目的设施设备,从高尔夫球杆、球网、人造草,到保龄球球道、网球球拍、多功能健身器、电子模拟高尔夫练习器、各种电子模拟模型以及仿室内海滨浴场、滑雪场等超级游乐场的设计水平,都代表了康乐设施设备设计的最佳水准。在康乐业快速发展的今天,经营者们更加注意如何拓展经营空间。在很大程度上经营者们已经达成共识:除了开发新颖的设备、扩大经营规模以外,在经营理念上更加注意突出主题。这种理念在美国尤其得到盛行,例如在以电影为主题的游乐园中,"迪斯尼"和"环球"是两个比较大的乐园,它们拥有经验丰富的管理人员,能把许多影片成功地转换为主题乐园的游乐设施。

根据旅游体验类型分类,主题公园可分为五大类:情境模拟、游乐、观光、主题和风情体验。游乐式主题公园亦称游乐园,提供了刺激的游乐设施和机动游戏,为寻求刺激感觉的游客所乐此不疲。情景模拟式主题公园,具体来说即是各种影视城的主题公园。观光式主题公园则浓缩了一些著名景观或特色景观,让游客在短暂的时间欣赏最特色的景观。各式各样的水族馆和野生动物公园,都是主题型的主题公园。至于以风情体验为主题的公园,则将不同的民族风俗和民族色彩展现在游客眼前。

3.康乐项目推广普及率高,康乐设施和经营主体大幅增加

在经济发达国家,康乐项目的普及率很高,即使是设施豪华、价格昂贵的康乐场所,如高尔夫球、保龄球、桑拿等项目都有相当的普及率。其他康乐项目设施和场所都不同程度地实现了社会化,为广大人民大众所享用。有些项目设施,如健身器材、美容美发等都直接进入了家庭。在美国,各个康乐项目的参与人数以每年平均9%的速度增长。

随着我国经济高速发展,带动了康乐业的快速发展,主要表现为几个方面:其一,经营主体增加。随着人们对康乐活动需求的增加,经营康乐项目的主体已从高星级饭店向度假村、康乐中心扩展,还出现了许多专营康乐项目的企业。其二,经营规模扩大。无论从国际方面还是从国内方面看,康乐经营的规模都在不断扩大。康乐经营市场挖掘潜力极大。30年前,国际上最大的室内水上乐园的面积只有几千平方米,现在北京的国家游泳中心——"水立方",建设规模约8万平方米,从招标、设计到建设的各个环节都充分考虑了赛后运营。奥运会后,经过改建的"水立方"会成为北京市民的水上娱乐中心。

4.康乐活动文化色彩浓厚

康乐活动已不仅仅能强身健体,更包含着轻松、和谐、惟善惟美的底蕴。如高尔夫球运动即是文明又高雅的康乐活动:蔚蓝的天空、绿茵茵的草地、完美的击球动作,一切都是那么和谐而舒适的。置身于这样的优雅环境中,人自觉不自觉地会注意自己的言行,是一种消除疲劳、缓解压力、舒畅心情、提高兴致、陶冶情操等方面的精神享受。

5.参与康乐活动的人数越来越多

随着经济的发展和社会文化生活水平的提高,人们的康乐需求也不断提高,越来越多的人希望在闲暇时间参与一些有益于身心健康的康乐活动。比如高尔夫,中国高尔夫球场建设每年将以20%~30%的速度递增。中国高尔夫消费人群已达100多万人,年增长比例达30%。横店影视城作为情景模拟型主题公园,在2008年上半年接待游客量达265万人次,比去年同期增长2%。另外,康乐需求的扩大促进了康乐服务人员的增加,而康乐服务人员的增加又有力地证明了参与康乐活动的人数越来越多。中国的很多高等旅游院校开设了康乐经营与管理专业,这些学校为康乐业扩大经营输送了大量人才。

6. 康乐项目向大众方向发展,收费水平趋于合理

在过去,康乐项目的收费不太合理,有些项目的消费很高。但随着市场经济的发展和人们消费观念的转变,康乐业的收费水平越来越合理。大多数康乐企业都能从我国消费者的实际收入情况出发,制定出合理的收费标准,采取降低收费的经营策略,为广大中、低收入的消费者提供了享受现代生活、感受现代康乐项目所带来的乐趣的机会和条件。这样,一些原来属于"贵族"的康乐项目开始大规模地走近寻常百姓。2006 年上海市网球协会公布了《上海市网球运动发展情况调研》。结果表明,作为四大贵族球类运动中的网球,自 1998 年起,参与其运动的人口数平均每年的增长率为 22.68%。截至 2006 年,上海经常打网球的人数约占上海总人口的 4%,约为54.5 万人。在所有被调查者中接近一半的人表示到过网球场打球。这一数据充分表明,网球已经初步走入大众的生活,在大众中有了很高的认知率和参与率。

(二)我国康乐业的发展前景

1. 康乐设备的科技含量将不断增加

随着科学的进步和市场需求的增加,康乐设备的科技含量会越来越高。设备的现代化会使康乐项目日趋完善。例如,模拟高尔夫球场,早期的场景是用幻灯机投射出来的,而现代则是 60 000 束/s"红外线立体侦测器"和超高解像投影机相结合形成的。电子游艺机已经凝聚了较多的科技含量,索尼 Playstation3 是目前配置最强悍的家庭游戏机,不仅配置了多核心设计的 IBM Cell 处理器、基于 NVIDIA 图形技术的显示处理器以及最新蓝光光盘驱动器等,另一方面,PS3 是第一个允许用户自行安装操作系统的家用游戏机,从此游戏机与 PC 之间的差距越来越模糊。SONY 在考虑 PS3的市场策略的同时,已经开始规划 PS4 主机,预计 2010 年推出。另外,很多较简单的康乐设备在发展中虽然没有明显的外形变化,但其制造材料却在不断地提高科技含量。例如,制造网球拍和壁球拍的材料已经由木材到金属再到高分子材料,现在已经使用了碳纤维。可以预见,随着科学技术的进步和康乐事业的发展,康乐设备的科技含量将不断增加。

2. 康乐服务和管理水平将明显提高

随着康乐业的发展,康乐服务和管理也不断规范化。在康乐业形成的初期,服务和管理水平很低,一是因为康乐服务员和经营管理人员缺乏康乐项目的专业知识;一是缺少相关的政策、法规,出现了立法滞后的现象。现在,我国的康乐业已经有了长足的发展,康乐管理也开始由经验型向科学管理型方向转变。其主要表现为:①经常举办康乐服务和管理的培训班;②中职院校、高等院校开始设置康乐服务和管理课程;③关于康乐服务和管理的教材也不断更新,康乐管理趋于规范化和系统化;④关于康乐经营的政策、法规正在不断完善,为经营者合法经营规定了方向,等等。今后,我国的康乐服务和管理水平将不断提高,并最终达到发达国家的水平。

3. 康乐经营在经济活动中所占的比例将增加

从世界角度来看,康乐业进入经济活动始于西方发达国家,后来又逐步发展并占据了较重要的经济地位。我国康乐业的发展,是随着改革开放的大潮和国民经济的发展而发展的,在国民经济中占有一定的位置。

我国虽然是一个发展中国家,人均收入水平不高,与西方发达国家相比还有很大的距离,国内生产总值(GDP)在国际经济大家庭中所占的比例还不是很高,这些情况使我国康乐业的发展受到一定的影响。但是改革开放以来,我国经济的发展突飞猛进,与发达国家之间的距离正在缩小。经济的高速发展促进了康乐业的发展,使其成为一项新兴的产业,并使其在国民经济中占有越来越重要的地位。据不完全统计,2008 年横店影视产业实验区共有 218 家企业入驻,营业收入 12 亿元,2007 年接待境内外游客突破了 500 万人次。改革开放以来,我国的康乐行业从无到有、从小到大,得到了迅猛的发展,取得了辉煌的成绩,其在国民经济中所处的地位越来越重要。

4. 康乐消费在人们生活消费中所占的比例将增长

在我国,随着物质生活水平的提高,人们的消费观念和消费结构都在发生着变化。我国经济近几年来一直保持较快的发展速度,2008 年上半年城镇居民人均可支配收入 8 065 元,同比增长 14.4%,扣除价格因素,实际增长 6.3%;农村居民人均现金收入 2 528 元,增长 19.8%,扣除价格因素,实际增长 10.3%。现在全国大部分人口已解决温饱问题,并且有相当一部分人达到了较富裕的生活标准。这就意味着人们将会有越来越多的资金用于普通消费以外的康乐消费,人们已不再满足于一般的温饱型生活,而产生了较高层次的需求。康乐消费就是这种需求之一,它是一种休闲消费,要求消费者有余钱和闲暇时间。西方经济发达国家康乐业的发展与其国民收入较高和实行较多的休假制度有关。现在我国已实行了 5 天工作制,2008 年国务院又调整了自 1999 年开始实施的黄金周放假方案,颁布了新的放假方案。这一新方案决定了大众假日消费转换为以本地为主的休闲消费,刺激了人们的康乐需求,并为满足这种需求提供了条件。随着人们生活水平的不断提高,康乐消费在人们生活消费中所占的比例将会继续增长。

第二节　康乐项目的设置

一、康乐项目设置的原则

(一)综合效益的原则

现代企业在设置康乐项目时不应该只考虑自身经济效益,更应该考虑社会效益和可持续发展问题,即综合效益。在设置项目时,要看到该项目为社会带来的影响如何,是否可以丰富人们的文化生活,是否有利于人们的身心健康,是否为本社会、本地区带来良好的社会风气。康乐业必须在国家有关法律、政策的指导下,运用各种积极健康的经营手段,创新经营内容,吸引顾客,达到社会、经济效益和企业可持续发展的最佳综合效益。

(二)满足目标客人的个性化需求原则

现代康乐项目发展迅速,种类繁多,不同客人对康乐项目的选择各不相同。如青少年喜欢光顾迪厅、舞厅、卡拉 OK 厅,青年人喜欢保龄球、台球,女性喜欢健身、美容等。应该根据目标客人的层次、消费习惯、喜好、消费水平等多方面的因素来选择既有文化品味又受客人欢迎的康乐项目,以此来提高企业的赢利水平。

(三)突出经营特色的原则

任何康乐企业在项目设立时,都应该考虑将地区的民族特色和传统特色文化与现代康乐活动结合起来,形成全新、独特的娱乐方式来吸引消费者;或者在引进项目时,以高档次、高消费、高规格来突出特色;也可以以特殊的、有创造性的服务方式吸引客人,从而达到提高企业竞争力的目的。

(四)因时、因地、因店制宜的原则

康乐项目的建设要根据康乐企业的地理位置、环境条件、客人数量和客人层次的不同特点而设置,并尽可能地满足客人的不同需求。因此,康乐设施的配置都要因时、因地不同而有所不同。例如,受场地限制的饭店不可能建设占地面积很大的乡村高尔夫球场,寒冷地区的康乐企业不宜建室外泳池场,等等。

二、康乐项目设置的依据

(一)市场需求

从市场总体来看,消费者的需求不可能得到完全满足,总会有一些未被满足的需求。另外,消费者的需求也会随着市场的发展、环境的变化、时间的推移而不断变化,市场需求会随着人口、经济收入、文化、竞争规模、商品供应量和价格、资源开发的变化而变化。过去我国旅游业能够提供的康乐项目很少,满足不了客人的需求。客人除了要求住得好、吃得好之外,还需要娱乐和健身。为了满足客人的需求,各旅游企业引进酒吧、闭路电视、台球、保龄球、高尔夫球、网球、卡拉 OK 厅、夜总会等康体娱乐项目,因此康乐项目的设置首先是为了满足市场的需求。在具体确定市场需求时,还要分析每个服务项目的市场需求量,即服务项目利用率的高低,防止某个项目的规模和接待能力过大或过小而影响经济效益。

(二)资金能力

康乐项目的设置应该依据投资者投入的资金情况量力而行。建设一个综合性娱

乐项目所需的资金可能和建一座相当规模的饭店所投入的资金差不多,但建一个适度规模的康乐部则用不了那么多。因此,投资者、设计者要心中有数,使有限的资金发挥到极致。

(三)客源消费层次

康乐设施的设置,要在调查的基础上根据客源层次及其需求来决定,市场定位要准。如企业所面对的市场主要是商务客人的话,则应该考虑其需求,设置一些高档次、高消费的康体设施,如高尔夫球等;如果是工薪阶层,则应选择一些大众化、低消费的康体设施。

(四)客房接待能力

一般情况下,从康乐企业或饭店客房的接待能力可以推断出其康乐设施的接待能力,这种情况只针对接待住店客人而言。但若也接待店外客人,就要考虑市场半径之内的客流量,并以这个客流量为依据决定康乐设施规模。

(五)康乐项目的发展趋势

随着人们物质文明和精神文明的提高,对康乐活动的需求和要求也越来越高。因此,在设置康乐项目时,应关注康乐业的发展,适时推出能赶上潮流、让消费者满意的康乐项目,使企业获得最大的效益。

第三节　康乐企业的经营方式及管理特点

一、企业的经营方式

(一)按照经营主体划分

1. 传统自营式管理模式

这是最常见的管理模式。康乐部的人、财、物和所有业务由酒店统一经营和管理。这种模式的优势是酒店能根据自己的发展需要统一规划,协调发展,不足是适应市场变化的能力较差,这也是大部分酒店康乐经营盈利性差的原因之一。

2. 业务外包式管理模式

酒店将康乐经营外包给专业型的企业来经营和管理,也就是购买第三方的服务而不是由酒店内部员工来完成这些工作。这有利于酒店将注意力集中到自己的有竞争力的核心业务上。从事专业康乐经营管理的公司,不仅在项目经营上具有可靠性、专业性、前瞻性、系统性的特点,而且能降低经营成本,比自己做更有把握。现代酒店的一些附属或非主营业务,如美容美发厅、歌舞厅等就是包给外面的企业来经营。酒店业务外包在国外是比较流行的一种管理模式,在中国也成为酒店业的一种发展趋势。但业务外包应选择专业特征明显并具有一定知名度的服务企业或机构。

3．独立实体式管理模式

当康乐部门独立对外的业务量比较大,市场影响力较大时,为了便于开发康乐业务,可以将康乐从酒店中独立出来,以新的合资、股份,或作为酒店子公司等独立实体存在,如独立的俱乐部模式来经营康乐业务。

(二)按照经营指标划分

1．无硬性指标的经营方式

这种经营方式适用于附属形式的康乐机构,饭店或旅游企业不对康乐部定硬性指标,主要为住店客人服务。这主要是出于两个原因:一是饭店或旅游企业的康乐项目刚开业,对消费的客流量还不太清楚,价格定位也正在摸索当中,康乐部处于试营业阶段,对于经营指标难以确定;二是由于企业决策层采用价格渗透法定价,即将康乐项目的价格渗透到客房费用中,每个康乐项目不再另收费。这时从表面上看康乐部没有收入,因此也无需定指标。

2．有硬性指标的经营方式

这种经营方式是指由康乐部的经理承担硬性经营指标,企业进行集中管理和控制。在经营过程中,由企业总经理在充分调研的基础上为康乐部规定出经营管理目标和经济指标,同时也赋予康乐部经理一定的权力,由其直接担负经营管理责任。并且,总经理和康乐部经理要签订"经营管理目标责任书"。

(三)会员制经营方式

这是一种特定的经营方式,在康乐企业中最为适用。它是专为取得会员资格的特定客人服务的一种经营方式。康乐企业采取会员制具有以下优点:

1．客人消费水平高,服务周到细致

参加康乐会员制的消费者都是有一定经济能力的人士。他们除需要办理入会手续、交纳会费外,每次消费前,还需要预约时间,并对企业的服务质量要求较高。因此,企业经营者应根据客人不同的要求提供优质的、个性化的服务。

2．会员层次高

取得会员资格的人要经过登记、资格审查,并交纳较高的会费。一般而言,许多会员制的康乐企业都是政界要人、工商巨头、名人、大款的聚集地。

3．会费较高

在会员制中,虽然对会员有许多优惠政策,但会员每年必须交纳会费。有的地方还交纳月管费,每次使用场地和器材设备还要交纳一定费用,因此总费用还是较高的。

4．客源相对稳定

一般的会员资格期限至少是1年,经营得好的俱乐部还有终身会员。这些会员是企业最好的客源,可以为企业带来很好的经济效益。康乐企业能否实行会员制,必须要根据企业的经营项目、设备档次、地理位置、营销能力、经营者的社交能力和范围等诸多条件来决定。

二、企业管理的内容

(一)企业的组织管理

康乐企业管理者要在科学管理的理念指导下,进行企业的组织建设。企业组织是企业正常运转的骨架,组织合理,业务运转便会顺畅。康乐企业组织是根据决策构建的。在分析企业的实际即企业的规模、档次、业务范围、客源构成、市场等基础上,从保证效益、提高效率出发进行组织管理。组织管理的主要内容有:确定企业的组织结构和管理体制,确定企业部门的设置和层次的划分,配备各级管理人员,组织企业高层领导班子和业务指挥系统,确定编制定员,划分和确定各部门职责和权利,制定相应的规章制度,确定业务联系的方式和信息沟通的网络途径,以及业务组织的形式和方法。

(二)企业的决策和计划管理

康乐企业的组织形成之后,就应该进行正常的经营活动。康乐企业的经营活动不是盲目的,它要以一定的目标为指导,也就是需要有决策和计划管理。康乐企业中计划是企业经营活动的纲领,是决策的结果,从形式上讲是计划,从实质上讲是决策。计划和决策的主要内容是:全面、客观地分析康乐企业所处的内外环境和市场需求,提出企业经营的目标和方向并进行充分论证,最后确定目标、制定计划。

(三)业务管理

企业管理的目的是为了保证业务正常开展,业务管理就是以日常业务活动为对象的管理。日常业务是分散在各部门进行的,各部门业务又为企业业务服务。这样,康乐企业的业务管理就分为企业业务管理和部门业务管理两个层次。

1. 企业业务管理

企业业务管理主要内容是:①划定各部门的业务范围,确定业务过程;②组织指挥业务活动的实际进行;③业务过程的指挥控制主要借助于财务管理、信息系统、人员安排来完成。

2. 部门业务管理

部门业务管理在企业各部门中开展,除各部门各自的业务特点外,其主要内容是:管理人员在业务进行前和过程中及实施后的管理。管理人员要有明确的业务范围,对管理范围内的业务性质、业务内容有全面的认识,合理地设计业务过程,有效地组织指挥活动,设计与实施业务信息系统和财务控制系统,配备人员、安排班次,控制经济效益。

（四）服务质量管理

服务质量管理是康乐企业的生命线，是企业管理者工作的中心。它包括确定康乐企业及各部门的服务质量标准，制定服务规程，并对服务质量进行控制。另外，还要建立服务质量信息系统，建立服务质量保证体系，建立经常的、有计划的人员培训制度，推行全面质量管理的方法等。

（五）人力资源管理

人力资源管理包括对员工的录用与辞退、考核和培养管理者、人事档案管理、技术业务培训、福利事业管理等。除了日常的人事行政管理外，更重要的工作是要创造一个良好的工作环境，指导员工工作，发展员工工作潜力，改善员工的工作、生活条件等；调动员工工作的积极性。

（六）财务管理

财务管理包括资金筹措、固定资产和流动资产管理、成本分析、利润管理、财务收支计划、成本核算等。康乐企业的财务从本质上来说体现了企业在经营过程中由资金运转所形成的经济关系，如：企业与国家之间的责权关系，企业与各部门的产品交换关系，企业与客人之间的结算关系及企业内部的核算和分配关系等。康乐企业财务在这些关系中起着理财的作用，它既保证企业资金的供应，支援国家建设；同时也能通过增收节支，提高企业的经济效益。因此，财务管理对企业的管理和经营起到了十分重要的作用。

（七）安全与卫生管理

安全与卫生管理是康乐企业经营的必要条件，消费者在选择娱乐场所时的首要条件就是安全与卫生。因此，康乐企业要严格进行安全与卫生的管理，保证消费者的人身安全和财产安全，制定严格的各种卫生消毒程序和治安保卫制度，规范安全操作规程，保证企业的正常经营。

（八）康乐设施设备管理

康乐设施设备管理主要包括：设备的维护保养，设备的修理计划的制定和执行，设备的改造和更新；设备的资产管理；节能环保管理；各部门和工程部配合对设备的维护保养，保证康乐企业的正常经营；技术人员和人员素质管理等。

（九）市场经营管理

康乐企业除了内部管理之外，还有市场经营，主要包括：企业的投资与经营形式的选择，对企业的客源、市场需求、目标市场选择、产品组合的营销管理，对企业产品、价格销售渠道、促销方式、广告、公共关系等系统的管理。

三、康乐企业管理的特点

（一）设施管理的严密性和灵活性

由于康乐企业拥有种类繁多的设施设备，在管理上存在着鲜明的个性。主要表现为：管理组织上的严密性，劳动纪律方面的严肃性，营业时间、服务方式和服务内容方面的灵活性。康乐企业服务项目很多，每个项目的运行规律又有较大差别，因此，管理上的灵活程度也不一样，不能用一种模式管理。例如，健身房的器械应不断更新，这是由于一方面使用频率高的器械容易损坏，需要更换原型号的器械；另一方面，生产厂家又不断推出新型号、新功能的产品，而新产品更科学，对客人有新奇感，能起到稳定老客户、吸引新客户的作用。又如：高尔夫球场需要大量的服务员，并且对服务量的要求也很大，等等。

（二）经营项目的适应性

康乐企业经营项目的适应性主要表现在适应客人不断发展变化的需求上。康乐项目以其趣味性强、赢利丰厚而吸引了众多的经营者，但康乐项目和康乐设施的发展变化很快，客人的需求也在不断更新变化，因而经营者须认真研究市场，不断适应市场变化，加强服务质量的管理，不断更新康乐项目和设施，才能迎合客人的需求，使企业立于不败之地。此外，康乐经营项目还应该考虑适应消费者的习俗、地理区位特点和季节特点，才能更客观地选择康乐项目和经营形式，获得康乐项目经营和管理上的成功。

（三）经营管理过程中的协作性

康乐企业经营项目繁多，每个项目又各有其相对的独立性，因此在经营管理过程中更要注重各部门之间的协作性。例如，网球陪打员应不失时机地向客人推荐按摩服务，这样既可使客人减轻大运动量后的疲劳程度，又为按摩室招徕了生意。又如，保龄球和电子游戏室的机修员与服务员要密切协作，服务员应时刻注意提示客人使用正确的方法娱乐，以减少设备的损坏；机修员则需及时保养和维修机器设备，以保障服务员更好地为客人服务。

（四）服务对象的随机性

康乐项目与餐饮和客房相比，其接待服务的随机性较强。康乐项目的营业销售水平和接待人次不像餐饮和客房那样具有较明显的规律性，它往往受到社会条件、自然条件和消费者个人条件的影响。例如，某些重大的政治事件、气候的变化和人们消费热点的变化都会影响康乐企业的营业额。此外，康乐项目的销售水平还会受到客人兴趣、爱好、年龄、身体状况等多种因素的影响。例如，游泳池、健身房、网球场等项目，中青年客人参与得较多；美容室以青年女性客人居多；城市高尔夫球运动适合体弱者参加。由于每个项目的消费群体都各不相同，因此，康乐企业的管理和服务要根据这种随机性的特点,对不同客人提供有个性化特点的服务,使客人的期望值和满意度达到统一,以增加康乐企业的经济效益。

四、康乐企业管理的任务

(一)提供能满足消费者娱乐需求的产品和优质的服务

娱乐的需求是客人在满足基本生理需求以外的一种高层次的需求,也是现代人不可缺少的一种需求。由于客人需求的多样性,康乐企业应尽可能地开设丰富多彩的娱乐项目,并提供优质的服务以满足不同客人的不同需求。例如,为了满足客人的需求,可开设健身房、游泳池、网球场、高尔夫球场、台球厅、保龄球馆和美容美发室等。在设立娱乐项目时要注意:

(1)要把精神文明和精神糟粕区别开来,不要设立那些腐朽的、对社会有腐蚀作用的项目。

(2)要有发展的眼光,善于发掘那些有新意的项目。

(3)注意不要违反政府的有关政策、法规,必须守法经营。

(二)满足客人卫生和安全的需求

做好康乐设施的安全和卫生工作,满足客人安全和卫生的需求,为客人提供一个安全、洁净、优雅的康体娱乐环境,是康乐企业的基本任务之一。从安全方面来看,由于任何一项活动都可能存在不安全因素。例如,打保龄球可能出现滑倒、摔伤或扭伤的危险,这就需要服务人员时刻注意客人的活动情况,及时提示客人注意按照安全规范参与康乐活动。再加上客流量的增加,康乐设施的使用次数增加,设备的损耗随之增大,由于设备的原因而产生的不安全因素也会增加。如果不注意设备保养和安全检查,就有可能给客人带来不必要的伤害。在卫生方面,要经常做好场地的环境卫生和设备清洁工作,由于设备使用频繁,设备要经常清洁和消毒。此外还要注意严格控制噪声,积极采取措施,降低噪声强度;经常通风和消毒,保持空气清新,使各项指标符合卫生防疫部门规定的标准。

(三)扩大营业收入,提高创利水平

不论是独立的大型康乐企业,还是饭店的康乐部,其最终目的都是为企业获取最大的效益,因此扩大营业收入,提高创利水平成为其最主要的任务。在人们对健康娱乐活动的需求日益增大的今天,饭店的康乐部或康乐企业的某些康乐项目就成为企业扩大收入、增加利润、增强竞争力的重要手段。各企业应广泛进行市场调查,抓住客源市场,有针对性地开发出新的康乐项目,并进行大量的宣传和促销,为企业创造出最大的经济效益。

(四)为树立企业的高品质形象服务

企业的形象主要包括硬件和软件两方面,树立企业的高品质形象,必须从这两方

面来努力。树立康乐企业的硬件形象应注意完善各项康乐设备设施的先进性和功能的齐全性,各康乐场所的设计、装潢、布置要新颖、合理、美观;并能及时提供最新、最酷、最炫的康乐活动项目和信息,带领时代潮流或与时代同步,树立本地区最前沿场所的形象。软件形象主要包括管理和服务两方面。康乐企业的管理者应具有良好的艺术修养、专业知识和美学知识,有对美的追求和独特的品味;熟知康乐业的发展动态和经营方向,能运用科学的管理方法去管理本部门或本企业;制定规范的服务程序,不断提高员工的素质。服务员应有良好的个人修养,不断强化专业知识,经常进行专业训练,平等待客、以礼待人,及时为客人提供他们所需的服务,等等。总之,树立企业的高品质形象是康乐企业的最终目的。

【小　结】

　　本章主要通过对康乐业的历史沿革、康乐业现状和发展前景、康乐项目设置的原则和依据、康乐业的经营方式及康乐企业管理的内容、特点和任务的阐述,让学习者了解康乐业的基本知识,并掌握康乐企业管理的基本理论。

【思考题】

1. 试述康乐业的现状和发展前景。
2. 试列举 5 种康乐项目的历史沿革。
3. 康乐项目设置的原则和依据是什么?
4. 试比较康乐经营的 3 种方式,并说明各种方式的适应范围。
5. 列举康乐企业管理的内容。
6. 康乐企业管理的特点和任务是什么?

康乐企业的组织机构和人力资源管理

康乐企业的组织管理是通过运用适当的管理方法和技术手段,发挥企业中各种人员的作用,把投入的有限资金、物资以及信息资源转化为可供出售的康乐产品。企业的人力资源管理是通过人员的招聘、培训、激励等工作,把最大限度地发挥人的积极性和创造力作为一种资源来开发和管理,从而提高工作效率,降低劳动成本,促进企业经济效益的提高。

第一节　康乐企业的组织机构

一、组织机构的设置原则

(一)形式服从经营需求的原则

形式和内容应该是统一的,康乐企业的组织形式要为企业的经营服务,其机构的设置要适合经营业务的需要。例如,有的饭店康乐部被设为餐饮部下属的一个分部,这可能是由于其康乐部规模较小,而卡拉 OK 厅又是与餐厅结合在一起的,因此归到餐饮部便于管理;有的把康乐部划归客房部,这可能是其康乐项目较少,比如只有健身房;而较大的饭店则设置与其他部室平行的康乐部,这是各家饭店康乐部的主要形式。在这种形式下,各饭店康乐部内部机构设置又有所不同。例如,有的康乐部设置桑拿分部,有的则把桑拿浴室的管理与游泳的管理结合在一起管理,还有的是把桑拿与美容美发合在一起。对于上述几种形式,不能武断地说哪种机构形式好、哪种机构形式不好,因为这些形式都是根据当时当地的实际情况而确定的,是按需要设置的。

（二）科学设置机构的原则

康乐部内部的机构设置，必须明确其功能和作用、任务和内容、工作量是否合理以及和其他项目的关系等。特别要注意发挥其正常运行的作用，即经营管理、控制、督导等作用。设立机构之后接着就应配备相应的管理人员。每个职务都应有明确的职责、权限和实际工作内容。机构设置的科学性还表现在能够适应有效的指挥跨度。根据饭店管理理论，一般情况下，一个管理人员的管理跨度不应超过8项，以3～6项为宜。机构设置的科学性表现在另一方面是避免机构臃肿、人浮于事；要因事设职，不要因人设事。

（三）统一领导的原则

等级链是一条权力线的链索，在其每个环节上都应有相应的权力和职责，下级只接受一个上级的领导，不能出现多头领导越级指挥的现象。例如，游泳池服务员只接受游泳池领班的领导；一般情况下，游泳池主管也应该通过领班去领导员工，不宜直接改变领班的安排（特殊情况除外），否则领班就成了摆设，主管变成了领班。统一的原则是指康乐部必须是个统一的有机体：统一划分各个分部门的职权范围，统一制定主要的规章制度，统一领导康乐部各项下属项目的工作。

（四）因才用人的原则

康乐企业机构的设置应有利于发挥各级人员的业务才能，发挥他们的主观能动性。人各有短长，与其为人的短处而操心，不如按其长处而加以任用，这一点在康乐部尤为重要。康乐部各个项目都有很典型的特点，更需要有相应特长的人才来参与管理和服务。例如，应该选用懂得救生知识、有游泳救生技能的人担任游泳池的主管；应该选用了解保龄球知识、懂得保龄球管理的人担任保龄球馆的主管。

二、企业组织机构设置

我国饭店的管理一般采用"直线—职能制"，其特点是把所有部门分为两大类，即业务部门和职能部门。业务部门按等级链的原则进行组织，实行直线指导，"直线制"由此得名，它们是饭店的前厅部、客房部、餐饮部、商品部和康乐部等。职能部门是为业务部门服务的部门，是执行某种管理职能的部门，它们是财务部、人事部、总务部和工程部等。我国大多数康乐的组织形式多为饭店中的一个业务部门——康乐部，因此实行直线管理。康乐部作为饭店的一个业务部门，它的机构设置原则与其他业务部门大致相同。重要的是要根据经营管理的要求而设置职务，因为各项目的要求是不同的。下面列举几例以供参考。

（一）隶属机构形式

有的饭店把康乐部隶属于某一个中层部门，大多是隶属于餐饮部，如图2-1所示。还有的饭店把康乐部隶属于客房部，如图2-2所示。

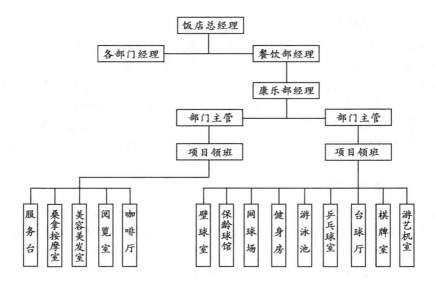

图 2-1　康乐部归属餐饮部的组织形式图

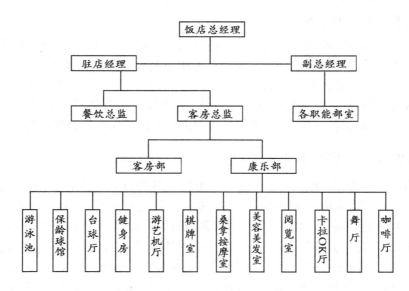

图 2-2　康乐部归属客房部的组织形式图

（二）与其他部门并列的组织机构形式

在这种机构形式中，康乐部在饭店中是一个中层结构，与各大部门并列。其结构如图 2-3 所示。

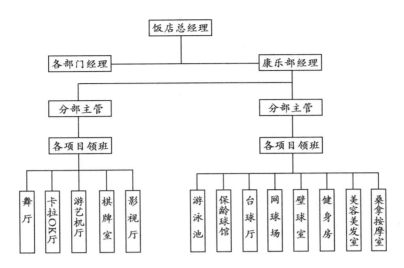

图 2-3　康乐部独立成部的组织形式图

(三)根据康乐服务项目设计的机构形式

这种机构形式根据康乐项目的种类来进行分类管理,比较常见的是中心俱乐部的组织机构形式,如图 2-4 和图 2-5 所示。

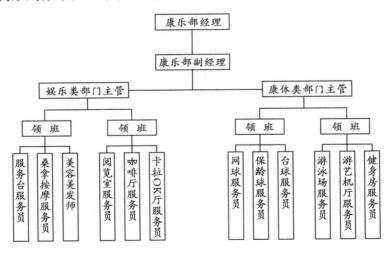

图 2-4　康乐部分类管理组织形式图

(四)独立康乐企业的组织机构形式

独立的康乐企业不存在隶属饭店的问题,在组织机构上只是表现为康乐企业内部的经营管理层次,如图 2-6 所示。

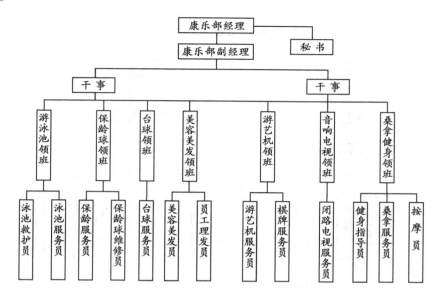

图2-5 康乐部分项目管理组织形式图

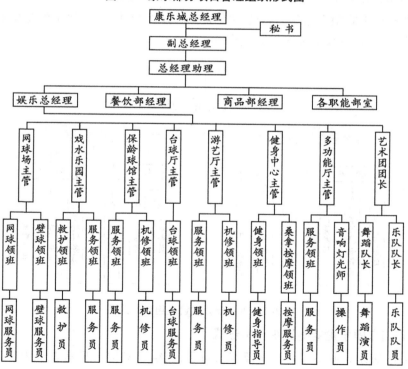

图2-6 康乐城组织形式图

第二节　康乐企业的人员编制与岗位职责

一、康乐部机构的人员编制

（一）影响编制的因素

1. 营业时间的长短

一般情况下，康乐部的营业时间较为灵活：有的项目晚上营业，例如舞厅、歌厅；有的项目从早到晚全天营业，例如健身房、游泳池；有的项目可能是从下午到第二天凌晨营业，例如保龄球馆；还有的项目全天 24 小时营业，例如，有些独立的桑拿浴场所。各个康乐部或不同项目的营业时间不尽相同，有的项目排 1 个班次，有的排 2 个班次，有的需排 3 个班次。这是影响编制的因素之一。

2. 顾客流量的大小

由客流量的大小能够推算出某个项目某个岗位劳动量的大小，从而进一步推算出该岗位服务人员的数量。例如，两个同样规模的游泳池，由于客流量的差异，配备的救生员的数量就不同。可以看出，客流量是影响编制的因素之一。

3. 营业季节的淡旺

很多康乐项目具有明显的淡旺季特点，例如，室外游泳池和室外游乐场，淡季和旺季的客流量差异特别大。因此，不同季节员工的数量也会不同，可以采用弹性编制予以解决。

4. 管理模式的差异

不同的国家、不同的地区、不同的饭店，由于经济体制、所有制形式、人们的道德观念等的不同，特别是管理人员的管理理念、管理模式的不同，康乐部机构的编制也不尽相同。

（二）编制的依据

1. 政策依据

制定编制属于劳动管理工作。在做这项工作时，首先要贯彻执行劳动法。1995年 1 月颁发的《中华人民共和国劳动法》规定：劳动者平均每周工作不超过 44 小时，以每天工作 8 小时计，每周工作 5 天半。现在北京市大多数单位都执行更新了的规定，即每周工作 40 小时，每天工作 8 小时，每周工作 5 天。这是制定编制的政策依据。

2. 项目依据

不同的项目，需要的服务人员数量是不同的。即便是同一个项目，在不同区域所配备的服务员数量也不一样。例如游艺机厅,一个服务员可能照看10~20台框体式电子游艺机;而有些赠送游艺币或其他小礼品的游艺机厅,每个服务员所能管理的机台数量就较少了,有的每人只能照看一台。

3. 服务档次依据

同样的项目,由于市场定位不同、服务档次不同、所提供的服务细节不同,所配备的服务员数量也会不同。例如桑拿浴室,低档的只要发给每位客人一把更衣柜钥匙就行了,服务员再照看一下设备,以保证其正常运转,不需要太多的面对面服务。而高档的桑拿浴室则要设迎宾员,还要设专职的更衣室服务员,帮助顾客更衣,为顾客刷皮鞋等,还要设专职的浴室服务员和休息室服务员。前后两相比较,所使用的员工数量会有很大的差别。

(三)制定编制的方法

1. 先定岗位再定编制

例如桑拿浴室,可以根据需要设置:开单收款岗、换鞋引导岗、更衣室服务岗、浴室服务岗、搓澡岗、按摩岗、休息室服务岗等,然后再根据需要确定每个岗位的服务员数量,从而制定出该项目的人员编制。

需要说明的是:应按每周营业7天,但每个员工每周工作5天,每天工作8小时计算,一个固定岗位需要的人员数量是:

$$[(8 \times 7) \div (8 \times 5)] 人 = 1.4 人$$

再将每个岗位的固定员工数量乘以1.4,即为该岗所需的员工实际数量。

2. 公式法定编

下面是几个模糊公式,可用来较快地求出某项目的编制数量。用这些公式计算出的结果不一定都是准确的编制数,在实际应用时应根据康乐部的具体情况加以修正。

这些公式如下:

保龄球馆编制 = (球道数 × 0.6 + n) × 班次数

台球厅编制 = (球台数 × 0.3 + n) × 班次数

游泳池编制 = (水面积 × 0.08 + n) × 班次数

卡拉OK厅编制 = (营业面积 × 0.026 + n) × 班次数

歌厅包房编制 = (房间数 × 2 + n) × 班次数

桑拿浴室编制 = (更衣柜数 × 0.28 + n) × 班次数

按摩室编制 = 按摩床数 × 1.4 × 班次数

电子游艺厅编制 = (机台数 × 0.14 + n) × 班次数

棋牌室编制 = (牌桌数 × 0.37 + n) × 班次数

健身房编制 = (设备台数 × 0.14 + n) × 班次数

网球场编制 = (场地数 × 1.4 + n) × 班次数

需要说明的是,上面列出的公式中除按摩室外都加上一个n,这里的n是个修正值,是指服务台岗位的服务员数量。例如保龄球馆,无论是较大的或较小的,都必须设服务台,发放球鞋和控制球道开关,但这个岗位的编制受球道数量的制约较小。换句话说,无论球馆大小,编制与这个岗的服务员人数相关不大。因此一般情况下,n取1~3之间。按摩室的公式未加n,这是因为在一般情况下,按摩室都是与桑拿浴室共用一个服务台,因此这个n可以不加。

用公式计算出的数值虽是个近似值,但使用简便、快捷,适合某项目立项时进行可行性分析,计算劳动力成本。

3. 案例分析

某保龄球馆有球道26条,要求制定编制。

按前面介绍的第一种方法(先定岗位再定编制),其编制定为:领班岗1人,服务台2人,维修技术员2人,饮料服务台1人,球道服务员7人(每人负责约4条球道),每天两班运行,每周7天营业,每人每周工作5天。则该球馆每个班次的编制为:

$$[(1+2+2+1+7)\times 7\div 5]人 = 18.2人 \approx 18人$$

按第二种方法(即公式法)计算出每个班次的编制为:

$$(26\times 0.6+2)人 = 17.6人 \approx 18人$$

可以看出,两种方法确定的编制数量基本一致。

二、康乐部人员的构成和素质要求

康乐部人员是饭店向客人提供康乐服务所依赖的系列人员,是康乐部完成经营基本任务,满足客人需要的载体。在目前的康乐经营中,康乐部的人员大致可分为四大类:康乐部管理人员、康乐部服务人员、康乐项目专业人士、康乐器械维修保养人员。康乐部管理人员是对康乐部进行经营和管理的人,要对员工、服务质量、康乐设备、营销策略等进行运筹帷幄。康乐部服务人员是在客人进行康乐活动消费时为其提供接待服务、酒水服务、收银服务以及负责活动场所的清洁整理工作等。康乐项目专业人士,是利用自己具备的项目专业知识来为客人提供专业服务的人员,如美容师、救生员、健美操教练等。康乐部设备维护人员,是对康乐部的专业设备设施进行维修保养的技术工人。

(一)康乐部管理人员的素质和能力要求

饭店是一个小社会,具有较强的开放性,它的管理人员与其他行业的管理人员有所不同。作为康乐部的管理人员,不仅应该具备饭店管理者的一般素质,而且应该具有康乐部这一特殊部门领导者的特殊素质。

(1)高尚的品质。这种品质不仅体现在"重信誉、守信用、讲信义"的诚信品德上,还充分表现在勇于创新,敢于开拓的意识上。

(2)领导才能。这种才能表现在两方面:一是组织方面,即能够在康乐部的管理工作中切实有效地行使组织管理职能;二是在凝聚力方面,能够团结职工相互协作,指挥员工遵照服务程序向客人提供优质的服务。能够对营业前、中、后的工作周密地检查和监督,对容易出现问题的薄弱环节进行合理经营,严格控制成本和降低成本。

(3)开阔的胸怀。表现为工作第一,不计较个人得失,能听取员工意见,一切以康乐部的工作得以顺利进行为准则,为员工提供好的升迁机会以及施展才能的舞台。

(4)协调能力。能够运筹帷幄,妥善地处理人际关系,在工作中能够较好地协调员工之间、员工和客人之间、客人之间的关系和矛盾,使工作顺利开展,业务圆满进行。

(5)有丰富的专业业务知识。在管理康乐部时,能做到"外行看来是内行,内行看来不外行",既要懂得康乐活动的基本知识,又要懂得日常消费心理学,能准确把握客人心理,在沟通交流时,为客人提供针对性服务,及时解决客人的困难,展现饭店康乐部的形象,努力寻找工作与效益紧密结合的途径。

(二)康乐部服务人员的素质和能力要求

康乐部开展的康乐项目在内容和形式上具有独立性,对工作人员的素质既有基本要求,又有各岗位的具体要求。

1. 思想政治方面

良好的思想政治素质是康乐部的工作人员做好服务工作的基础。康乐服务员应该有正确的政治立场,坚持党的基本路线,在服务工作中,严格遵守外事纪律,讲原则、讲团结、识大体、顾大局,不做有损国格和人格的事。作为康乐部的一名服务人员,还必须树立牢固的专业思想,充分认识到康乐服务知识对提高服务质量的重要作用,热爱本职工作,在工作中不断努力学习开拓创新;自觉遵守文明礼貌、助人为乐、爱护公物、保护环境、遵纪守法的社会公德;倡导爱岗敬业、诚实守信、办事公道、服务大众、奉献社会的职业道德,养成良好的行为习惯,培养自己的优良品德。

2. 服务态度方面

服务态度是指康乐服务员在对客服务中体现出来乐于为客人提供优质服务的心理状态。服务态度的好坏直接影响到客人的心理感受,俗话说"人敬我一尺,我敬人一丈",服务员所表现出来的主动、热情、周到以及强烈的责任感,都可以使客人在接受服务的过程中感受到优质的服务,并乐于配合服务员的服务工作,为服务员顺利地完成工作提供主客观上的便利。

3. 专业服务知识方面

康乐部因开展的经营项目跨度大、类别多,专业技术性强,康乐部服务员要具备多重知识,较广泛的知识面。具体内容包含了服务员的基础知识、专业知识以及康乐项目等相关知识。

4. 专业工作能力方面

作为一名合格的康乐部服务员,必须有良好的语言表达能力,能够使用文明礼貌、简明清晰的普通话或外语与客人交流。由于服务员的服务工作大都是通过手工劳动为主,而且面临客人多变的需求,所以在服务中有着太多的不确定因素,如客人出现意外、员工操作不当等,需要服务员具有灵活的应变能力,处事不乱,及时应变,妥善处理各种突发情况。饭店康乐部提供的各项服务,往往还可以根据客人的具体情况进行组合推销,如客人去健身中心做完运动后,可以建议客人前往保健中心进行放松、美体,然后建议客人前往娱乐中心放松心灵压力。这就需要服务员有着良好的观察记忆能力,能对客人的消费习惯和潜在消费需求进行敏锐而准确的把握,然后运用推销技巧,使客人高兴而来,满意而走。

5.身体素质方面

饭店服务员必须定期体检以取得卫生防疫部门发的健康证。作为给客人带来健康和快乐的康乐部服务人员,从自身的形象塑造上,要满足客人的消费心理需求,以健康的身体,饱满的精神,甚至健美的形体来为客人展现参加康乐活动的风采,吸引客人来此消费。

6.人际关系方面

服务员的工作是与人打交道的工作,需要服务员具有良好的人际沟通能力,在与客人、饭店管理者、部门其他员工交往中,处理好人际关系,增强凝聚力。康乐部提供的经营项目多样,来康乐部消费的客人心理也存在着差异性,服务员要可以准确把握客人心理,针对客人的不同心理需求提供优质的服务。

(三)康乐部专业人士的素质和能力要求

康乐项目的专业人士,是指拥有丰富的专业技术知识,并利用自己所具备的专业知识来为客人提供专业服务的康乐部工作人员,他们与康乐部服务员相比在工作内容、专业知识上有着根本的区别,如戏水乐园的救生员,按摩中心的按摩师,娱乐中心的DJ等。在康乐部实际经营过程中,专业人士的业务素质和动手操作能力往往成为吸引客人前来消费的因素之一,有着不可替代的地位。如高级职业美容师,凭借丰富的专业知识,准确诊断出客人脸部皮肤状态,给予客人适时的护理建议,然后通过自己的规范操作给客人面部提供针对性强的护理,使得客人在经过一定的护理疗程后,皮肤得以明显的改善,既而对美容师产生信赖感成为饭店美容中心的常客。饭店康乐部众多专业人士的素质能力是根据各经营项目的具体情况来确定的,饭店在选择专业人士时,也要从思想政治、职业道德、服务态度、专业工作能力、沟通技巧等方面进行综合考虑,选择乐于在饭店工作,擅长与客人沟通的高水平的专业人士来饭店供职。

(四)康乐部设备维护人员的素质和能力要求

饭店的设备维护人员一般隶属于饭店工程部。由于康乐项目种类繁多,设备设施的品种、规格和型号多样,档次亦有所不同,有高、中、低档之别,所以在维护起来,具有相当的难度。故康乐部的一些专用设备往往有生产厂家或经销商提供定期维护保养，而一些简单的大众性设施设备则由工程部人员进行维修，服务员进行日常保养。

第三节　康乐企业的员工招聘与培训

一、企业的员工招聘

（一）企业员工招聘的意义

员工招聘是基于企业发展和员工发展两方面的需要及人才市场的发展而衍生的。随着客源消费市场的变化，业务的更新，康乐部进行结构的调整是必然的，这就需要对康乐部的从业人员进行增减或变更；随着员工工作素质能力的提高，员工的正常退休、辞退、提升，需要进行人员补充、提拔或更新；人才交流市场的建立健全，员工的流动是很自然的现象。康乐企业是劳动密集型企业，无论是开业前的人员组织，还是经营中的人员的补充都离不开招聘工作。

1. 招聘是康乐企业增补新员工的重要途径

为了满足康乐企业经营的需要，有计划地招收录用一定数量的新员工是企业人员管理的基本任务。人员的及时补充是企业顺利经营的重要保证。

2. 招聘有利于员工素质的提高

在招聘工作中实行德、智、体全面考核，择优录取，将竞争机制引入人事管理，为康乐企业补充新的血液，促成员工的合理流动，不断提高员工素质，从而提高服务质量，保证经营效果。

3. 招聘工作是促进员工队伍优胜劣汰的重要手段

企业的招聘和录用工作有利于录取到合适的员工安排到合适的工作岗位，并在工作中注重员工队伍的培训和发展，选拔优秀员工补充管理层，并对业绩不良的员工进行及时的流动和处理，促使员工队伍保持良好的状态。

4. 保证康乐部的正常运行

有计划地从社会上招聘与录用一定数量的新员工，将新鲜血液不断输入康乐部，将竞争机制引入康乐部人事管理，是促使员工合理流动，不断提高员工素质，从而提高服务质量。现代企业的竞争焦点已趋向于人才的竞争，企业经营的好坏决定于人员的素质。由于招聘人员不当造成的员工不符合工作要求，对工作不感兴趣，工作效率低下等都会给企业带来不可估量的损失。

（二）员工的来源

员工的来源与途径直接影响到所招收员工的素质和对企业经营产生的效果。员工的来源在总体上可分为内部选拔和外部招聘。

1. 内部选拔

当企业一有职位空缺时，应首先考虑提拔或调动原有的员工，其正面效应在于可以充分调动员工工作积极性，使员工拥有平等竞争的机会，增加部门凝聚力，加上企业原有员工对企业经营情况熟悉，也便于迅速适应工作要求，开拓新局面，节省部分培训费用；并使得员工有机会到自己满意的岗位上工作，做到人与事的更好结合，利于员工的稳定与发展。其负面效应在于，如果企业的管理者大都是从内部选拔出来的，也容易导致供挑选的人力资源有限，不易吸收到优秀人才，加上人际关系复杂、人际矛盾加剧、经营思想保守、墨守成规；新观点新技术的引进减少，致使企业缺乏活力等不利的后果。所以，在管理人员的选拔及补充职位空缺时，要兼顾内外来源的平衡。

2. 外部招聘

如果现有员工不能补充空职，则要考虑从社会上招聘员工。实际上，康乐企业的大部分员工都需要从社会上招聘。外部招聘常用手段有：

（1）熟人推荐。

熟人推荐是指由康乐部内部员工或关系单位主管推荐人选。本康乐企业员工的推荐是对外招聘中不可忽视的一个环节。当康乐企业某一个部门需要补充员工时，这一部门的现有员工最先得知，如果他对企业认可度高，则会主动推荐其亲友或熟人。这些被推荐者往往具备良好的素质，喜欢从事该项工作，上任后还会容易被原来的非正式团体所接受，其朋友即原有员工还会成为一位非正式的"教师"，使新员工迅速适应该项工作。因此，康乐企业在对外招聘中，重视员工介绍推荐是有益的。当然，如果完全凭推荐招聘也有弊端，新员工上岗后会很快融于原有的非正式团体，原有员工的成见会影响新员工对康乐企业情况的客观分析，原有员工一些消极的工作方式也直接影响到新员工的发展。

（2）职业介绍机构与人才交流市场。

通过职业介绍机构与人才交流市场招聘员工，在选择信誉高的机构，并要求提供应聘人员尽可能多的信息，最后还要亲自对应聘者进行测试。这种招聘方式可以有效避免裙带关系的形成，人才选用的耗时短，但需要支付一定的招聘费用，并且很有可能受到职介机构的蒙蔽，录取到不合适的员工。

（3）校园招聘。

中高职毕业生是康乐业招聘的对象之一。这部分学生经过专业系统的学习，基本掌握了康乐部运行的业务知识，并初步具备了服务与管理的技能，具有专业知识强，接受新事物能力快，个人素质较高的特点。但是他们缺乏实际工作经验和社会人际交往经验，往往需要康乐部对其进行专项培训。

（4）网络招聘。

通过网络进行招聘是这几年流行的招聘方式。它具有费用低、覆盖面广、招聘周期长、联系快捷等特点。从实际运作来看，能够在网上投简历的应聘人员，一般学历都比较高，所以素质要求较高的管理职位招聘效果相对较好，但是一些做基础工作的岗位招聘效果不是很理想；网络招聘还需要招聘者精心挑选大量简历，工作量较大。

（5）公开专场招聘。

公开专场招聘是利用广播报纸等多种媒体向企业内外部人员宣布招聘计划，确定现场招聘会时间，提供公平竞争的机会，择优录用合格人员担任职务。召开现场招聘会有较强的针对性，可以与应聘者面对面地交流，在短时间内招聘到一批合适的人员。但是参加现场招聘会工作量很大，前期的宣传准备工作也要做到位，尽量吸引多的应聘者，以扩大选择范围。

（三）员工招聘的实施

在确定了招聘计划和员工来源之后，康乐企业则要具体实施招聘与录用。招聘与录用的过程是一项人事录用的决策过程，它需要管理人员完成工作和人员的最佳组合决策。因此，该项工作不仅要求主管人员掌握一定的程序，而且要掌握招聘方法与技巧。

1. 招聘负责人的条件

招聘与录用工作的结果主要取决于负责人的素质与工作方法。一名合格的负责人应该具备下述条件：

（1）坦诚公平、礼貌热情。招聘负责人是康乐企业对外招聘的代理人，代表着康乐企业的形象。招聘与录用的过程同样是康乐企业的一个公关过程，申请人对负责人的反映即是对康乐企业的印象。无论申请人的条件如何，只要积极参加申请，康乐企业就应该给予积极的答复和热情的接待。负责人从开始接触申请人就应该做到坦诚公正、礼貌热情，即使申请人未被录用，他们也会给康乐企业做良好的宣传。反之，负责人态度冷淡、粗暴专横，则无异于在给康乐企业做一种反面宣传。

（2）知识丰富。负责人必须对康乐企业各项工作有一个全面的了解，并且熟知各项工作所要求的条件和资格。此外，负责人还应具有丰富的社会知识和招聘与录用工作经验。

（3）机智，富有想象力和创造力。负责人要能够顺利接近申请人，同他们讨论工作与录用的可能性。在这一过程中，负责人要机智圆滑、富有想象力和创造性，通过敏锐的感觉去观察和判断每一位候选人。无论申请人的社会地位、经济状况和教育程度怎样，负责人都要认真观察、客观评估，以期获得康乐企业需要的人才。

（4）克服主观偏见。每个人都有固定的世界观与方法论，在招聘与录用工作中要认识自己和了解自己，这与认识申请人同等重要。负责人必须能够了解自己的优点与缺陷，排除主观因素和偏见。一位优秀的负责人是康乐企业重要的财富，他们不仅时刻在创立企业的形象,而且不断为康乐企业选拔和录用到合格的员工。这对康乐企业的业务运转和未来发展将起到重要的作用。

2. 招聘程序

招聘工作的具体环节如下:

(1)确定选用人员的基本原则。在工作分析的基础上,根据工作说明书和工作规范书,确定具体的用人标准和任用人员的种类及人数。

(2)确定候选人的来源和招聘手段。来源可分为是内部选拔还是外部聘用,是员工推荐还是广告招聘,是聘用大中专毕业生还是社会人士,等等。

(3)受理筛选求职申请表。求职申请表是求职者进行初选的依据,一份好的求职申请表可以帮助减少招聘成本,提高招聘效率,尽快找到理想人选。在设计求职申请表时,要根据工作岗位的内容或岗位说明书来定,每个栏目都要有明确的目的,不要烦琐重复,应着眼于对应聘者的初步了解。通过求职申请表的审核,剔除一些明显不符合招聘条件的应聘者。

(4)初次面谈。通过康乐企业与申请人面对面的接触以确定申请人的仪表、表达能力是否符合康乐企业的要求,并能迅速了解申请人对待遇、工作环境、工作时间的要求以及其经历和学历等大致的情况。如果认为初步合格,则要进一步核对申请人的有关资料进行综合判断。

(5)查核参考资料。这是指为进一步了解申请人情况,对申请人的学历、工作经历、职业资格及专业技术职称等相关内容进行审核,辨别真伪,了解申请人在原工作单位的表现等。

(6)测试。为了了解申请人的知识和能力水平,康乐企业要对申请人进行甄选测试。甄选常用的有笔试和问卷法、能力测验、人格测验、兴趣测验、成就测验等一系列测试的手段,测试的内容与方式以职务所要求的范围和标准为基础。通过测试达到客观评估的目的。

(7)任用面谈。在申请人被基本确定后,任用之前还要进行任用面谈,进一步了解其个性、抱负、经验、兴趣、技能等,以考查申请人对将来从事的工作是否有充分的了解,其兴趣、技能是否适合此项工作,能否长期干下去,有无发展前途等。防止日后发生工作与理想不相符,感到失望、工作不安心等情况。

(8)体格检查。体检是康乐企业招聘与录用工作中绝不能忽视的一个环节。康乐企业的各项工作都关系客人的健康,为此要绝对防止传染病患者被录用。其次是尽可能挑选身体健康的员工,减少康乐企业医药费支出。同时要建立健康卡片,以备将来防病、治病。

(9)审查批准。将申请人的申请书、参考资料、面谈记录、健康卡片统一汇总,做最后的批准。

(10)录用报到。通过以上各环节,确定申请人之后,则要颁发任用通知书,要求申请人按指定日期报到。

招聘的基本程序可用图 2-7 来表示：

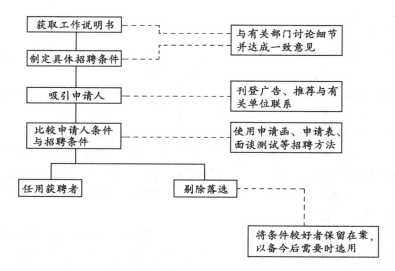

图 2-7　招聘程序流程图

二、康乐企业员工的培训

(一)员工培训的意义

员工培训是康乐企业必不可少的环节,它关系到康乐企业的长远发展和员工的自身利益。

1. 培训对康乐企业的意义

(1)提高员工素质。在职员工素质的提高主要在于培训的实施。通过培训,新员工能很快适应新环境,掌握操作技能;老员工能不断补充新知识,掌握新技能,适应工作的需要。员工素质的提高会增加企业的各项效率。

(2)提高工作质量。培训过程往往意味着员工掌握正确的工作方法,改变错误或不良工作方法以及增长知识。技能培训即传授从多人经验中总结出的最优工作方法,工作方法的改进必然会促进工作质量的提高。

(3)减少事故的发生。在本行业的一些研究中发现,未受过培训的员工所造成的事故数量是受过培训员工的数量的 3 倍。特别是在比较危险的机器设备上工作,未受过培训的员工除了不知如何使用设备之外,这种无知造成的心理紧张与不安也是导致事故的一个重要因素。例如,让从未受过培训的员工使用和维修保龄球道,就很容易造成事故。因此,培训工作显得尤为重要。

(4)降低员工流动率。一些研究证实,在本行业受过培训的员工只是未受培训员工流动率的一半。得到良好培训的员工在心理上会觉得受到重视,得到精神上的很大满足,从而更加认真工作,为企业贡献自己的力量,不愿离开企业,使员工流动率降低。

(5)减少旷工和迟到现象。经过培训,员工了解自己工作与其他工作环节的联系及其重要作用,就会主动按时上班,增强工作自觉性与责任心。员工没有经过职业培训,则容易无故旷工和迟到。

(6)提高工作效率。康乐企业进行员工培训的重要目的是提高劳动生产率,降低损耗和劳动成本,使每位员工在同等劳动条件和劳动时间内完成更多的工作。很多培训项目的效果虽然不能直观地反映出来,却能从客人的满意中得以体现。当然,康乐企业的生产率还受到组织、管理、士气、资本、设备以及其他因素的影响,但是员工的素质起着决定性的作用。国外企业管理中,将生产率与员工素质的关系用如下公式表示:

$$P = CM$$

式中,P——生产率;

　　C——员工素质或员工的合格条件;

　　M——激励。

即生产效率是合格员工与有效管理方式的乘积。

(7)提高饭店组织的良好形象,增强团队的凝聚力。经过培训的员工要能体现该部门的优良形象,它不仅影响客人对员工、对部门的评价,还能影响到客人对整个酒店的评价。通过对员工的培训,使原本工作区域分散、工作时间不一的同部门员工增进了交流沟通,增强了团队归属感与凝聚力。

2.培训对员工的意义

(1)增强就业能力。无论是新员工还是已在职的员工,经过一段时间的培训,会掌握工作的最优方法和技能,这就意味着其就业能力的增强。同时,员工掌握的技术对于康乐企业来说更加重要,就业机会就会更多。

(2)利于员工的发展。培训能使员工出色地干好本职工作,并可以扩展知识面和工作领域。如果员工确实有能力、德才兼备,则可以晋升为管理人员。

(3)工作更为安全。尽管康乐企业对员工的人身安全负有一定的责任,但安全事故对员工造成的影响是十分不利的。员工经过培训会减少事故的发生,使人身安全相应得以保证。

(二)培训的内容

康乐企业员工培训的基本内容可以归纳为以下3个方面:

1.思想品德方面

康乐企业服务性的工作特点决定了员工应有高尚的情操、高度的责任心和良好的职业道德。因此,康乐企业员工培训中要时刻注意员工的思想动态,采用灵活的方式,强化员工的政治素质与职业观。该项内容是不容忽视的,它直接关系到员工的未来和发展,是技能与知识培训的基础。该项培训成功的关键在于深入挖掘本企业员工服务中的有关职业道德问题。通过讲述职业道德问题的重要性,联系马克思主义道德理论,动之以情,晓之以理,使员工从根本上重视职业道德,提高道德品质、道德情操、道德意志,自觉遵守职业道德规范。单纯的政治宣传和政策学习,往往不能收到预期的效果,而且员工的逆反心理还会导致对其他培训工作的抵触。

2. 文化知识方面

康乐企业员工的素质是知识、能力和政治素质等方面的综合反映。文化知识的学习对素质的提高起着潜移默化的作用,特别是有关旅游和饭店的基本知识更进一步地制约着服务质量的提高。例如,一位合格的接待员应该牢固地掌握旅游市场营销知识,熟悉主要客源国的政治、经济、地理、历史和民族风俗习惯;懂得外事接待礼仪礼节;了解康乐企业各项服务设施;懂得运筹、统计基本常识;掌握公共关系学知识以及政策法规知识和旅游心理知识等。这些知识并不十分明显地在每项接待工作中表现出来,但却制约着每一位接待员的服务质量。

3. 操作技能方面

操作技能的培训是康乐企业员工培训的主要内容,它直接关系到各项服务工作能否按标准完成。例如,保龄球馆的球道服务员的球道清洁工作程序培训、球道电脑操作技能培训、对客介绍及保龄球技法讲解培训,健身房运动器械保养培训、健身运动技巧及基础知识培训、运动伤害处理及护理培训,接待服务员接待服务等程序,收费方式及结算方法的培训,处理疑难问题等方面的培训都属于技能培训。技能培训应该常抓不懈,不断让员工掌握最新工作方法,提高工作能力和工作效率。

(三)培训的计划与实施

1. 培训的计划

要想获得良好的培训效果,就必须进行周密的计划。培训计划的制订要综合考虑员工的素质、心理状态、营业情况、服务质量等方面因素,选择合适的培训方式,确定培训项目以及考核培训效果的标准。切实可行的培训计划是培训工作顺利实施的前提。

(1)确定培训项目。康乐企业需要培训的项目是什么,培训项目之间如何衔接等也是培训计划的内容。员工的在职训练在于如何缩小员工能力与企业期望之间的差距。任何一位员工工作表现都受到社会常识、服务知识、操作技能以及态度、智商等因素的影响。而针对企业每一部分的具体工作,培训项目确定的主要依据是员工表现、客人的投诉、设备的更新以及营业情况的变化等。例如,应该进行知识类培训,还要确定哪类知识;应该进行态度和思想类培训,还需确定政治类、道德类以及个性类的培训;应该进行技能性培训,还需确定操作技能、应变能力等的项目培训。因此,为了针对康乐企业的经营情况确定培训项目,康乐企业应综合采用员工问卷调查、客人投诉统计分析以及管理者评议等方法，切实找出影响康乐企业经营的薄弱环节，切中要害，有的放矢。同时要杜绝"头痛医头，脚痛医脚"和"眉毛胡子一把抓"，否则培训投资很大，而收效甚微。

（2）确定培训方式。根据培训项目和培训对象，选择灵活的培训方式，以保证培训的效果。例如，是采用教学讲授式还是现场指导式，是对话培训还是情景培训等。需要培训的项目往往决定着培训方式的选择。对于知识类培训，如旅游服务、管理知识、职业道德知识等，可以先用教学讲授式；对于技能性培训，则应考虑现场指导、情景分析等培训方式。总之，要以提高员工素质、获得理想的培训效果为目的。

（3）选择负责培训的人。培训计划中的首要内容是确定由谁来负责培训。培训教师的选择是决定培训效果的关键。众所周知，一位优秀的培训教师，除了自己熟知所欲传授的技能之外，还应具备培训他人的良好素质和才能。

合适的培训教师一是康乐企业内比较有素养的管理人员、老员工或青年骨干员工。这些人员往往非常重视培训他人的机会，并且能通过培训达到"教学相长"，以利于自我发展。二是来自于中高职院校的教师和专业研究者，他们有着丰厚的理论知识，缺乏与实践的结合，为了加强与企业的联合，也乐于接受聘请到企业参与培训。三是既有实践经验又有相当理论水平的专业管理人士，这部分培训师人数较少。康乐企业可以根据培训计划有选择地挑选合适的培训教师，并与他们进行沟通，使他们能够明确培训的目的和要求；洞察受训者的心态；并做好培训记录和检查培训效果。

（4）培训效果的判断。每项培训工作结束后，都应对培训的效果进行客观评估，以总结经验，改正不足，进一步推进培训工作。对每一项培训工作既不应该只注意近期效果，也不应该过于强调表面现象，而应该综合考虑以下几个方面：

①培训内容是否按原计划、原方式顺利完成？②受训者掌握的程度如何？③受训者实际接受的程度如何？④受训者在培训后有哪些变化？⑤受训者在所在岗位和部门的工作有何改观？⑥培训投资与收益的分析结果如何？⑦培训中成功与失败之处有哪些？

2. 培训工作的实施

经过培训需求的分析和确定，在制订了培训计划之后，就要应用一定的方法和手段，采取一定的形式，按一定的步骤安排组织开展和实施培训。这是培训的基本步骤和程序中一个关键的环节，所有的培训规划、目标、宗旨都要落实到这上面，通过具体的步骤加以实现。

（1）指导性培训的步骤。

如何实施各项培训工作呢？尽管培训的形式与内容不同，培训工作的具体实施步骤也必然存在差异，但是，作为员工技能培训的主要形式——指导性培训，其实施的程序与步骤能为培训教师提供一项培训工作的基础思路。

①确定培训目标。培训负责人首先要明确培训要达到的目的是什么。培训目标

将作为培训工作的"导航灯",决定着整个培训过程。

②分解培训项目。根据培训工作目标,将培训项目分解为若干步骤,区分重点、难点和一般内容,并按动作的连贯性、系统性以及节奏性安排各个环节。合理分解培训项目是确保培训顺利进行的关键。

③确定培训的具体程序。上述工作完成后,康乐企业还要具体落实每项培训内容的落实措施,其中包括时间分配、考核的要点、采用的方法、培训地点和培训用具等。

④确定培训方法。指导性培训所采用的方法是四步培训法,分别为:

第一步,讲解。即讲解工作情况,了解员工对该项工作的认识,说明工作的目的及重要性,提高员工对培训的兴趣,使学员安心学习,放松自如。

第二步,示范。即示范该项工作的各环节动作。在示范过程中要强调重点,重点内容要反复示范,还要注意示范的动作不要超过学员一次性接受能力。

第三步,尝试。即让学员逐环节反复操作,直到能够正确掌握该项工作为止。

第四步,跟踪辅导。即在主要人员的指导下,让学员独立上岗操作,经常检查并解答提问,辅助员工熟练掌握该项工作。

⑤考核培训结果。培训工作结束之前,考核培训结果是十分必要的。考核不仅利于督促员工积极参加培训,努力掌握新知识,而且利于主管人员考察员工对所培训知识、技能的掌握程度,以调整和改进培训方法。对于考核结果良好的员工,可以安排其上岗工作;而对于考核不合格者,则应安排其重新培训或改换工种,甚至终止工作。

(2)知识性培训教育的实施。

知识性培训教育在培训内容中占很大比例。知识性培训既包括思想品德培训,又包括业务知识讲授。由于知识性培训教育主要以讲座形式进行,具有独特的规律、方法和要求,因此,在培训教育中要注意如下方面:

①教案的撰写。主管培训人员必须撰写完整、规范的教案。教案中除了应该包括培训知识之外,还应该包括开场白、讨论题、作业题等内容,以激发受训者的兴趣。以最易于接受和消化的方式传授知识,强化和巩固已学知识以及按计划完成培训内容等。

②开场白。在正式介绍主题内容之前,培训教师要首先准备一个"开场白"。如果开场白组织得不好,以后所传授的知识也很难被学员所接受。"开场白"的主要目的是激发学员的学习兴趣和自觉性,并且能密切培训教师和学员之间的关系,消除受训者的紧张感,解答受训者存在的某些疑问(如培训要持续多久,培训包括哪些内容,培训后能达到什么水平,等等)。

③讲授。讲授内容自然是培训的主要部分,培训教师的任务是将关键内容完整、简明地介绍给学员,让学员对所学知识有一个全面的认识。为此,培训教师在授课时

还要注意层次清楚,逻辑严密,重复总结已经学过的内容以及提供合适的参考资料,等等。

④提问。在讲授知识的过程中充分利用提问技巧,对学员接受知识是十分有益的。培训过程中的提问可分为三类:一类是测试性提问,目的在于考察学员已达水平;二类是启发式提问,以激发学员自行思考;三类是讨论性提问,以鼓励每个学员发表自己的意见,增进相互了解。

培训教师对于提问方式的使用要掌握三个要点:a. 发问,让学员听清所提问题;b. 思考,让每位学员在一定时间内思考;c. 回答,让某一学员回答问题。课堂提问,尤其是启发性提问,对于活跃课堂气氛,强化培训效果能发挥积极作用。

⑤考试。教师必须善于运用考试手段进一步强化培训效果和检查学员的掌握程度。考试的形式可以灵活多样,如口试、笔试、阶段测验、期末总评等。无论采用哪种形式,考试给学员造成的心理压力和紧张将会加强对所学知识的掌握,心理学的研究足以证明这一点。

(四)培训方法

员工培训的方法多种多样,视具体情况而有所不同。下面介绍两种最常见的方法:

1. 角色扮演法

这是一种趣味性很强的培训方法。负责培训的人员将员工服务中存在的代表性问题进行总结提炼,编排成剧目,让一些学员分别扮演不同角色,演示正确与错误的服务方式,在情景再现中,让学员深入认识和牢记正确的工作方法。

角色扮演法产生实效的关键在于角色互换和员工讨论。角色互换的作用是让员工在不同的位置体验自身工作的重要性。例如,卡拉OK厅的服务员、桑拿浴室的服务员及高尔夫球场的服务员扮演客人时,就能更加深刻地体验客人的心理感觉,认识到不良工作方法的害处。此外,角色互换还能消除员工之间及员工与管理者之间的某种隔阂。在员工表演的同时,要让员工积极参与讨论、分析,集思广益,总结正确的工作方法。这样,员工对错误工作方法的认识会更加深刻,对正确工作方法的掌握更加牢固。实践证明,角色扮演法是康乐企业融趣味性和实用性为一体的培训方法。

2. 情景培训法

情景培训法是提出一些工作中有代表性的问题,并假设几种解决问题的方法(这些方法的正误有一定的代表性),让学员讨论和选择正确答案,并申述理由,最后,由指导老师做出综合分析的方法。例如,设计一个在KTV(Karaoke Television 的简称,意即配有电视的卡拉OK)包房的场景,让学员以表演的形式来进行几种关于客人非分要求的解决方法,并让大家判断、选择最佳的答案,从而让学员掌握解决此类问题的方法和技巧。

第四节　康乐企业员工激励

一、激励的功能

（一）激励的概念

激励在管理心理学中是指激发人的动机，使人有一股内在的动力，朝着一定的目标行动的心理活动过程，或是调动人积极性的过程。激励是现代管理学的核心，特别是在康乐企业中，管理者必须懂得如何激发员工的积极性、创造性，强调正确的引导，使员工满足社会交往、尊重及自我价值实现的需要，从而有效地调动员工的积极性，达到康乐企业的管理目标。

（二）激励的功能

随着康乐业竞争的加剧，康乐企业如何发掘员工的潜力，有效调动其工作积极性，则是康乐企业管理的一项重要任务。激励则是实现这一目的的主要管理手段。具体而言，激励主要有以下功能：

1. 激励有利于充分发挥员工的潜力

人的潜力是蕴藏于人体内的潜在能力，不仅在人的行为活动中尚未显露出来，而且是潜力拥有者本人也未必能意识到的。这种潜力的存在，一经发掘便会释放出巨大的力量。在康乐企业管理中不难精确地预测和控制财力和物力，而对于人力资源特别是对于人的潜力至今仍然无法精确地预测、计划与控制。唯一能充分利用人力资源、最大限度地挖掘员工潜力的方法就是进行激励性管理的措施。康乐企业在了解员工的基础上，使用合理的手段，转化员工的行为，使表现好的员工维持其良好的行为，使表现较好、一般甚至较差的员工转化为良好的员工。

激励可以使员工充分地发挥其内在的潜能，创造高质量、高效率的工作成绩。由于激励管理手段有利于发掘员工潜力，实现人尽其才、物尽其用，使员工与工作的能力达到一个最佳的组合，这样员工能在心情舒畅的工作环境中发挥自己的能力，从而不断地吸收优秀的人才，为企业效力。

2. 激励能提高工作效率

工作效率的高低和工作绩效的大小，通常取决于两个基本因素：一是能不能，二是干不干。前者指是否具有承担某项工作的能力和资格，后者是指从事某项工作的意愿、干劲，也就是工作积极性的问题。在对员工的激励管理中，经常的大量的工作就是解决工作意愿和工作干劲问题。康乐企业运转中存在的问题，员工是最为清楚的,而且员工存在着巨大的创造性和潜力。通过激励有利于员工创造性地工作,以康乐企业主人公的姿态去工作,并积极提出合理化建议、建设性意见和措施。这样,不仅能够改进工作状况,从工作方式中挖掘潜力,而且还能使员工受到奖励和重视,从而进一步发挥员工的创造性和革新精神。

3.激励能提高饭店人力资源质量

企业的竞争,归根到底是人才的竞争。特别是当前人力资源可以自由流动的前提下,有效的激励机制是吸引人才、保留人才、提高企业人力资源质量的关键。激励就是要突出对不同技能、不同服务质量的员工进行不同对待,并且让员工树立榜样的意识,以树立榜样来激发员工对自己高标准要求,以提高自己在饭店中的地位和成就感。

4.激励能激发员工创造力和革新精神

康乐行业竞争激烈,经营项目生命周期短,创新成为康乐行业维持企业生命的活力。而要使企业不断创新并改善产品品质,关键是员工的创新意识和能力。激励就要让员工调动自己的积极性、能动性,努力钻研创新。

二、企业激励管理措施

就员工的工作积极性而言,康乐企业的工作具有双重性:一方面,员工通过与客人打交道,看到自己的工作时间长,工作缺乏规律性,社会地位低下;另一方面,工作要求又极为严格,员工心理压力大,情绪容易受到冲击等。为了有效提高员工的工作积极性,激发员工的工作热情,针对我国目前康乐企业管理的实际情况,应采取如下的激励管理措施:

(一)增强员工的团队精神

团队意识或团队精神是一种现代管理理论,它往往包括企业文化、企业精神、企业哲学等内容,是指企业在发展中形成的一种基本精神、企业的凝聚力及员工的价值观、信仰、行为准则等,也包括企业精神文明建设的系列规范化制度、有效措施、方法等基本活动。团体意识要求企业建立良好的环境、革新人的价值观念、树立榜样、建立团队精神活动规范仪式和健全企业的团队精神网络等。

团队精神是现代企业成败的关键和现代管理的灵魂。现实中,这一观点足以得以证实。法国拿破仑说过:"我的75%成功在于团队精神。"日本之所以经济高速发展,产品畅销于世界,其原因在于日本的企业不仅重视科技的作用,更注重强化员工对企业的忠诚度、归属感与向心力,强化员工新的价值观念和人际关系,满足员工的心理需求等。我国很多企业成功经营的实例也表明,调整企业的人际关系、树立团队意识、满足员工需求、增强员工的凝聚力,使员工形成与企业共命运的思想等,都是经营成功的关键。

为了增强康乐企业的团队精神,管理者必须使出浑身解数,让员工参与,鼓励员工,发掘员工的潜能,从而减少相互竞争的"磨损",使员工相互协作达成工作目标。下面介绍一些达成团体目标、促进团队意识的策略:

(1)巧妙安排事前会议——在计划开始前,先弄清楚成员加入的意图,因为个人的考虑、想法往往会影响计划的结果。如果你和每位成员有非正式的共处,将有助于更深入的了解,例如,在共进午餐时轻松谈话。

(2)勾勒团队要达到的任务——团队的领导者,就是主要的统合力量。领导者必须在召开首次会议之前,就对团队的使命有非常清楚的构想,然后在会议一开始就陈述清楚,接下来一系列会议的方向就不会走偏。

(3)界定角色——当组员个人角色不清时,就会发生权利斗争。为了避免不必要的敌对情势,要清楚界定组员扮演的角色。

(4)创造团队的认同感——给团队一个正式的名称,如此组员会比较看重自身的工作及团队的目标;也可以将进行的计划和目标公开,以加强组员的凝聚力。

(5)勾画游戏规则——一开始,负责人应该指出组员彼此间的关系,使个人明了自己及他人如何为团队作贡献,也能促进组员互动的和谐,使个人更能融入团队中。

(6)说话时,多用"我们"及"我们的"——如此不但可以强调每位参与者对计划的贡献努力,也可增强成员与饭店利害与共的想法。

(7)对工作计划不要过于保密——霸占相关资料不肯与人分享,反而对自己不利。通常应该让成员明了为什么要执行计划,而且要让每位相关人员充分了解工作计划的内容,而不只是重要管理者。

(8)鼓励网状联系——在首次会议中,要明确制定团队联系的方式以及多久见面一次。

(9)安排娱乐时间——只有正式的聚会,很难产生恰如所需的团队活力。一起共进午餐、晚餐及参加社交活动,可以使组员用较人性的方法彼此互动。

(10)强化团队意识——当团队表现好,赞赏全体的努力,不要特别突出某个人的贡献。如果某个人特别卖力,应在私下嘉许。

(11)善用幽默感——说笑话有时可以破除紧张,提高团队的凝聚力。

(12)创造开放的气氛——自由自在的气氛是促使组员发展情谊与创意的重要因素。

(二)挖掘员工自身的激励因素

激励的效果决定于激励的手段和激励的对象这两个基本要素。因此,在研究和寻找有效的激励手段之前,首先要去真正地了解被激励的员工。

1.认识你的员工

对于康乐企业的管理者来说,结识自己管辖的员工几乎不是一件难事,每天打交道,都已十分熟悉。但是,作为管理者,不能将认识员工停留在表面上,因为要想管理好员工,有效激发员工的积极性,就必须深入了解员工的心理需求。管理者很容易将认识员工的工作简单化。认为在休息时间谈上两句,午餐时到员工的身边问上两个问题,或者认为员工之所以来工作的原因不外乎是为了养家糊口而已。管理者如此认识员工,则很难发现员工的内在需求,也就无法恰当地使用激励手段,使员工得到极大的激发。

认识员工的最佳方法是观察员工。观察其工作情况、对管理者的态度、对同事的态度和与同事的关系、对客人的态度和与客人的关系,提出的问题,其动作、反映,在讲话及倾听时的表情,什么事情使其沮丧,在短暂的接触中其谈话内容是什么。根据以上的观察,管理者要发掘员工的真正需要、欲望、动机和目前的状况和满足、失望、挫折、奋进等。同样,员工的工作能力、兴趣、爱好都是要观察的内容。

2. 考虑员工的需求

作为管理者,必须明晰组织内绝大部分员工的需求关键点,提出与之相适应的激励方式。根据员工需求,充分考虑物质与精神、长期与短期、团队加个人、正向与负向的各种激励方式,并形成具有特色的组合。对于基层员工,与业绩直接挂钩的明确奖励方案当然是最实际的;能够开展一些有益身心的文体及劳动竞赛活动,亦能丰富生活、有助于提升员工的荣誉感;对于关键员工,深入研究他们的工作、生活及性格特点,"投其所好",甚至有必要时,还要针对他们设计专门的激励方案。

3. 针对年龄区别对待

年龄通常意味着员工的心智和能力。康乐企业是年轻人的天下,青年员工精力充沛、朝气蓬勃、显示企业的生机。青年人在工作中具有求知欲、冒险性、情绪性等特点。管理者有效激励青年员工的方法是设置振奋人心的目标,选择具有新鲜感和挑战性的工作强化奖励手段,要进行必要的关心与帮助。俗话说"三十而立",30 岁的员工更加成熟,自我实现的需求更加强烈。管理者的激励手段则为加大工作责任、晋升职位、加薪以及提高身份地位等。"四十而不惑",四五十岁的员工已进入不惑之年,他们希望获得稳定的工作并受到同行的尊重。管理者通常要安排他们完成管理性、后勤性和员工的培训工作。

三、挑选有效的激励手段

激励效果的产生决定于员工自身需求、所从事的工作和管理者的强化手段。

(一)机会激励

康乐部的员工中年轻人占很大比例,尤其是一般人力资源方面,几乎占到 90%以上。他们既承受来自社会、家庭和工作等诸多方面的压力,同时又因为传统观念和企业制度因素的影响,在饭店的地位不高,得不到足够的重视和认可。这样就造成了饭店年轻员工在工作中产生自卑、失落的情绪,无法寻求与饭店的归属感和成就感。如果给这些年轻员工学习的机会,使他们能够不断地超越自我,这样既能加强他们职业的安全感和成就感,同时也会在情感上改变与企业的关系,使其产生对企业的感恩之情,在企业树立主人翁地位,以提高工作热情。服务质量提高主要依赖员工的工作态度和服务技能,因此,管理者应注重对全体员工进行有计划的提高服务技能的培训,为员工提供深造的机会,以适应工作的不断发展,这也是员工激励的起点。

(二)奖薪激励

工资制度细分化之后,以发放不同类型的薪酬作为激励,"受到了充分激励的员工,其能力发挥能达到80%～90%"。康乐部发放工资奖金、解决福利待遇,除了满足员工的生活需要外,更要看到它为员工带来的情感维系和自尊感,将其作为激励的载体,尽量贴近员工的期望值,让他们不断地感到自我价值的提升,在需求得到满足的过程中调动其积极性。奖薪激励的重点在于解决好员工的期望和利益分配的公平合理两个问题,报酬与责任、技能水平和劳动强度等方面挂钩,奖金福利与康乐部效益挂钩,并且让员工深切认识到自己的奖薪与康乐部的盈利有直接的关系,使其工作有干劲,从而挖掘出自身最大的服务潜能。

(三)目标激励

动机决定行为,行为指向目标。目标对动机和行为有牵引和激励的作用。德鲁克1954年在《管理实践》中首次提出,"它(指目标管理)不仅对企业管理产生了巨大推动,而且在人力资源开发方面也有着积极的意义"。伟大的目标会产生伟大的动力,尤其是康乐部的管理人员,这是个具有强烈成就需要和喜欢风险挑战的人群,他们愿意通过努力取得成功的挑战。因此,对于他们最好的激励就是设置具有挑战性的目标,以满足他们成就感的需求。同时,目标激励更强调让员工将个人目标与企业目标结合起来,形成目标连锁,从而实现对员工的激励作用。目标激励的根本思路就是以组织的目标为核心,制定个人目标,从而使个人目标与企业目标相一致,激励员工为企业的目标而奋斗。

(四)权力激励

康乐部员工在机会激励、薪酬激励和目标激励的作用下会产生参与康乐部管理的需求,当他们的价值观、情感归属已与康乐部连成一体时,他们已经把康乐部的发展作为实现自己目标的载体,因此权力激励就是有效地挖掘员工潜能的方法。权力激励重点就是要向员工授权,授权之后改变了传统的员工只一味服从的状态,既能在工作中最快速地满足顾客需求,又能给员工一定的自由空间,增强其责任感。康乐部的一般员工大多都是充满朝气的年轻人,他们头脑灵活,善于接受新事物,敢于挑战,对未来职业的发展充满向往,只要利用这种心理特性,进行适当授权,就会很好地挖掘其工作的潜能,提高工作效率,为康乐部的发展发挥最大作用。

(五)文化激励

文化教育是企业内形成的独特的文化观念、价值观、传统、习惯、准则、观念等。

西方管理专家认为,企业的成功不在于规章制度,不在于利润指标,关键在于企业文化。企业文化一般表现在企业的经营理念、服务宗旨、企业风格等方面。企业文化可以增强员工的凝聚力。饭店文化对员工充分体现主人翁精神和责任感有着重要作用,尤其是强调以人为本、尊重个体的企业文化更能给企业成员以强大的吸引力。因此,康乐部文化要立足于对康乐部员工的尊重和关怀,追求康乐部与员工共同发展、共同参与、共同分享的文化共同体。高度重视员工个人价值的饭店文化对员工来说,代表的不仅仅是某种价值观和信仰的认同,而且还意味着组织与个体的情感归属和荣誉感的驱动。

(六)领导行为激励

管理手段的使用者即领导是激发员工动机的第三大要素。领导者的激励手段不仅是在调动员工的积极性,而且是完成其本职工作。领导行为的激励主要表现在三个方面:

1. 情绪激励

管理者自身的心境和情绪具有传递和感染力,从而管理者的情绪能对下属产生影响。管理者高昂的情绪、十足的信心和奋发的斗志往往能最大限度地调动员工的积极性。因此,管理者在要求员工具有积极性时,首先自己要情绪高昂。

2. 期望激励

管理者充分信任员工并对员工抱有较高的期望,员工就会充满信心。如果你对工作只有75%的努力,你的下属仅付出50%的努力;如果你付出100%的努力,下属可能会付出110%的努力。如果管理者仅要求员工较好地完成工作,员工可能会一般通过;但如果管理者要求员工严格按标准一点不差地完成工作,员工就会绝对达到工作标准。正因为管理者的期望直接左右着员工的动力,因此,管理者要注意对下属的期望也是激励手段。当然,如果对下属期望过高,员工可望而不可及,则仍然无法激发员工的工作热情。

3. 榜样激励

领导者的行为本身就具有榜样作用,因而,领导者自身无时不产生着一种影响力。为了引导下属,领导者必须树立起榜样。领导者的好恶,绝不仅是他个人的事,直接影响着下属的行为。管理者自身的榜样作用是无限的,要想有效地激励员工,管理者就不要忘记树立良好的榜样。

总之,激励是现代康乐企业管理的重要手段,康乐企业工作性质在很大程度上决定了激励的作用。康乐企业管理者要针对自身的特点,广泛吸取现代激励理论的精华,采取行之有效的手段,有效激发员工的积极性和创造性,创造良好的经济效益。

【小　结】

　　本章主要介绍康乐组织机构和人力资源管理的知识,要求学习者了解康乐企业组织机构模式、康乐企业各岗位职责及康乐企业的招聘和培训程序,掌握康乐企业人员编制的依据和方法以及康乐企业激励管理的措施。

【思考题】

　　1.康乐企业组织机构设立的原则是什么?
　　2 康乐企业人员编制的依据和方法是什么?
　　3.康乐企业的招聘负责人和培训负责人应具备的条件是什么?
　　4.康乐企业为什么重视招聘和培训工作?
　　5.画出招聘程序的流程图,并简述其程序。
　　6.什么是激励? 激励的功能是什么?
　　7.试述康乐企业激励管理的措施。

【案例与思考】

　　某康乐企业因规模扩大出现管理人力紧缺,并急需某部门经理马上上任,同时为下一步确立管理制度奠定基础。负责招聘的人力资源部经理在进行了一系列的对外招聘及筛选后,最后确定两名候选人:一位有着多年的工作经验,业务水平高,但年纪偏大,文化程度为高中文化;另一位工作经验较少,但工作热情高,大学本科毕业。如果你是这个企业的人力资源部经理,根据康乐企业经营管理的特点和本岗位的设置,将如何进行抉择并后续跟进?(提示:可以根据本企业现有情况和发展趋势进行综合考虑)

健身房经营与管理

　　健身运动是康体运动项目的一种,是最适合饭店开设的运动项目之一,健身房是饭店康乐部最重要的基本设施。健身房经营项目的综合型强,集多项运动于一体,能提供科学的、齐全的、安全的各种体育训练设备,是一种综合运动场所。同时,健身房的各种健身器械具有模拟运动的特点,每项运动所需要的场地都比较小,有效地提高了场地利用率。健身房还提供运动衣、运动鞋,配有健身教练,并会为每个会员做出科学、详细的健身计划。健身房集田径、体操、举重等活动为一体,不同运动项目可以达到不同的健身效果。参加者可以根据自身情况自行选择和有计划地进行康体活动。

第一节　健身房的健身设备及活动方法

一、健身运动训练项目分类

　　虽然室内健身运动由于在室内进行而受到部分限制,但仍然涵盖了健身运动所包括的许多方面并且种类繁多。因此,健身运动可根据各训练者的训练目的不同而进行不同的分类。现代人做运动,除了健身之外,更多是为了消脂瘦身;另外,也应将锻炼心肺功能作为运动的目的之一。

(一)心肺功能训练项目

　　心肺功能指的是人的摄氧和转化氧气成为能量的能力。整个过程牵涉心脏制血及泵血功能、肺部摄氧及交换气体能力、血液循环系统携带氧气至全身各部位的效率,以及肌肉使用这些氧气的功能。因此,心肺功能的好坏直接关系到人体代谢功能的强弱和健身锻炼后机体恢复功能的快慢。透过带氧运动(aerobic exercises)的训练,增加身体的带氧量,加速新陈代谢,强化血管和心肺的健康;亦能锻炼意志和耐力,令人精神奕奕。

健身锻炼使人心跳加速,心搏有力,每分钟心输出量增加,心肌的微循环全面扩张;锻炼时肌肉活动产生的二氧化碳刺激了人体的呼吸中枢,使呼吸频率加快,肺容量加大,与此同时呼吸肌(膈肌、肋间外肌和肋间内肌)和呼吸辅助肌得到了锻炼,特别是膈肌的上下运动幅度增长。长期锻炼能使心脏的重量、容积增大,安静时的心率变缓,心肌的室壁增厚,使其每次收缩变得强韧有力。经常锻炼的人安静时心率可能只有每分钟 $40 \sim 50$ 次,剧烈运动时的最高心率每分钟可达 220 次。缺乏锻炼的人在应激状态下最高心率超过每分钟 190 次时,就会出现恶心、呕吐、头晕、面色苍白、出冷汗等虚脱症状。坚持锻炼有利心肺功能发展,健康的机体,良好的体质完全依靠强健的心肺功能来支持。

1. 跑、踏步运动项目

这类运动是指通过使用踏步机、跑步机、登山机等运动器械达到增强心肺功能、增强体质的目的的健身运动。训练者使用相应的运动器械,就可以原地做踏步、快速短跑、长跑,甚至可以进行马拉松式和登山式跑步运动。这类器械的跑踏板非常灵敏,训练者可以自己掌握训练节奏的快慢和训练的强度和方式。进行这类健身运动的器械往往配有热量消耗显示和心率监测装置。这样,训练者既可以直接了解每次训练所消耗的热量,还能及时掌握训练时的脉搏次数,以便随时控制训练强度。这类运动根据客人的要求和器械类型可以分为踏步运动、登山运动、跑步运动等。需要特别指出的是,增强心肺功能的健身运动并非像许多人认为的那样跑得越快、越长就越好,而是需要训练者的脉搏保持在一个最佳的范围并持续一定的时间才能达到最佳的健身效果。

2. 骑车运动

健身房的骑车运动目前已被开发成动感单车项目,是一种在固定自行车上完成的高强度有氧练习,虽然它也有车把、车座和车轮,但是固定在地面上的,消费者进行着与普通自行车一样的蹬车动作,就可以使这种单车的车轮转动。这种车最独特的地方就是可以自由改变车轮的阻力,座位和手柄(就是车把)都可以很方便地根据个人的身材调节。它可以提高训练者的心肺功能、腿部肌肉耐力及协调性。它的减脂效果好,特别是针对臀部和腿部,对下半身塑形有很好的效果。同时加上动感的音乐和灯光效果,能达到缓解工作压力和放松的作用。这种自行车有电脑显示器,可以准确地记录骑车的速度、地势以及运动员心跳的速度。运动者还可以根据需要自动调节地势和骑车速度。

3. 划船运动

划船机是模仿划船设置的健身器械,其主要练习部位是上肢,同时也可以增强心肺功能。先进的划船机为齿轮链条传动,带电脑屏幕,机体较长,划起来动作舒展,幅度大。而经济型的划船机多为杠杆或气泵阻力,使用时有效划动距离很短。划船机有单功能和多功能等型号。划船的动作循环转变依序分为入水、拉桨、出水以及回桨等四个阶段。运动时身体的每一个屈伸动作和划桨的手臂动作,使人体大约90%的伸长肌都参与了运动,划船动作对活动脊柱关节,锻炼背部肌肉有明显效果。练习"划船"时,要注意动作的连续性,每一个蹬伸动作后都尽量不出现停顿。在划行过程中,动作一定要到位。运动幅度过小会使参与运动的肌肉无法充分伸展或收缩,使训练事倍功半。

这里所说的跑踏步、骑车、划船等康体运动不同于一般的跑步、走步和登山运动,这种运动可以使训练者在进行跑踏步时,通过手臂推拉上下协同训练,使身体75%以上的肌肉得到锻炼,所以锻炼强度和效果是一般的骑车、划船所无法比拟的。进行这种运动时,其空间范围是有限的,位置是固定的,因此,可以一边看电视和听音乐一边进行训练,是集健身和娱乐为一体的好项目。

总之,心肺功能训练健身项目既可以提高人的心肺功能,又可以锻炼肌肉,还可以增强人的神经系统的敏捷性。同时,还可以使人身心舒畅,每天保持一个好心情。

(二)力量训练项目

力量训练项目是任何标准健身房不可缺少的运动项目,与心肺功能训练项目配合且相辅相成。有些消费者担心力量训练会使她们肌肉过于发达。其实,这种担心是多余的。力量训练不但不会使女性肌肉隆起,而且还有减少脂肪增加肌肉,强壮体格,强壮骨骼,减少糖尿病危险,防治心脏病,防治腰背及关节疼痛,增强竞技能力,增添活力,维护心理健康等功效。在力量训练项目中,又因为训练者目的的不同,可分为力量型训练和健美肌肉训练。

部分人把肌肉训练和力量训练混为一谈,其实这两者有本质的不同。力量训练从本质上说,是人类走跑跳投的基础,是关乎人体运动系统功能与效用的大问题。它的直接益处,是保持和提升骨骼的强度和密度、关节的韧度和幅度、韧带的弹性和长度、肌细胞的活力和数量、肌肉的力量和爆发力,以及神经传导的速度和应激反应的质量。而正是运动系统的这些要素,构成了我们快乐生活的坚实基础。肌肉锻炼是缓解健康问题的有效途径,它包括耐力训练、力量训练和速度训练,肌肉训练要全身性的配合,局部的训练不但效果不佳,也很容易再退化,练习目的是最大限度地增长肌肉。虽然乍一看上去,二者非常相似,但实际上它们在各方面都有很多不同,总体来说,力量训练的训练项目都是围绕几个效率最高的核心项目,而肌肉训练的训练项目是围绕身体的各部位设计的,除了腿部训练借用了力量训练的一些主要项目,大多数上肢训练项目都是力量训练中没有的。力量训练特别强调核心力量(尤其是股四头肌力量),因为它是全身力量的主要组成部分,而且实用性最强。而肌肉训练强调全身肌肉的匀称性,反对对于某个单一部位的强调。

在健身房中常见的力量训练项目主要有:

1. 举重运动

举重运动是通过推动可调节重量级的举重架,达到举重效果的一种运动方式。这种运动在增加重量级时,只要将举重架后架上的铁块插入举重者所需要的重量处即可。这种运动是一种训练臂力和胸部等的力量型运动,又是极为方便的运动。

2. 健美运动

健美运动是在多功能组合健身架上完成多种动作的康体运动。这种运动所用的器械使用非常简便,既有单一功能训练某一部位的,也有综合训练各个部位的,并且具有多功能组合型和占地小的特点,所以很受客人喜爱。这项运动可以达到健美、健身、减肥的目的。人体美的标准是体格健壮、体形匀称、肌肉丰满、精神饱满、姿态端正、举止灵敏而又洒脱,充满青春的活力。在健身房有计划地进行健美运动,能使人体的肌肉变得健壮有力、匀称美观。

无论是心肺功能训练项目还是力量训练项目,都是在特设的健身房内实现的。随着人们需求的不断增加和科学技术的迅速发展,各种新的健身器材将会不断产生,康体运动项目将会更完善。

(三)健身操项目

健身操与器械锻炼的效果有所不同,前者是以心肺功能及身体协调性、灵活性锻炼为主,并具有减少皮下脂肪的作用。而后者则以肌肉锻炼为主,使皮下脂肪通过锻炼后转变为肌肉,力量得以加强,线条较为健美。有氧健身操是一种富有韵律性的运动。它通过长时间持续的运动,不仅使心肺功能增强,而且还锻炼了大肌肉群,通过锻炼保持精神舒畅、活力充沛。

健身操的具体分类见表3-1。

表3-1　健身操的分类

健美操	竞技性健身操	单人操
		混双操
		多人操
	表演性健身操	爵士操
	健身性健身操	有氧操
		力量操
		各种轻器械操:踏板、哑铃、橡皮筋等
		水中有氧操
		形体操
		另类健身操

1. 竞技性健身操

竞技性健身操的主要目的是"竞赛",其比赛项目有男单、女单、混双、三人和六人。竞技性健身操在参赛人数、比赛场地、成套动作的时间等方面都必须严格按照规则进行,对成套的编排、动作的完成、难度动作的数量等也都有严格的规定。由于竞赛的主要目的就是要取胜,因此在动作的设计上更加多样化,并严格避免重复动作和对称动作。近年来,运动员为争取好成绩,均在比赛的成套中加入了大量的难度动作,如各种大跳成俯撑、空中转体成俯撑等,这样对运动员的体能、技术水平和表现力均提出了更高的要求。

2. 表演性健身操

表演性健身操的主要练习目的是"表演",它是事先编排好的、专为表演而设计的成套健身操,时间一般为 2～5 min。表演性健身操的动作较健身性健身操动作复杂,音乐速度可快可慢,并为了保证一定的表演效果,动作较少重复,也不一定是对称性的。在参与的人数上可是单人,也可是多人,并可在成套中加入队形变化和集体配合的动作,表演者可以利用轻器械,如花环、旗子等,还可采用一些风格化的舞蹈动作,如爵士舞等,以达到烘托气氛,感染观众,增加表演效果的目的。因为表演性健身操的动作比健身性健身操的动作复杂多变,所以对参与者的身体素质要求较高,不仅要具备较好的协调性,还要有一定的表演意识和集体配合意识。

3. 健身性健身操

健身性健身操练习的主要目的是"锻炼身体、保持健康"。它的动作简单,实用性强,音乐速度也较慢,且为了保证一定的运动负荷和锻炼的全面性,动作多有重复,常以对称的形式出现,练习时间一般为一个小时左右,在练习的要求上根据个体情况而变化,严格遵循"健康、安全"的原则,防止运动损伤的出现,在保证安全的基础上达到锻炼身体的目的。

健身性健身操根据锻炼年龄分为:儿童健身操、青少年健身操、中老年健身操;根据锻炼目的分为:康复健身操、保健健身操、健美健身操;根据徒手与否分为:徒手健身操、持轻器械健身操;根据锻炼部位分为:颈部、胸部、腰部、腿部、手臂、臀部等的局部健身操。健身操运动对场地要求不高、四季都能开展,对人体的心肺功能、耐力水平都有很大的促进作用。

二、健身房项目活动方法

健身房康体经营项目是客人通过专用的器械完成一些相对剧烈的动作,以达到强身健体的目的的项目。在使用器械和保护身体上都要遵循一定的规则和程序,以便在充分发挥器械功能的同时,客人的身体不至于受到伤害,从而达到事半功倍的健身效果。

为此,服务员必须全面熟悉和准确掌握好各种健身设备的性能和使用方法,才能主动为客人介绍并回答客人的询问;在客人要求服务员辅导时,服务员应主动示范,保证在客人操作时的安全。

对客人来说,由于人体在做健身运动时,需要呼吸系统进行密切的配合,需要消耗大量的体能和热量;血液循环加快,心脏的负荷加大。因此,有高血压、心脏病的客人,不宜做此项运动。在运动过程中,不常参加体育锻炼的人常常会出现局部肌肉酸痛,这是正常现象,不必紧张,这种酸痛一般在休息几天之后就会自动消失,肌肉的力量也会不断增长。

(一)心肺功能训练器械的使用方法

1. 踏步机的使用规则和程序

(1)使用踏步机的规则和程序:①双脚踏在踏板上成站姿,按下开始键,根据表盘上的指令输入自身体重(kg)。②按下输入键,选择登山程序键。③将登山程序输入,根据指令选择所需时间(登山程序的时间只有 1、6、12、18、24 min)。④再按下输入键,设定自身的锻炼目标频率(频率强度共有 12 个档次,1~12 档依次递增)。

(2)使用踏步机进行无规则运动的规则和程序:①双脚踩在踏板上成站立姿势,按下开始键,根据指令输入自身体重(kg)。②按下输入键,选择无规则变化键。③将无规则程序输入,按下输入键。④根据指令选择时间或台阶键(可设定任意长短的时间或所需要的台阶数)。⑤再按下输入键,选择所需强度目标键(强度共有 12 个档次,1~12 档依次递增。所不同的是每一档次的强度变化无常,是无规则变化的)。

(3)使用踏步机进行手动节目的方法:①双脚踩在踏板上成站立姿势,按下开始键,根据指令输入自身体重(kg)。②按下输入键,选择手动变化键。③将手动程序输入,按下输入键。④根据指令选择时间或台阶键(可设定任意长短的时间或所需台阶数)。⑤再按下输入键选择所需强度目标键(强度共有 12 个档次,1~12 档难度递增。所不同的是一旦目标强度设定,已选定的时间强度不再变化,只有在手动键盘改变后强度方可变化)。

(4)使用踏步机时的注意事项:①身体应随时保持直立;②膝盖弯曲不应超过 90 度;③避免膝盖或肘臂僵硬,应稍有弹性;④随时保持对身体的控制;⑤踏板时脚应和板面完全接触。

2. 登山机的使用规则和程序

(1)双脚与踏板完全接触,成站立姿势。

(2)按下开始键,根据指令输入自身体重(kg)。

(3)根据指令选择所需锻炼节目,并将其输入程序。

(4)根据指令选择合适的锻炼目标强度。

(5)根据指令选择自己所需锻炼时间。

(6)将所需数据输入后,便可开始锻炼。

(7)使用时应注意:踩踏时脚部不必和踏板完全接触,其他注意事项与使用踏步机时相同。

3.跑步机的使用规则和程序

(1)双脚分开,站在中波机的边缘上。

(2)按下电源形状键,使数据表盘显示信息。

(3)按下开始键,使其皮带轮转动。

(4)双脚踏在皮带轮上随其走动。

(5)按下快速键,使其达到自己所需的转动频率。

(6)当需减速时按下慢速键,使其减到自己所需目标。

(7)当需上坡时,按下抬高键,使跑步机呈上坡状态;不需时,再按下降低速度键,使跑步机呈水平直至达到自身要求。

(8)当需检查行驶中的各项数据时,按下检测键,可随时得出行驶中的步伐幅度、时间及距离。

(9)使用跑步机时的注意事项:①先开动机器,后站在皮带轮上;②双手扶手把杆,当达到所需频率时,再将双手放开;③双脚的频率应与皮带轮的转速一致;④双脚正确地接触轮面,随时保持身体平衡;⑤双臂自然摆动,避免全身僵硬。

4.划船器的使用规则和程序

(1)按下复原键,使表盘上的数据显示为零。

(2)按下时间键,选择所需运动时间。

(3)若按下距离键,选择所需完成的距离。

(4)当确定了时间或距离后,按下准备就绪键,即可开始锻炼。

(5)当设定的时间或距离完成后,查找所需数据(如热量等)。

(6)使用时的注意事项:①成坐姿,绑好脚带,双手握紧把手;②准备划时,两臂伸直,两腿弯屈,上身重心稍前倾;③划船时,两腿用力蹬直,身体重心后移时用力将把手拉至胸前;④两腿弯曲,身体重心前移,成开始姿势,重复进行。

5.健身自行车的使用规则和程序

(1)使用健身自行车进行登山节目的规则与程序:①先成坐姿,调整坐姿角度,快速蹬车,随后按下开始键。②当表盘上闪烁"P"字母时,输入登山程序(登山程序只有1、6、12、18、24的时间数据)。③按下输入键,表盘上会有"L"字母显示,选择自己的目标强度(强度共有12个档次,1~12档难度递增)。

(2)使用健身自行车进行无规则节目的规则与程序:①成坐姿,调整角度,快速蹬车按下开始键,再按无规则键。②当表盘上闪现"L"字母时,输入自己选择的强度(共有12个档次,1~12档难度递增,每一强度的变化是无规则的,但时间可以任意选择)。

(3)使用健身自行车进行手动节目的规则与程序:①成坐姿,调整好踏车角度,快速蹬车后按下开始键,然后再按规则键。②当表盘上闪现"L"字样时,选择自己的目标强度(这一程序的强度同样有 12 档,1 ~ 12 档难度递增,所不同的是一旦目标强度确定,所选的强度则不再变化,时间可任意选择)。

(4)使用健身自行车时的注意事项:①先快速蹬车再按下开始键;②坐高的正确与否以膝盖近似伸直为准;③身体应保持正直,两臂支撑在把上;④两脚的蹬踏频率应与目标频率一致。

(二)力量训练器械的使用方法

力量训练器械的品种、规格、型号很多,有单功能的,也有多功能的;有立式的,也有卧式的。每一种力量训练器械都有其独特的使用方法,这里不一一列举。下面介绍一般多功能综合训练器械的几种力量训练方法:

1. 坐姿颈后推举

这种训练的部位主要是三角肌、斜方肌、背阔肌和肱三头肌。其操作方法是反坐背对码表板,双手屈肘握把手,由背后往上推至肘关节伸直。

2. 卧姿推举

这种训练的部位主要是胸大肌和肱三头肌。其操作方法是平躺于垫上,双手屈肘握把手向上推至肘关节伸直。

3. 立姿拉举

这种训练的主要部位是背阔肌、三角肌、肱二头肌。其操作方法是双脚平站在底架两侧,挺身直腰,双手握把手,用双手的力量将把手往上拉。

4. 弯腰拉举

这种训练的主要部位是腰部和手部诸肌。其操作方法是双脚站立在底架两侧,弯腰,腰部保持不动,双手握住把手,用手部的力量将把手往上拉。

第二节　健身房设备功能介绍

健身房是康乐企业或酒店康乐中心的重要组成部分,也是客人经常光顾的地方,其设备的好坏直接影响企业在客人心目中的形象和企业经营目标的实现。健身房的设备较多,健身房的五个功能区域即心肺功能练习室、体能训练室、哑铃练习区、健康舞室或精神放松练习室和体能测试中心等,都有自己相应的设施设备,而且其设备的品种、规格、型号、档次等各不相同。这里着重介绍心肺功能训练、体能训练及体能测试设备。

一、心肺功能训练设备

(一)自行车设备

自行车设备种类很多,特别是电脑设备在自行车训练项目中的运用,使自行车设备的训练功能大大提高,设备品种开发得越来越多。这里简单介绍两种比较先进的自行车训练设备。

(1)心率控制自行车。心率控制自行车是采用先进红外线科技,把个人心率传送至自行车,调控阻力负荷,增加或减少运动量,使运动训练更有效率、更加安全。它的特点是:①可按个人心率数据,采用电子磁力制动且宁静、耐用、准确;②设有三级电脑程序,适合采用65%运动量减肥人士和采用85%运动量训练心肺功能的不同需要;③设有不同档次的阻力,适合初次运动者、康复人士及专业运动员;④它还装有可调校扶手、底座及特大前轮,方便安装及搬运。

(2)电脑运动训练资料自行车。这是日本研制的新一代自行车设备,它具有电脑运动训练资料功能,能把个人健体资料增加、更改及保留,使运动训练更易管理及更有趣味性。另外,它还可以随身携带,开创了健体运动新境界。它的特点是:①可按个人心率数据,测量及调控自行车负荷阻力;②具有电子磁力制动系统和三级健体测试及五级电脑训练程序;③有紧急停止系统,当任何电脑程序超过最高心率指标时,自行车自动停止。

(二)跑步器设备

电动跑步机是健身房及家庭较高档的器材,它通过电机带动跑带使人以不同的速度被动地跑步或走动。由于被动地形成跑和走,从动作外形上看,几乎与普通在地面上跑或走一样,但从人体用力上看,在电动跑步机上跑、走比普通跑、走省去了一个蹬伸动作。正是这一点使每一个在电动跑步机上跑、走的人感到十分轻松自如,可使人比普通跑步多跑1/3左右的路程,能量消耗也比普通跑、走多。另外,由于电动跑步机上的电子辅助装备功能非常多,可体验不同的跑步环境,如平地跑、上坡跑、丘陵跑、变速跑等,也可以根据个人的锻炼目的进行选择。跑步器设备种类很多,有独立式跑步设备和联合式跑步设备,有单功能跑步设备和多功能跑步设备。特别是随着科学技术的发展及新兴科技在跑步器设备领域的应用,使新的跑步器设备层出不穷。这里简单介绍几种跑步器。

(1)电脑彩色荧幕台阶练习器。电脑彩色荧幕台阶练习器的特点主要有:①彩色荧幕显示训练过程,使训练更加有趣味性;②设置12个电脑程序,可与电脑模拟系统进行比赛;③有特阔踏板及安全扶手,非常安全;④台阶练习器除训练心肺功能外,还可清除下肢脂肪,特别适合女子使用;⑤设有触摸式荧幕程序输入系统,使用方便。

(2)专业型跑步器。专业型跑步器是研制多年的最新产品。除继承一贯的专业设计外,它还采用了最新研制成功的双层浮动防震系统,以吸收人体跑步时产生的所有震动,使单调的跑步运动变得更加舒适及更有效率。其特点主要有:①设有双层浮动防震系统,使跑步更加舒适及安全;②电脑模拟现场练习,使训练者具有强烈的真实感;③跑速有 6～16 km/h 等各种不同档次;④斜度设计为 15%;⑤设有 8 级电脑跑步程序和自选电脑跑步程序;⑥设有电脑跑步路线图;⑦配备两匹高速直流电机;⑧设有故障自动显示系统。

(3)轻巧型跑步器。轻巧型跑步器是美国最流行、最受欢迎的跑步器,它采用 2.6 cm 厚密度双面打磨跑步带,使跑步运动备感舒适。其特点主要有:①电脑模拟现场练习,使训练具有强烈的真实感;②跑速有 0.8～16 km/h 不同的档次;③斜度设计为 15%;④设有电脑跑步线路图;⑤设有 8 级电脑跑步程序和自选电脑跑步程序;⑥设有故障自动显示系统。

二、力量训练设备

力量训练设备的主要功能是帮助训练者减少脂肪,塑造体形,使体形变得更加健壮、优美。特别是对女士来说,力量训练可以更有效地塑造优美身段。

力量训练是任何标准健身房不可缺少的运动,它与心肺功能训练相互配合,相辅相成。力量训练设备种类很多,有独立式和综合式之分,有单功能和多功能之别。

(一)自由训练器械

自由训练器械包括哑铃、杠铃和举重盘,重量型号多样,可以根据需要在不同的时候选用不同重量的器械。它为各种训练提供了最大的自由度,可以不受限制地训练各个部位的肌肉。它的训练自由度很大,必须要有专业人员现场指导,选择合适的重量,进行合适的运动,以免造成伤害和影响训练效果。在更换哑铃、杠铃的重量时,要注意安全。它的最大好处是可以利用有限的器械方便地完成许多不同的训练。比如,一架有 12 个功能的机器只能提供 12 种训练,而一张长凳、几个哑铃和杠铃,再加上一些铃片,就可以训练所有的肌肉。

(二)可选择的机器器械

指在功能上可以有不同的选择。

(1)单平台机器,指某一种力量训练机器可为某一种肌肉或肌肉群提供训练。

(2)复合平台机器,指某一种力量训练机器可以为两块肌肉或肌肉群提供训练。

(3)多平台机器,指某一种力量训练机器可以为多块肌肉或肌肉群提供训练。它通常设计好了训练姿势,某些先进的器械也可以同时变换两种姿势,以创造更加自由的感觉。它一般设有最大强度调节钮,可根据实际情况选择强度,以达到理想的训练效果。它既安全又可靠,但通常是按大众化的身材设计的,所以对特殊身材,如肥胖者等则不太适合。

(三)可调整重量块器械

在其上可以随意添加或减去重量块,既可体会自由器械训练的自由度,又能享受机器器械训练的安全和舒适。它通常为专业运动员选用,也适用于各种水平的训练者。事先设计了训练动作,可以调节训练强度。由于它可承受很重的力量训练,对于需要超强力量的运动员非常理想。它可以进行单臂或单腿训练,使训练者感到很灵活。但它对于小个子训练者不太适合。

(四)电脑或气动式器械

这是最现代化、运用了高科技的器械。它的训练姿势也是事先预定好的,只需按一下按钮或调整一下屏幕上的显示,便可以开始一套适合自己需要的训练。它最大的好处是可以进行一些先进的训练。研究发现,运动员在减慢运动速度又同时保持训练强度时,可以达到更好的力量训练效果。利用它在运动时更安全。

(五)拉力皮筋器械

这种器械便宜,容易操作。在做各种动作时,可随意组合姿势,充分运动全身。在选择时,也需专家指导,以达到正确的姿势和理想的效果。它最大的缺点是强度不足,对需要大运动量训练的人不太适合。

三、体能测试设备

体能测试仪器是任何健身中心不可缺少的配套设备。在任何训练前,都应该先进行系统体能测试,以便更有效率地制订运动训练计划,避免不必要的受伤。高科技体能测试仪器,能准确评估体能,使运动训练安全而准确。体能测试仪器主要有:

(1)血压仪,即电子血压量度器。

(2)体形量度尺,是量度体型的标准版,它能提供准确的专业分析。

(3)身体柔软度量度器。它能量度人体的柔软弹性,运动前测试,可避免运动训练时受伤。

(4)肺功能分析仪。它能测量各种肺排气量,配合电脑科技设计而成,准确可靠。采用先进的微电脑处理系统,检测出人体的用力肺活量、量大通气量、气道阻力、小气道状况等方面的数据及基曲线,并对受测者的肺功能障碍进行自动分型。

(5)皮层脂肪量度仪。它能测量人体表皮下层脂肪量。

(6)心率、血压及重量仪器组合。它能测试心率、血压及重量,能提供比较表,使用比较方便。

(7)电脑脂肪测量仪。它利用先进的镭射科技,快而准确地分析体内脂肪、水分及肌肉分布,可印制健身报告表。

(8)电子心率显示仪。其独立的胸部感应带能传送心跳率至显示腕表,显示清晰,并备有警号通知。

(9)身体成分测试仪。人体成分分析仪,可用 40～60 s 的时间即可得出人体水分、蛋白质、肌肉、脂肪的测量值及左右上肢、左右下肢、躯干等的脂肪比率、体脂百分数等多项指标,并根据不同受试者的各项测试指标指数得出个性化的分析评定报告。

第三节　健身房的设计与环境布局

一、健身房设计与布局的一般要求

(一)布局要求

健身房设计时一定要对健身房的功能区域合理划分。健身房的功能区域分为必要功能区域和扩展功能区域。必要功能区域有:①健身区域,一般包括有氧区、无氧区和力量区;②独立操课房,这部分健身区域一般和公众器械区域分隔开来,包括大体操房、热瑜珈房、动感单车房等;③前台接待、商务洽谈区和工作(办公)区域,该类区域大小可根据实际情况确定;④桑拿淋浴,一般包括淋浴、桑拿房(干蒸、湿蒸)、更衣室、储物间、水流按摩池、SPA 服务、推拿间、太阳灯等。

扩展功能区域是指一些健身房在必要健身项目基础上增加的健身服务。例如,游泳池、跆拳道场地、散打场地、乒乓球馆、羽毛球场、网球场、壁球馆等。扩展区域还包括休闲娱乐区域,一般有游戏厅、计算机电玩室、营养餐厅等。

(二)面积要求

相对而言,健身房面积可大可小,一个小型的放置 10 件健身器材的房间面积约在 65 m² ,而放置 15 件健身器材的大型健身房面积在 100 m² ,即可健身房地板距天花板的高度至少应在 3 m 以上,若太低则会使人压抑。健身房要注意空气流通。

(三)健身房设备要求

(1)健身器材不少于 5 种,各种健身设备摆放整齐,位置适当,客人有足够的活动空间。

(2)设备性能良好,用途明确。

(3)配有配套体重秤。

(4)在四周墙面的适当位置挂立镜,最好配有山水风光画,使运动者置身于自然环境中,并配有使用健身器材的文字说明和录像带。

(5)各种健身器材始终保持完好、安全,其完好率达 100% 。

(6)设备设施若有损坏或故障,应停止使用,及时维修。

(四)配套设施要求

(1)健身房旁边要有与接待能力(档次与数量)相应的男、女更衣室、淋浴室和卫生间。

(2)更衣室配带锁更衣柜及挂衣钩、衣架、鞋架、长凳等。

(3)淋浴室各间互相隔离,配冷热双温水喷头、浴帘。

(4)卫生间配隔离式抽水马桶、挂斗式便池、洗盥台、大镜及固定式吹风机等卫生设备。

(5)各配套设施墙面、地面均满铺瓷砖或大理石,有防滑措施。

(6)健身房内设饮水处。

(7)各种配套设施材料的选择和装修,应与健身设施设备相适应。

(8)配套设施设备完好率不低于98%。

(五)环境质量要求

(1)健身房门口应设立客人须知、营业时间、价目表等标志标牌。

(2)标牌设计要求美观、大方,有中英文对照,文字清楚,摆放位置得当,摆放整齐。

(3)健身房内照明充足,自然采光度不低于80 lx,灯光照度不低于60 lx。

(4)室温应保持在18 ~20 ℃。

(5)室内相对湿度应保持在50% ~60%。

(6)室内有通风装置,换气量不低于40 m³/(人·h)。

(7)适当位置有足够数量的常绿植物,以调节室内小气候。

(8)整个环境美观、整洁、舒适,布局合理,空气新鲜。

(六)卫生标准要求

(1)健身房天花板光洁、明亮,无蛛网、灰尘。

(2)墙面粘贴高级墙纸,美观大方,无灰尘、污迹、脱皮现象。

(3)地面无灰尘、垃圾、废纸。

(4)所有健身器材表面始终保持光洁、明亮,无污迹、汗迹、手印。

(5)各种设备均无沙尘、印迹。

(6)饮用水透明、洁净,符合国家卫生标准。

(7)其他要求,如健身房尽可能安装玻璃窗,使客人能看到房外的景观。

二、健身房装修过程中的注意事项

(1)健身操房。主操房的空间应足够大,给健身者以空旷的感觉,布局安排时应尽量避开立柱。地板用枫木铺设,内置音响、喇叭箱及弹性设备,健身操房的领操台一般都配备整块大型玻璃镜,以增强视觉效果,空间感觉会更大。同时,有条件的操房墙壁用玻璃分隔,可以增强健身气氛,同时与器械区保持"亲密接触",可以提高整个健身房的视野效果。

(2)动感单车房。动感单车房的装修和操房差不多,也要求注意与整个健身房的融合统一。动感单车是一个特殊项目,具有极强的煽动性,可以即刻提升会员或参观者的健身欲望,因此一般安排在整个健身房都能注意到的空间里。

(3)器械房。空间要宽广通畅,通风效果好,器械布局符合健身规律,健身设备摆放密度适中,配套设施齐备。在条件许可的情况下,可配备独立的电视等音视频设备。

(4)楼层的承重。健身房装修划分区域时,对器械健身区的安置一定要考虑承重问题。像力量训练组合、跑步机、动感单车、登山机、椭圆运动仪等都是重量较大的器械,对于楼层的压力很大。

(5)防水。健身房的洗浴设施至少使用 10 h 以上,地面一直处于满水状态,因此洗浴空间的装修是整个健身房装修的重中之重,因为其他的装修可以在以后的运营中进行调整,只有洗浴空间的装修没有调整的机会,只有重做的机会。在装修过程中,一般有至少 3 层防水防渗层,并做 24 h 以上的渗水检查和测试,并严格把关。

(6)器械分布密度。器械分布密度需要考虑两方面问题:一是是否会使相邻器械的健身者在运动时彼此影响;二是健身过程中的安全问题。例如跑步机,部分健身者因为操作失误或其他原因,跑步频率跟不上履带速度,因此会选择跳下跑步台,由于惯性的作用,会出现跨步较大或是向某一方向前冲的现象,在两台跑步机的距离过小的情况下,会引起相邻跑步机上的两个会员冲撞。

第四节　健身房的服务与经营

一、健身房的服务

(一)服务人员的素质标准

(1)熟练掌握健身房工作内容、工作秩序。
(2)熟悉各种健身器材的性能、作用和使用方法。
(3)能够指导客人使用健身器材。
(4)精神饱满,态度热情,服务周到。
(5)对常客、回头客和健身俱乐部成员能称呼其姓名或职衔。

(二)预订的服务标准

(1)要用规范语言主动、热情地接待客人预订。

（2）客人电话预订,铃响三声内接听。如因工作繁忙,请客人稍候。

（3）准确记录客人姓名、房号（针对住店宾客）、使用时间,并复述清楚,经客人确认。

（4）对已确认的客人预订,要通知有关服务人员提前做好准备。

（三）接待服务准备工作的标准

（1）每日营业前整理好健身房、休息区、更衣室、沐浴室与卫生间的清洁卫生。

①备好营业用品:a.各种单据、表格及文具等;b.客用毛巾、浴巾、短裤;c.酒吧内各种餐具、器具及饮品。

②将客人视线内的所有物品、器具等有序摆放。

③准备工作完成之后,由主管或领班检查,不合格之处应重做,直到达到标准为止。

④将洗衣厂送回的客用品取回,并将用过的客用品送走,做好记录。

⑤所有营业前准备工作做妥之后,再次检查员工仪表仪容是否合乎标准,然后进入营业状态。

（2）将设备设施摆放整齐,检查健身器械、哑铃、踏板、软垫等有无损坏。

（3）正式营业前准备好为客人服务的各种用品,整理好个人卫生,准备迎接客人。

（四）迎宾工作

（1）客人到来,服务员应面带微笑,主动、热情问候客人。

（2）询问客人要求,向客人介绍收费标准等,为客人办理消费手续。

（五）器械房的服务

（1）协助健身教练为客人进行体能、体质测试及体形测量,根据客人健身目标和要求提出建议方案和锻炼计划。

（2）对初次来健身房的客人或新型的健身器械,服务员应提供示范,同时向客人讲明注意事项。

（3）客人选择好健身器械后,服务员应主动为客人调试健身器具,检查计量单位是否准确。

（4）在客人健身活动过程中,服务员应设法做一些安全保护措施,以防意外事故的发生。

（5）根据客人要求,适当播放背景音乐。

（6）服务员要适时询问客人需要何种饮品,并做好饮料服务工作。

（7）保持洗浴间的整洁,及时收拾香皂头、杂物,清洁摆放洗浴用品的台面、皂碟。

（8）保持卫生间的清洁,及时更换纸篓中的垃圾袋、清洁坐便器,补充厕纸,喷洒除异味剂。

（9）保持更衣室清洁，及时收拾香皂头、杂物、拖鞋，发现更衣柜上有遗留的钥匙应立即交服务台并做好登记，以便客人遗失物品时查询。

（10）保持休息区的整洁，及时为客人更换烟灰缸，添加饮料等。

（11）服务员应随时注意客人的举动，以便及时提供服务。

（六）健身操房的服务

（1）协助健身教练为客人进行体能、体质测试及体形测量，根据客人健身目标和要求提出建议方案和锻炼计划。

（2）保持洗浴间的整洁，及时收拾香皂头、杂物，清洁摆放洗浴用品的台面、皂碟。

（3）保持卫生间的清洁，及时更换纸篓中的垃圾袋、清洁坐便器，补充厕纸，喷洒除异味剂。

（4）保持更衣室清洁，及时收拾香皂头、杂物、拖鞋，发现更衣柜上有遗留的钥匙应立即交服务台并做好登记，以便客人遗失物品时查询。

（5）保持休息区的整洁，及时为客人添加饮料等。

（6）每场休息时，服务员要立即将客人用过的软垫等清洁干净并归放原位。

（7）客人健身过程中若出现扭伤等情况，服务员要及时给予简单救治。

（七）安全服务的标准

（1）健身房必须配急救箱、氧气袋及急救药品。

（2）客人有身体不适现象，及时照顾，采取有效措施。

（3）运动健身过程中客人发生碰伤，及时提供急救药品，照顾周到。

（八）送别客人服务

（1）客人离开时，检查有无客人遗留物品，提醒客人将更衣柜钥匙等交回服务台。

（2）送客人至门口并礼貌向客人道别。

（3）检查健身设施设备有无损坏，清洁干净并归放原位，清洁整理休息区、更衣室等。

二、健身房的经营特点及发展趋势

随着室内健身运动的蓬勃发展，健身房的经营也具备了自身的经营特点，经营者可以通过自身的实际情况和客源环境，选择自己的独特经营方式。

（一）健身房的经营特点

（1）经营的规模大小可以根据经营者的自身能力随意调整。

（2）配置不同性能的健身器材，可以适应不同年龄段健身者的需要，从而大大扩宽了客源面。

（3）能够根据客源的需要提供不同档次的软件服务，从而强化了市场竞争能力。

（4）由于健身运动的涵盖面广泛，健身房既可以独立经营，也可以联同其他健身项目合作经营，使健身房的经营更加灵活多样。

（二）健身房的经营发展趋势

（1）随着健身器材的不断更新和完善，健身房将越来越能吸引更多年龄段的健身者前来消费。

（2）随着人们经济生活水平的不断提高，人们的健康意识将会越来越强，这对开发健身房消费者的潜在市场提供了相当有利的条件。

（3）随着电脑技术日新月异的发展，健身设备将不断向科技化、电脑化方向发展，这对于健身者的科学锻炼提供了极大的帮助。

（4）越来越多的具备专业运动知识的教练员、陪练员将在健身房内为健身者提供专业、优质的健身服务指导，健身房经营的潜在市场将非常巨大。

【小　结】

本章通过对健身房的运动意义、设施设备、运动方法到经营方法、经营理念的介绍，使学习者对健身房运动和经营有了一个科学、全面的认识，能够在专业知识和理论的指导下运作、经营健身房，并为进一步拓展健身房提供思想上的启发。

【思考题】

1. 健身房运动对于健身者所能达到的健身意义有哪些？
2. 健身房的健身器材主要是如何分类的？
3. 对于室内健身运动应具备哪些注意事项？
4. 阐述健身房的经营流程、要求，并思考是否有精简流程的可行性。
5. 健身房经营的特点及发展趋势对实际经营能够带来哪些启迪？

【案例与思考】

某综合康乐企业在建设中由于没有考虑到设施建成后的管理人员及技术储备，在建设完毕后出现缺乏专业管理人员进行系统规范管理的局面。对于健身房下一步如何管理，企业管理班子有两种不同的意见：一种认为应该就现存条件进行一般管理，同时在管理中对相应人员进行再培训，但这样做容易造成现有的管理能力和水平非常低下;另一种意见认为可以将健身房向外转包给管理水平较高的专业健身教练,这样可以立即为企业招徕众多的客源,但又担心会对健身房设备造成损坏。两种意见各有道理,僵持不下。

　　问题:

　　如果你是该康乐企业管理班子成员,你将如何在两种意见之间做出选择并完善?(提示:可根据第一章的经营形式和本章的有关内容进行分析)

台球室经营与管理

　　台球（Billiard）属于康乐活动中的康体休闲类项目，又被叫做落袋球，是由 2～4 人参加的一种桌上游戏，以击球进袋计分多少来判断输赢。台球究竟起源于哪国？已无法考证，有人说是古希腊，有人说是法国，有人说是英国，还有人说是意大利和西班牙……但比较一致的看法是台球起源于14—15 世纪的西欧。其实台球在世界的流行与传播，并不是哪一个国家起到了重大作用，而是在众多台球爱好者的共同努力下，才形成了现在蓬勃发展的局面。

第一节　台球室的设计与布局

　　台球活动最初是贵族和少数有钱人的娱乐项目。随着社会的进步及台球设备的制作工艺的发展和变化，台球走下了贵族的圣坛，步入日常平民生活。但是，台球运动仍然是所有球类项目中最为优雅的，被称为"绅士的运动"。台球与其他娱乐项目相比，具有以下特点：①运动场地小，不像足球等需要大型的场地；②台球是室内运动，不受季节、天气、时间等因素的影响；③台球的运动强度不大，不会耗费大的体力，可又不像棋类活动那么安静，是一种静动结合的高雅运动，适合于各个年龄段的客人；④台球属于一种智力体育活动；⑤参加的人数较为灵活；⑥趣味性十分强。

一、台球项目的分类

　　世界较为流行的台球种类主要分为英式台球、美式台球、法式台球和开伦式台球，顾名思义这是按照台球起源划分的。

（一）英式台球

英式台球又包括英式比例台球和斯诺克台球两大类。主要流行于英国和欧洲大陆。

1. 英式比例台球

英式比例台球又称为三球落袋式台球,属基础类型的台球,是世界上正式台球比赛项目之一。英式比例台球出现较早,要求具有较全面的技术打法。英式比例台球使用的球是一只红球,两只白球。为了区别两只白球,其中一只白球带有点或纹形。球台有6个网袋,台面分为内区和外区,在内区的半圆线内为开球区。在外区的中轴线上,标有红球基点、白球基点和白球备点。先开球一方应以带有点的白球作为自己的主球,对方则以全白球为主球。开球时,台面上只有一个红球放在红球基点上,开球一方可以随便把自己的主球置于开球区内任意一点开球。记分方法为碰红自落得3分,碰白自落得2分,送红落袋得2分,送白落袋得2分,连碰双球得2分。当白球送入袋后,要立刻将其从网袋中取出,放在红球基点上,以备再打。当送红球入袋后,也可再取出后拿在手里等待获得击球权时再用。

2. 斯诺克台球

英式台球的另一个种类斯诺克台球是世界流行的主流台球项目之一。英文"斯诺克"(snooker)的含义为障碍之意,斯诺克台球竞争激烈,趣味无穷。斯诺克共用球22颗,其中15颗红球、6颗彩球、1颗白球(主球)。台上半圆形区域为开球区。开球前,双方可以通过抛硬币来决定谁先开球。开球一方,可将白球摆在开球区的任何位置,每次击球后,白球停在什么位置,就必须接着由什么位置打起。打球方必须先打入一颗红球后,才能任选一颗分值高的彩球打。彩球打进后,需取出重新摆回其定位点。接着,再打红球,红球打进后再打彩球,如此反复,红球全部入袋后,必须按照从低分值球到高分值的顺序打彩球,依次是黄球、绿球、棕球、蓝球、粉球和黑球。此时打进的彩球,不用再拿出来,直至所有彩球入袋,台面上剩下白球,比赛宣告结束。

(二)美式台球

美式台球又称美式普尔(也有称鲁尔球),是台式台球的一个重要流派,是在法式台球和英式台球之后又形成的一种新风格。它与英式台球和法式台球并驾齐驱,广泛地流行于西半球和亚洲东部。不过美式台球与法式台球和英式台球相比较为大众化、普及化。美式台球包括8球制台球、9球制台球、芝加哥台球、普尔台球和保龄台球等种类。其中美式8球台球在我国影响最大,用同一颗主球(白色)及1到15号共15颗目标球,1到7号球为全色球,8号为黑色球,9到15号球为双色球(又称花色球)。双方按规则确定一种球(全色或是花色)为自己的合法目标球,在将本方目标球全部按规则击入袋中后,再将8号球击入袋的一方获胜该局。若一方在比赛中途将8号球误击入袋或将8号球击离台面,则对方获胜该局。

(三)法式台球

法式台球起源于法国,也称为卡罗姆台球,其含义是连续撞击两个球,即用主球连续触及两个球,这是法式台球最基本的要求。与英式台球、美式台球球台的最主要区别是没有网袋。卡罗姆台球有多种比赛方式,其中主要的是三边卡罗姆式台球。

(四)开伦式台球

开伦式台球也起源于法国,后来在日本非常盛行,有"日本撞击式台球"之称,是国际大赛项目之一。开伦式台球所用的球台没有球袋,它是以球杆击球得分的一种台球打法。在我国的一些台球厅里很少能见到这种台球打法。

二、台球室的设计与布局

台球是一项优雅而技术深奥的室内体育活动,其独特的竞赛方法使客人在打球的过程中充满挑战性和思考的乐趣,加之台球室静谧的环境、温和的灯光以及有关服务设施所形成的优雅的环境氛围,使之受到了社会白领阶层的喜爱。饭店作为所在地区时尚消费的带领者和高档消费的集散地,台球运动在饭店康乐部的经营中总是占有一席之地的。

台球室在饭店康乐部中往往处于一种较为特殊的位置,台球室的环境布置应该营造出西方古典的装饰风格,以突出台球的古典绅士风范。但是由于台球发展历史遗留的问题,以及在台球活动中要遵守相当严格的游戏规则并且运用相当的脑力,使台球远不如其他娱乐项目吸引人。所以大部分饭店在进行台球室装潢布置时,出于节省成本及增加台球运动的娱乐性考虑,在设计时以较轻松的风格来对台球室进行装饰,通过空间布置和设计来为客人提供一个既可进行台球游戏,又可放松的场所。整个台球室的场地要求平坦、干净、明亮及通风条件良好,否则有损健康。还有部分以康乐活动为主营项目的饭店,如北京的锡华饭店甚至为喜欢台球运动的顾客专门准备了有台球设施的异型客房。

(一)台球室的空间布局要合理

台球运动是一项室内运动,台球室在设计时应充分考虑台球运动的活动规则和经营的特点,在台球室的装潢布局上采用灵活多变的布局方式。既要保证客人在台球运动时获得标准的竞赛条件,又要使客人享受到台球运动独特的魅力,以达到休闲娱乐的目的。

1. 接待区和酒吧区

接待区是康乐部用来迎接客人、提供台球服务的区域,一般以柜台形式设于台球室入口处。柜台是台球室接待客人的第一个窗口,所以设计和设备配置都应方便工作、美观以及能够吸引客人,理想的柜台高度是 1.1 m 左右。接待处的灯光设计,要使用亮度适宜的光线,配备不同层次、类型的灯光,以保证良好的光照效果。光照的强弱变化要和整个饭店的灯光设计相结合,使客人可以适应灯光的变化。接待处的色彩多采用暖色调,以烘托豪华、宁静的气氛,以适应接待员的工作和客人对台球室环境的要求,创造出台球室特有的安静、轻松的气氛。目前在饭店康乐部,为了方便对台球器材的管理,减少人工成本,通常会将插杆架放置于接待处。当客人办理了必要的登记手续后,由接待员帮助客人挑选球杆。

酒吧区位于接待区的附近。作为健康生活方式的活动场所,台球室的酒吧区其主要经营形式表现为服务吧,供应的品种较为简单,只提供简易的酒水饮料和小食品。

2. 球台区和休息区

球台区当然是整个台球室的核心,摆设有球台、计分器等台球设备。球台区的面积应根据所用的球台规格来确定,根据球台的长和宽,在球台四周应最少留出一个标准球杆的长度。再加上服务人员和其他客人的走动面积,应再在刚才的基础上加上最少 1.5 m 的公共区域。若球室里有不少球台,则可通用公共区域。球台区的面积可通过以下公式计算:

实际球台区面积 = 标准球台的长 × 宽 + 标准球杆的长度 + 公共区域

球台区的布局重点是球台和客人击球区域。要特别注意在进行装饰布局时,无论是灯光照明还是色彩的使用,都要避免影响客人的击球情绪。一般在球台上方 75 cm 的地方悬挂 300 W 左右的灯具,并外加长方形的大灯罩。这主要是为了控制灯光的照明范围,避免灯光散射,同时也可以避免刺眼,使客人在击球时得到充足的灯光照明。在球台区色彩装饰上尽量选用和谐的色调,减弱周围环境对击球者的影响。

(二)台球室的室内装饰摆设要典雅

台球是一种高雅的运动,对于台球室的装潢设计也有着较高的要求,要求塑造出一种典雅的室内气氛。在台球室的室内装饰上要体现饭店的档次和特色,可使用具有西方古典风格的家具、装饰物以及色彩来突出台球运动特有的绅士风度。

(三)台球室要配备优良的设施设备

台球运动对台球的设备要求是很严格的,从球台的平稳度、台面的平整到球杆的长度、重量和平直都是客人所关注的。要吸引客人来此消费,就必须为客人提供标准而高质量的设施设备。

(四)台球室要有适宜的空气质量

由于台球运动是一种静中取动、体力和智力相结合的康体运动,因而对室内的温度和湿度要求较严格,否则会影响客人在击球时的发挥。台球室的温度、湿度要维持在人体所需要的度数,温度一般为22～24 ℃,湿度为40%～60%,整个环境就比较适宜了。

第二节　台球设施设备及维护保养

一、台球设备的演变

台球自出现至今已有几百年的历史,到了 19 世纪初,台球运动的发展开始走向成熟阶段。在技术提高的同时,台球的设备用具也随之发展并逐渐成形。

(1)在台球桌方面,用石板台面代替原来用的木板桌面,保证了台面的平整。用弹性好的橡胶台边代替最初用毛屑或棉花包裹起来制成的台边。

(2)在球杆方面,法国台球手在球杆上加装皮革头,防止木制球杆杆头变秃影响击球技术的发挥;还发明用巧克粉擦拭杆头,防止球杆在击球时发生滑杆现象。

(3)在球方面,发展的历程是漫长的。最早使用的台球,是用木材或黄铜做的,后来改用象牙来做。由于台球质量要求高,加工工艺复杂,致使当时的台球受产品合格率的影响,价格昂贵,只能供少数王室贵族享用,严重地阻碍了台球运动的普及与发展。直至 1868 年,随着台球运动在西方国家的广泛发展,台球的需求量也随之巨增。当时被誉为“美国塑料工业之父”的海亚特,用化学方法研制成功的塑胶台球,促进了台球制造工业革命性的变化,对台球运动事业的发展作出了巨大的贡献。海亚特也因此被美国台球协会选进了名人馆。随着社会科学文化的进步,人们在台球的研究上又有了新的进步,新出现的纸浆球、聚酯球、水晶球等受到了人们的注目。

二、台球的设备

(一)球

目前国内外所使用的台球,已经由高能聚酯球所取代,它色调纯正,表面光滑,弹性和韧性好,而且球的重心和圆度质量精确可靠。为了保持球的使用效果,打完球后,要及时用干净的布片擦净粘附在球面上的巧克粉及其他不洁物等。因台球的玩法不同,球的直径有大有小。开伦(Caroms)球的直径为 6.15 cm,现在常用的是 6.55 cm,每个球重量为 230 g 左右;美式 8 球落袋式台球(Pool)球的直径为 5.71 cm,每个球重为 170 g 左右;英式斯诺克(Snooker)球的直径为 5.25 cm,每个球重为 145 ~ 146 g;英式比列(Billiards)球的直径和重量与斯诺克台球相同。

(二)球杆

球杆用优质木材做成。杆体呈圆形,前细后粗,长度在 1.3 ~ 1.5 m,可长可短,一般以齐肩长为宜,重心要正确,应在球杆尾部的 1/4 或 1/3 处,杆头直径在 9～12 mm。球杆前端是金属或塑料制成的杆头,杆头前粘有皮头(又称枪头),皮头是用优质皮革制成,质量好坏直接影响到击球。皮头富有弹性,可以控制击球时的撞击力,同时防止打滑。击三四次球之后为了防止打滑,应在皮头上擦涂壳粉。皮头要不时修整打磨,使之处于最佳状态。

(三)架杆

球台又宽又长,经常会出现距目标球较远或因角度影响,目标球前面有其他球阻碍,这时需要用工具式架杆把人的手臂接长来打远球。常用架杆有两种:十字架杆,只有一个支撑槽;多槽式架杆,做成善行凿出许多不同高度的槽。还有一些特殊的架杆:长柄架杆,用于击打远距离的球;高脚架杆,用于主球周围有其他球妨碍的情况。

(四)巧克粉和扑手粉

打台球时为防止球杆的皮头和球之间打滑,需要在皮头上涂抹一层巧克粉,以增加皮头和球之间的摩擦力。这种巧克粉的形状为块状,外形为正六方体,是用粉末材料压制而成的。往皮头上涂粉时,右手拿粉块,斜对着皮头,有节奏地来回打粉,同时左手转动球杆,对整个撞头涂抹均匀。

(五)球框

美式台球要把 15 个号码彩色球摆在置球点,呈三角形。斯诺克台球要将 15 个红球按三角形摆到规定的位置。这就要用一个等边三角形的框子来完成。一般用塑料压制而成,也有用木制的。摆球时将台球置入球框,然后再推到置球的位置。

(六)插杆架

为防止球杆弯曲变形或局部摔坏,打完球后,如何存放球杆也是一件不容忽视的事情。在台球室都有存放球杆的插架或柜子,既方便存取,又保护了球杆完好。

(七)定位器

在游戏时,球的表面经常被杆头上的巧克粉或台面上的落尘等沾污,影响球的正常滚动。这时需要把球表面擦拭干净后,再准确无误地放回原处,就需要有一件给球固定原位的工具,即用透明有机玻璃加工制作的"定位器"。定位器还可在打球时,通过分角线来对压在禁区界线上的台球做出正确判断。

(八)球桌

球台有两种:有孔球台和无孔球台。有孔球台主要适用于美式台球和英式台球(斯诺克);无孔球台主要适用于撞击式台球,如四球开伦。球桌形似长方形会议桌,因此台球又叫"桌球"。台球桌内框尺寸长宽比应为 2:1,一般都是用坚硬的木材制成,特别是球桌四边的碰边,更是采用优质硬木,如柚木、橡木、柳按木等,这样边框弹性大,耐撞击,木质边框上还镶有一条三角形橡胶边,以增加边框的弹性。台面由3~4块石板铺成,石板表面光滑,经安装师傅调平后,接缝严密、平整,石板上再铺粘一层绿色的台呢,增加台面的摩擦力。球桌分为底台边、顶台边、左台边、右台边、置球点、内区、外区、底袋、中袋、顶袋、开球区。斯诺克台球桌尺寸:3 820 × 2 035 × 850 mm,美式落袋台球桌尺寸:2 810 × 1 530 × 850 mm ,花式九球台球桌尺寸:2 850 × 1 580 × 850 mm

(九)灯光

灯光照明是很重要的一方面,既要明亮又不能刺眼,应装在较大的灯罩中。灯罩应置于球台上方75 cm处,一张球台需要300 W的照明。

三、台球设备的维护保养

(一)修理杆头

(1)切去旧的杆头。

(2)清理球杆上残留下来的胶(用小刀片刮干净)。

(3)要获得完美的球杆铜箍,最好用专业的杆头打磨机来完成。

(4)之后食指和拇指拿住杆头,用砂布打磨。

(5)在杆头涂一些胶水(最好使用树脂胶,如果时间仓促可使用透明的快胶)。

(6)均匀地将胶水涂在铜箍上,将杆头按上,擦去多余的胶水,用手按住杆头,慢慢地放开,一夜后就可以进行处理了。

(7)将球杆倒放于砧板上,以铜箍为标准削去多余的部分。

(8)用锉刀将杆头锉成圆屋顶型,锉时要从中心向外。

(9)用细砂纸从侧面将杆头打磨平滑,但不要接触到木制部分。

(10)之后你就成为圆屋顶杆头的创造者了。

(二)保养球杆

给台球杆上油是为了滋润木质,保持台球杆前枝的弹性和防止木质的开裂。特别是在北方,天气十分干燥(空气湿度低于60%),木质很容易开裂。一般来说,当感觉到台球杆表面枯燥、发涩,木质发灰、发暗的时候,就得赶紧给球杆上油了。其实给球杆上油很简单,准备好干布和杆油就可以开工了。

(1)清洁球杆:用干布擦掉台球杆表面的灰尘,否则会影响杆油的渗入效果。

(2)蘸油:在干布上蘸2~3滴杆油,方法是一手持干布,另一手持杆油。

(3)后枝上油:用干布包住木头部分,不断转动和拉动球杆,让油均匀地涂在木质表面。然后按上述方法给前枝后部的夹花部位上油。

(4)前枝上油:白蜡前枝不需要上太多的油,也不需要上得太频繁。所以,给木质上完油后,用布上余下的杆油足以保养前枝,不需要另外添加杆油。给前枝上油,注意不要让杆油粘上皮头,不然皮头就要报废了。

(5)擦拭底部和招牌:给木质部位上完油后,台球杆底部需擦拭。最后用同一块布快速擦几下招牌斜面,避免杆油不均匀地积聚在招牌上,使招牌积聚油污,影响外观。

(6)自然晾干:台球杆上完油后,放在通风处,过 5 ~ 10 min,用干布把前枝白蜡部位的杆油擦掉,木质部分继续自然晾干即可。

(三)球台的维护清洁

(1)木制部分的表面可定期用碧丽珠擦拭,保持清洁光亮。

(2)台呢保养的两个最重要的方法是刷拭与熨烫,其目的均在于尽量避免对于羊毛纤维及台呢绒毛方向的破坏。

①刷拭台呢:规律性地使用专用台呢刷刷拭台呢,可以除去台呢表面的灰尘与残留的巧克粉沫,更可以帮助台呢绒毛恢复原有的方向性,从而保证台呢具有理想的外观及功用,并可以在很大程度上延长台呢的使用寿命。在刷拭台呢的过程中一定要顺着台呢绒毛原来的方向刷,可横向刷拭,但不可反向刷拭。刷拭台呢一定要轻柔,以免损伤台呢纤维。②熨烫台呢:不定期地在刷拭台呢后顺着绒毛的方向熨烫台呢,可以提高球在台呢上的滚动速度。熨烫台呢以前一定要保证台呢已经经过正确的刷拭,库边台呢不需要熨烫,但必须时常刷拭。

(3)库边与台呢夹角区域,用软毛刷的前端顺方向拉直线。

(四)球的维护

对台球的设施设备在保养维护的过程中,要注意避免造成台球损坏的因素,如:皮头磨损露出铜箍后直接击打球面,将球打裂或留下月牙痕迹;水泥地面没有铺设地毯,球落地受撞击而损;球遇高温或火烤引起化学变形;球在空气中形成的常规污染。

台球的保养办法:

(1)在30 ℃左右的温水盆中加入适量的液体洗涤剂,将球置入水中浸泡约5 ~ 10 min,如果球面有污染物需用软毛刷清除掉。

(2)将球取出置于另一盆30 ℃左右的清水盆中清洗。

(3)清洗完毕后,用质地柔软的厚毛巾将球擦干。

(4)在球的表面均匀地喷洒少量碧丽珠,用干毛巾反复擦拭即可。

(5)如果使用洗球液,滴适量溶液于球面上,直接用干毛巾擦拭即可使用。

(6)娱乐场所台球厅用球一周清洗一次。

第三节　台球室服务与管理

一、台球室服务的基本要求

(一)主动服务

预测到客人的需要时,把服务工作做在客人开口之前,也就是在服务中主动为客人提供方便,做到"四勤"(即眼勤、嘴勤、手勤、腿勤)。主动服务来源于服务员的细心观察、细心思索,及时发现客人的需求,主动为客人提供适当的服务,帮助客人解决问题。

(二)热情服务

客人来时要热情欢迎,对初来者可以消除客人对台球室的陌生感,对回头客可以表示对其再次到来的谢意,增强客人对服务员的信赖感。客人在消费娱乐时要热情服务,选择合适的时机向客人提供适当的服务,做好台球室的推销服务工作。客人结束消费时要热情欢送,切忌虎头蛇尾,要自始至终给客人留下好的印象,为服务工作得到客人的支持和理解打下坚实基础。

(三)耐心服务

对客人的正当要求,要耐心地听取,及时为客人提供所需的服务项目。

(四)周到服务

在为客人服务时,要始终坚持周到的原则,想客人之所想,对客人在消费活动的各方面都要照顾到,有针对性地提供服务。

台球室隶属于康乐部。在进行人员配置时,必须坚持因事设岗、因需设岗的原则,要选择那些愿意干、可以干的人配备到岗位上去,落实岗位责任制。一般来看,饭店的台球室规模都不是很大,因此没有必要设立主管,但可设领班、接待员、大厅服务员、吧台人员、陪练员若干。

二、台球室员工的素质要求

(一)领班的素质要求

台球室领班的直接领导是康乐部经理,直接下属是台球室服务员,属下一般有2~6名员工。领班的具体素质要求如下:

(1)身体要求:身体健康,体力旺盛,能够适应现代饭店的走动式管理。

(2)资历要求:从事过台球室的服务工作两年以上,有一定的管理经验。

(3)专业要求:有较为丰富的台球专业知识和台球服务知识,具有初步的台球室经营管理经验,具备基层领导者应有的管理知识,有从事管理的欲望。

(4)人际交往:能够在员工中树立管理者形象,妥善处理班组成员以及上下级之间的关系,有处理客人投诉的能力。

(5)学历要求:从中等职业学校饭店服务与管理专业毕业或具有同等学力。

(6)道德要求:有毅力、坚强,勇于担负责任,有首创精神,有自知之明,能摆正自己的位置。

(二)接待员的素质要求

(1)学历要求:从中等职业学校饭店服务与管理专业毕业或具有同等学力。

(2)资历要求:有台球专业知识和台球服务知识的培训经历。

(3)专业要求:了解台球室的设备配备情况,具有挑选和使用台球配套设备用品的知识,熟悉台球室的一整套预订和接待程序。

(4)业务能力:有良好的语言基础、一定的理解及表达能力,具有较强的服务意识和应变力,有较强的推销能力,并能帮助客人挑选合适的台球用品。

(5)人际关系:人际交往能力强,能与客人保持良好的人际关系,能与同事和谐共处。

(6)身体素质:需有强健的体格,能较长时间站立服务。

(三)大厅服务员的素质要求

(1)学历要求:从中等职业学校饭店服务与管理专业毕业或具有同等学力。

(2)资历要求:有台球专业知识和台球服务知识的培训经历。

(3)专业要求:了解台球的积分方法,具有使用台球配套设备用品的知识,熟悉台球室的一整套服务程序。

(4)业务能力:能为客人提供恰到好处的服务。

(5)人际关系:能与同事以及客人共处,有良好的人际关系。

(6)身体素质:有强健的体格,能较长时间站立服务。

(四)陪练员的素质要求

(1)学历要求:从中等职业学校毕业或具有同等学力。

(2)资历要求:在台球运动方面有一定的实践经验。

(3)专业要求:掌握国际上流行的台球娱乐方式,熟练掌握台球技艺和方法。

(4)业务能力:能为客人提供击球示范,并能与客人共同进行台球运动或组织比赛。

(5)人际关系:能与客人较好地相处,在进行台球游戏和比赛时,能揣摩客人心理,恰当地处理输赢关系,能与客人保持良好的人际关系。

（6）身体素质：有强健的体格，能较长时间地陪客人练球。

（五）吧台人员的素质要求

（1）学历要求：从中等职业学校毕业或具有同等学力。

（2）资历要求：有从事酒吧的经验，并经过台球专业知识的培训。

（3）专业要求：熟悉中外酒水知识、水果种类知识、混合饮料的调制方法和要求，熟知酒吧的运作程序、工作规范及酒吧促销的形式和方法。

（4）业务能力：能够熟练运用不同的调酒技法，调制各种酒水饮料；掌握基本刀工技巧，能制作水果拼盘；能维护、保养酒吧各种服务器皿和用具。

（5）人际关系：具有较强的人际交往能力和语言技巧，能与客人较好地相处。

（6）身体素质：有强健的体格，能较长时间站立服务。

三、台球室员工的工作职责

（一）领班的工作职责

（1）督导台球室员工做好服务工作。

（2）具体负责所在班组的日常服务工作和对客人服务的组织工作。

（3）召开班前会，布置工作，检查员工的仪容仪表，做好员工的考勤记录。

（4）培训所属员工按有关操作要求和服务规程，正确使用台球的设备设施，提供主动、热情的服务。

（5）负责物品领用。

（6）协调员工之间、上下级之间的关系，贯彻上级指令。

（二）接待员的工作职责

（1）清洁接待区域，做好球杆的日常维护。

（2）接受电话预订。

（3）检查填表记录。

（4）为客人办理登记手续。

（5）帮助客人挑选合适的台球球杆。

（三）大厅服务员的工作职责

（1）清洁台球室的各种设施。

（2）引导客人至自己负责的球台。

（3）客人结束消费后，对客人用的台球设备进行检查，并检查有无宾客遗留的东西。

（4）随时与接待员确认客人的预订时间，关注宾客是否按时结束，或是否需要办理延时。

（5）客人如有突发事件发生，及时向领班和康乐部经理汇报。

(6)与康乐酒吧保持联系,为宾客提供饮料服务。

(四)陪练员的工作职责

(1)保养维护台球室的设备设施。

(2)指导客人进行台球练习。

(3)陪同客人进行台球比赛,要分析消费者的心理,掌握好输赢的尺度。

(五)吧台人员的工作职责

(1)负责吧台区域及吧台设备设施的清洁保养。

(2)负责吧台当日酒水等用品的盘点。

(3)接受酒水订单,为客人准备鸡尾酒、饮品、果盘等。

四、台球室服务程序

(一)班前准备工作

服务人员应比营业时间提前 30 min 到岗,做好必要的班前准备工作。

1. 检查仪容仪表

作为饭店康乐部的员工,要为客人提供标准化的服务,在台球室服务员外在服饰等方面也要求统一标准,突出饭店的经营特色。在工作时间,仪容仪表要符合统一要求,如要身着店服,佩带名牌,工作服要整洁,无污渍、无破损、无缺扣等;双手保持清洁,不留长指甲;班前不吃含刺激性气味的食物。

2. 召开班前会

领班检查仪容仪表,分配预定接待任务,提出接待要求。

3. 做清洁卫生工作,吸扫地面,打扫责任区域

清洁卫生本身就是饭店重要的一条服务质量标准,台球室作为台球活动的场所,更要求清洁无尘。这就对台球室的清洁工作提出了更高的要求,要求做到:①四壁无尘,无蜘蛛网;②地面清洁无尘;③家具无污渍;④灯具无灰尘、破损;⑤客用杯具等无污痕;⑥沙发、椅表面无污渍和破损;⑦台球室空气清新,无异味;⑧金属部件光亮;⑨室内卫生无死角等。

4. 班前准备工作

各岗位工作人员检查服务用品和客用物品的准备情况,核对用品状态,对不合格的客用品要予以更换,提前为客人的娱乐消费创造便利条件。正式营业前 5 min,各岗位员工在工作岗位上以标准站姿迎接客人的到来。

(二)迎宾接待工作

(1)台球室的预约。客人一般采用电话预订,要在铃响三声内接听,如因工作繁忙,请客人稍候;注意使用规范语言,热情而主动地接待客人预订;准确记录客人姓名、房号(酒店住客)、使用时间,并复述清楚,取得客人确认。对已确定的客人预订,

要通知有关服务人员提前做好安排。

（2）当客人来到台球室时，接待人员应目视客人，面带微笑，点头示意问好。无论接待员正在从事什么工作，都要先停下手头工作，向客人问好后，请客人稍等，然后尽快结束手头工作，为客人提供接待登记服务。

（3）询问客人是否预约，向有预约的客人介绍台球场设施、租金、收费标准以及为客人提供的相关服务。对无预约的客人，如果场地已经满员，应礼貌地告诉客人打台球需要提前预约，以避免与其他客人在时间上发生冲突。

（4）为客人办理登记手续。在《记录册》上，记录下客人的姓名、房号、运动时间，并询问客人是否需要陪练员，如需要则做出相应安排。

（5）请客人确认付费方式。对要求签单的客人请出示房卡，对要求使用信用卡的客人请出示有效证件。

（6）为客人挑选适用的球杆，并收取一定的押金。

（7）通知相关服务员做好服务准备。

（三）大厅服务工作

（1）得到接待员的通知后，大厅服务员应引导客人到指定球台处，帮助客人摆好球，询问是否还有其他要求。

（2）替客人去酒吧取拿酒水饮料，在客人消费过程中提供有关的清洁和续杯服务。

（3）客人运动时间即将用完时，应及时询问客人是否需要续时。

（四）送客结账工作

客人结束消费，大厅服务员目送客人离开台球室，检查有无客人遗留的物品，同时负责清点、检查客人所用台球设备是否有损坏。若有损坏，应及时通知接待员；若没有问题，则应将球和球杆摆好，并保持球台周围的清洁卫生。

接待员为客人办理结账手续，向客人致以谢意，并欢迎客人再来消费。

（五）结束收尾工作

客人离去后，台球室服务人员要清洁台球室卫生，将一切恢复原状，为下一批客人的到来做准备。客人运动后休息时，应主动、及时地询问是否需要饮料、小吃，如需要则做好记录，并迅速提供服务。客人离开，应主动告别，并欢迎客人再次光临。

五、台球室的管理

台球室作为饭店康乐部的组成部分，在管理上隶属于康乐部，由康乐部进行统一的管理。在对台球室进行管理时，主要侧重对台球室拥有的各项资源，如设施设备进行有效的组合和调配，以形成最大接待能力，为饭店赚取经济效益和社会效益。

台球室的管理主要有两部分内容：一是对服务质量的管理，二是对设施设备的管理。

　　服务质量管理是饭店管理的重要环节之一，是饭店生存的生命线。改善服务质量可以提高客人的满意率，增强客人的忠诚度，提高饭店的双重效益，为饭店在市场上的竞争赢得胜利。

　　设施设备的管理是台球室的重头戏。品质优良的台球设备对能否打出高水平、创造出好成绩是至关重要的。台球的爱好者挑选台球娱乐场所时，在很大程度上是在挑选台球的设施设备。如何正确地选购合适的设备和设施，如何对设备设施进行专业维护，延长使用寿命，是管理者需要面对的重要问题。

【小　结】

　　本章通过对台球这项康乐休闲类项目的介绍，要求学习者了解台球的活动方法及规则，掌握台球室服务和管理方面的知识，具有经营台球室的能力。

【思考题】

1. 台球的设施设备有哪些？
2. 台球布局的合理性体现在哪些方面？
3. 台球室服务的基本要求是什么？
4. 简述台球的 WPBSA 竞赛规则。
5. 怎样做好台球室的管理工作？

【案例与思考】

　　小张是某高级台球厅(会所)的服务领班，并在所有员工中以服务热情、反应敏捷而著称。小张所工作的该台球厅位于一家五星级酒店的高级会所，所接待的客人包括会所会员、酒店住店客人及少数外来客人。台球厅布置高雅，气氛富丽堂皇，为客人提供的服务与酒店氛围十分匹配。小张带领其他服务员一直工作得非常愉快。但最近，台球厅来了一批做生意的外来客人，这批客人非常喜欢打台球，且每次消费均非常可观，台球厅日营业额最近也因该批客人而有大幅度上升。但遗憾的是，这批客人的素质修养非常差，每次在台球厅消费时脱光上衣，高声喧哗、随地吐痰等不雅行为时有发生，并令周围客人产生了较大的不满，长此以往将有可能影响到台球厅的固定客源。台球厅其他客人已数次向小张反映。

　　问题：

　　权衡利弊，小张应该如何做，以保证台球厅的目前利益和长期利益？

游泳池经营与管理

游泳,作为一种水上体育运动,在为人们提供竞技项目的同时;同样作为一种康乐项目,带给人们健康和活力。游泳具有悠久的历史,群众基础广泛,既锻炼身体又愉悦身心,是大众喜闻乐见的康乐项目之一。许多高档酒店都提供游泳设施和服务。

第一节　游泳运动概述

随着游泳的发展,在水中开设的项目越来越多,参与者人数与日俱增,简单地用"游泳"这个词来囊括所有的水中活动,已经不能够表示出水中开设项目的多样性和趣味性。"戏水运动"似乎比"游泳"涵盖的活动范围更加广阔。戏水运动,可泛指所有和水有关的活动,如游泳、海滨冲浪、漂流、海上独木舟探险等。狭义上的戏水运动,是指在不同环境、不同设施、不同形式的游泳池内进行游泳潜水和嬉戏等的运动方式,包括游泳、水滑梯、水中健身操等,是一项活动量大、消耗热量大、使人身心舒畅的活动。

戏水运动的分类:根据戏水环境特点可分为室内戏水和室外戏水。室内戏水是指参与者在人工营造的室内环境中进行戏水的活动。室外戏水是指参与者在室外游泳池或天然湖泊、大海中所进行的活动。

戏水运动的定义:狭义上称为游泳运动,是在不同环境、不同设施、不同形式的游泳池内进行游泳潜水和嬉戏等的运动方式,是一项活动量大、消耗热量大、使人身心舒畅的活动。

一、游泳项目的作用

(一)消除多余脂肪,塑造美好体形

游泳时经常使用的肌肉群就有 20 种左右,可以说是康体运动中动用肌肉群较全面的一种运动。在身体塑造方面,泳者通常采用的四种姿势可以塑造身体的不同部位,满足泳者健身修体的健身目的。如蝶泳,以腰部来牵动身体,可有效消除腰部的赘肉,使它柔软有力,且纤细,达到优美的线条。如蛙泳,通过大腿在游水时充分的展开及收缩,可使大腿内侧的赘肉消除,变成结实的肌肉。

(二)减少运动损伤,加强健身效果

游泳是一种全身的运动,水的浮力减轻了运动地面对身体各关节的冲击力,不像陆上活动一样会有许多运动的伤害产生。另外,水的浮力作用使体态肥胖的人在水中活动时,可以感觉到轻松自如,克服了陆地上活动容易疲劳的缺点。人在水中活动的受阻感是空气的 800 多倍。如果动作速度相同,同样一组动作,水中与陆地相比至少要多用 6 倍以上的力量。那么,水中运动将取得事半功倍的效果。目前在大型健身中心,均提供了水中健身活动,帮助客人达到修饰体型,瘦身减肥的功效。

(三)增强心肺功能,改善血液成分

人们在齐胸深的水中常常会感到呼吸急促,有憋气的感觉,这是因为水的密度要比空气大 800 倍左右,人们在游泳时,胸部要受到 12 ~ 15 kg 的水压。水中游泳对于增加肺活量、提高呼吸系统的机能有很大好处。游泳时,人体处于平卧姿势,在水的压力作用下,四肢的血液易于回流心脏,长期从事游泳锻炼的人,心脏体积明显呈现运动性增大,收缩更有力,血管壁增厚,弹性加大,安静时心率平缓。而经常游泳的人肺活量较大。肺活量是一次呼吸的最大通气量,在一定意义上可反映呼吸机能的潜在能力。

(四)改善体温调节能力

经常游泳的人可以改变机体神经系统,使体内产热和体温调节中枢性能远远超过不参加游泳锻炼的人。常人的体温在 36 ~ 37.3 ℃,而游泳池的水温在于 22 ~ 28 ℃,因此,入水后最初的几分钟,机体会反射性地引起毛细血管急剧收缩。此时人体散热减少,体内产热开始加强,皮肤马上会反射地大力舒张,这样一张一缩,血管就能得到锻炼使弹性增强。经常参加游泳锻炼的人,较能适应低温下的水环境,身体适应寒冷刺激的能力提高了,可防止感冒等疾病的发生。

(五)改善血液循环,保养肌肤

游泳时,每一寸肌肤都被水包围着,而水的温度通常比体温低 8 ~ 10 ℃。当皮肤接触冷水时,毛细血管先是收缩,后是舒张,这时皮肤的血流量可达到平时的 4 ~ 6

倍。正是这种"血管体操",可以改善皮肤的血液循环功能,增加皮下组织的营养供应,使皮脂腺分泌量更加旺盛,新陈代谢更快,皮肤也就更加健康。同时,游泳时水流的摩擦,促使皮肤毛细血管的循环和人体表皮细胞的代谢,使皮肤光滑有弹性。水中运动相对出汗较少,减少了陆上训练后汗水中盐分对皮肤的刺激。水流、波浪的摩擦和拍打具有特殊的按摩作用,可有效避免并减少肌肤的松弛和老化,使肌肤光洁、润滑、富有弹性。同时,还能消除忧虑和疲劳,减轻精神上和肢体上的负担。

(六)培养敏锐思维,磨炼坚强毅力

游泳是一项特殊的体育运动,在运动过程中,泳者需全身浸泡水中,不停地保持身体的运动状态,以达到在水中安全移动及健身的目的。在运动过程中,一旦有什么突发状况,如在深水处发生肌肉痉挛,无法游回岸上,泳者应沉着镇静、呼人援救,或自己漂浮在水面上,控制抽筋部位,往往经过休息,抽筋肌肉自行缓解,然后游至岸边休息。在处理突发状况时,游泳者要保持镇静,快捷准确地分析自己所处的客观环境,决定下一步的自救措施。

需要注意的是,长时间在水中游泳,特别是在很凉的水中游泳,对健康也是不利的。水是热的良导体,人体在水中容易散热。人体为了避免散热过多,皮肤血管会出现保护性反射,使皮肤血管收缩。所以初下水时皮肤发白,等在水中游了一段时间,肌肉活动使血液循环加快,热量增加,皮肤由白变红,机体稍感暖和,这时人在水中可维持一段时间进行活动。若在水中时间过长,身体产生的热量低于水中散去的热,体温调节功能遭到破坏,这时又会出现动脉收缩,小静脉扩张,使血液停滞在皮下静脉内,造成皮肤青紫、嘴唇发黑,甚至发生痉挛现象。一旦出现这种情况,游泳者必须立即上岸,擦干身上的水,晒晒太阳,待暖和后尽快穿好衣服,以防感冒、心动过速、肌肉劳损等病症的发生。

二、游泳方法

随着游泳运动的发展,游泳按照姿势的不同分类,最常见的游泳技法有如下几种:

(一)自由泳

自由泳是现在最常见的一种游泳姿势,因为爬泳的速度较快并具有较强的实用性,所以现在所说的自由泳一般是指爬泳,而爬泳最早是在 1900 年由澳大利亚人首先采用的。自由泳一般要求身体俯卧在水中,头部和肩部稍高出水面。游进过程中,双手轮流划水是推动身体前进的主要动力,同时身体要围绕中轴进行左右转动,以便手臂更好地发挥作用。游泳过程中,速度越快,身体位置越高,但注意不要故意抬头挺胸来提高身体位置,这样非但不能如愿,还会破坏身体的流线型,增加阻力而消耗更多的体能,并且使身体下沉。

（二）蛙泳

蛙泳是最古老的游泳姿势之一，因其划水与蹬腿的动作极似青蛙的游泳姿势而得名。游蛙泳时身体平稳，动作省力，呼吸也比较方便，所以比较适合于长时间、长距离等持久性的游泳。1875 年世界所公认的第一个横渡英吉利海峡的人就是采用的蛙泳。蛙泳因其动作较隐蔽、声音较小，长期以来具有很强的实用价值。游蛙泳时要求身体俯卧在水中，双臂伸直后向两侧分开，向后屈肘划水，到肩侧面结束后在胸前汇合，再次向前伸出水面；腿的配合方面要注意将小腿和脚向外侧翻出，在身体两侧向后呈半弧形向后加速蹬水。

（三）蝶泳

蝶泳是在蛙泳的基础上发展而来的，最初是为了提高速度而在蛙泳划水后双臂不在胸前汇合，而是举出水面前摆后再次入水，因这种姿势很像蝴蝶所以称为蝶泳。现在的蝶泳在蛙泳基础上发展的同时，又吸取了海豚利用其半圆形尾鳍和躯干做上下波浪动作快速推进的科学性。游蝶泳时，双手手心向外，向侧下后方划水，并由外向内划到腹下，然后在大腿两侧出水，从空中向前摆动双臂，腿部要上下打水。

（四）仰泳

仰泳是人体仰卧在水中进行游泳的一种姿势。仰泳技术的产生和发展有较长的历史，1794 年就有了关于仰泳技术的记载，但是直到 19 世纪初，游仰泳时仍采用两臂同时向后划水，两腿做蛙泳的蹬水动作，即现在的"反蛙泳"。自 1902 年出现爬泳技术后，由于爬泳技术合理和速度快，就开始有人采用类似爬泳的两臂轮流向后划水的游法。但是直到 1921 年才初步形成了现在的仰泳技术。仰泳技术由于头部露出水面，呼吸方便；躺在水面上，比较省力，深受中老年人和体质较弱者喜爱。

第二节　游泳池的设计与布局

一、游泳池的类型

游泳是获得乐趣和保持健康的极佳方式，游泳池是游泳场所最主要的设施，在通常的游泳馆内包括有存放衣物和贵重物品的更衣室、淋浴间、洗脚消毒池、戏水池、水滑梯、冲浪池、水健身池等，还有各种提供服务的工作人员，如救生员、服务员、教练等。一般来说，游泳池的四周比水面高，其他游泳池由于水流过边沿被称为"池缘面"。比赛的游泳池通常为 50 m 长，另有分开的跳水池。酒店游泳池是根据酒店的条件和经营的需要而建造的：可分为室内、室外、室内外综合等多种类型。

（一）室外游泳池

室外游泳池是指在室外建立的游泳设施，一般在南方的酒店较常见。由于其露天设置，所以更强调大自然的情调。在形状方面可以设计出各种样式，如长方形、圆环形、泪珠形和各种自由形状，但要注意有利于保证客人安全。空间环境的布置也可以更丰富些，同时由于其露天设置而对卫生方面要求更为严格，因而还需要更强的动力设施以保证合适的水温。室外游泳池也可以利用天然环境进行布置。它对环境的要求较高，既要具备充分的日照，不受风袭扰，又要树木较少，地面平坦，环境幽雅，没有污染（尤其是没有水污染），可以建在海滩、湖泊、天然泉水、江河、激流等日照充分、树木较少的地带。周边还应有一定范围的平坦地面以提供日光浴的场地，池旁还应有与接待量相适应的餐饮服务设施、游艺室以及休息室。

（二）室内游泳池

室内游泳池是酒店中最常见的游泳池类型，是一个适应范围广、深受欢迎的活动场所。它比较容易保持水温、室温，不受外界气候的影响，一年四季都可以使用。有的饭店的游泳池还配有滑水、冲浪等项目，使客人能尽情地畅游、嬉戏。标准的游泳池长约 50 m，宽 25 m，水深浅端 1.3 m，深端 1.7 m，有若干个 2.5 m 宽的标准泳道等。而饭店游泳池主要是供客人锻炼身体、休闲娱乐的场所，不强调游泳池的标准和大小，而是注重游泳池内必须用先进、高档的材料，通过构思、创意，营造出一种宁静、优雅、舒适、清洁、安全的氛围。根据 GB/T 14308—97《旅游涉外饭店星级的划分及评定》要求，饭店的室内游泳池面积最小不小于 40 m²。

（三）室内外兼用型游泳池

室内外兼用型游泳池是一种高级、豪华的游泳池，其建造投资和运营费用都要高于前两种游泳池。它兼有室内游泳池和室外游泳池两者的优点，既可拥有大自然的清新、浪漫，又可不受气候变化的影响，保持恒温和卫生，四季都可使用。室内外兼用型游泳池有两种形式：

（1）空间相连式，即将游泳池划分成相连的两部分，其中一部分在室内，另一部分是露天，客人可以在室内外自由地往来，尽情地享受两种不同的情调与气氛。

（2）移动顶棚式，即通过顶棚的开合来变化室内外的空间感。如上海花园饭店的游泳池，当季节、天气适宜的时候，游泳池的天棚可以通过电动开启，使室内游泳池变为露天游泳池；当季节、气候不适宜时，便关闭顶棚使露天游泳池变成全封闭的室内游泳馆。

（四）戏水乐园

这是近年来迅速发展起来的康乐场所，它具有游泳池的属性，但比游泳池更富有娱乐性，因而受到广大消费者的青睐。在戏水乐园里，可以游泳、冲浪、漂流、坐水滑梯、人造海浪等，还有许多与水有关的其他康乐项目。由于戏水乐园规模大、管理难度大,因此在管理上多与饭店分开,而成为饭店管理下的独立经营机构。

二、游泳池设计与布局

(一)室内游泳池设计与布局

1. 游泳池设备设计与布局

(1)游泳池设计美观,建筑面积宽敞,层顶高大,顶棚与墙面玻璃应大面积采光良好。大小、形状、深度应根据客流多寡的实际情况确定,但水平面最小尺寸为120 m²(8 m×15 m),实际上,一般都不会小于144 m²(8 m×18 m)。按我国星级评定标准,游泳池水区200 m²以上得5分,200 m²以下得2分。

(2)池底设低压(12 V或24 V供电)防爆照明灯,底边满铺瓷砖,四周设防溢排水槽。

(3)游泳池深度应有醒目的水深标志,分深水区、浅水区和儿童嬉水区。深水区水在1.8~2.4 m,浅水区在1.2~1.8 m,儿童嬉水区深度不超过0.48 m。

(4)设有自动池水消毒、循环、过滤、池底清洁系统和加热、溢流及补水设施。

(5)周围平台应留出不小于4.5 m的较宽尺寸,池边地面要使用防滑材料,满铺利于清洁的不浸水地毯,设躺椅、座椅,大型盆栽盆景点缀其间,便于提供酒水服务。

(6)游泳池应设在客人不必经由大堂与其他公共场所就能到达的位置,方便客人前来游泳。

(7)游泳池应尽量隔绝与外界的一切通透视线,可采用单向透光玻璃。

(8)日光能直接照射进室内游泳池。在北方地区,还要考虑游泳池的朝向。

(9)游泳池设有专用出入通道,入口处设有浸脚消毒池。

(10)游泳池区各种设施设备配套,美观舒适,完好无损,其完好率不低于98%。

(11)室内游泳池应布局在远离客房走廊及公用场所的地方,以防游泳池周围空气的温度及所含氯气给不游泳的客人造成不愉快的环境。

(12)池壁和地面用装饰性图案和鲜艳的色彩装修。

(13)在合理的部位装有安全的泳池梯和跳水板。

(14)高级的游泳池还应配有水温不同的游泳训练按摩池,供人们进行预备运动及运动后的小憩。

2. 游泳池配套设施设计与布局

(1)游泳池旁边有与接待能力(档次与数量)相应的男女更衣室、淋浴室、酒吧和卫生间。

(2)更衣室配带锁更衣柜、挂衣钩、衣架、鞋架与长凳,并提供低值易耗品和棉织品。

(3)淋浴室各间互相隔离,配冷热双温水喷头、浴帘。

(4)卫生间配离式抽水马桶、挂斗式便池、盥洗台、大镜及固定式吹风机等卫生设备。

（5）各配套设施墙面、地面均应满铺瓷砖或大理石，设有防滑措施。

（6）游泳区内应设饮水处。

（7）各种配套设施材料的选择和装修，应与游泳池设施设备相适应。

（8）各种配套设备的完好率不低于98%。

（9）周围要设置圆桌凳和防水的躺椅、磅秤。

3. 游泳池环境设计与布局

（1）游泳池环境美观、舒适、大方、优雅。

（2）游泳池门口设营业时间、客人须知、价格表等标志标牌。

（3）标志标牌应有中英文对照，字迹清楚。

（4）室内游泳池、休息区、配套设施整体布局合理、协调，空气新鲜，通风良好，光照充足。

（5）室内换气量应不少于30 m³/（人·h）。

（6）室内自然采光率应不低于30%。

（7）室内温度保持在25～30 ℃，水温低于室内温度1～20 ℃。

（8）室内相对湿度应保持在50%～90%。

（9）休息区躺椅、座椅、餐桌摆放整齐、美观，大型盆栽盆景舒适、干净。

4. 游泳池卫生设计与布局

（1）顶层玻璃与墙面干净、整洁，地面无积水。

（2）休息区地面、躺椅、餐桌、座椅、用具等无尘土、污迹和废弃物。

（3）边角无卫生死角。

（4）更衣室、淋浴室、卫生间的天花板光洁明亮，墙面、地面整洁，无灰尘、蜘蛛网，地面干燥，卫生间无异味。

（5）所有金属件光亮如新，镜面光洁。

（6）更衣柜内无尘土、垃圾。

（7）游泳池水质清澈、透明，无污物、毛发。

（8）池水定期消毒、更换。

（9）饮用水无色、透明，清洁卫生，符合国家卫生标准。

（二）室外游泳池设计与布局

室外游泳池基本上与室内游泳池的要求一致，但由于室外游泳池自身的特殊性，还应注意以下问题：

（1）根据 GB/T 14308—97《旅游涉外饭店星级的划分及评定》要求，星级饭店室外游泳池水面面积至少100 m²。

（2）注意客人安全，避免非适龄儿童或者未使用专用滑水板（垫）以及戴眼镜（除水镜外）的客人进入高速水流的盘旋滑水道。也应注意让客人进入滑水道应拉开

15 m以上的距离。

（3）室外游泳场面积较大，给安全防护带来一定困难，因此，救生员必须划区分工，保证自己负责区域内的客人安全，不得私窜岗位。

（4）无论是否是营业高峰时间，提供饮料、食品都应该迅速。这是大型水上游乐场和室外游泳场顾客投诉较多的事项之一。

（5）室外游泳场应提供足够的遮阳伞，并且保持其整洁。

（6）保持浸脚消毒池的清洁，及时按规定更换消毒液。

（7）室外游泳池和大型水上游乐场受气候及尘土、落叶的影响较大，因此，更要加强保持池水清洁的服务管理工作。

（8）注意相应设施的配套，如更衣室、淋浴室、卫生间的合理布局，并设流动酒吧，配备一定数量的遮阳伞。

（9）水上游乐场的假山区、平台区是卫生管理的难点，应加强巡视，随时、随地、随手收拾地面、茶几、座位上的杂物。

第三节　游泳池的服务与管理

一、游泳池服务

（一）岗位职责和工作规范

1. 服务人员的基本职责

（1）熟悉游泳池的工作内容、工作秩序。

（2）具有游泳池设施设备的维修、保护知识、清洁卫生知识和水上救护常识，人不离池，思想集中，反应敏捷，注意观察池内客人情况，发现危险情况及时抢救，保证客人生命安全。

（3）能区别不同接待对象，准确运用迎接、问候、告别语言，对回头客能称呼姓名或职衔。

（4）提供派放救生圈的服务。

（5）服务态度主动、热情，维持场地秩序，礼貌劝阻游泳客人不要有违反规则的行为和非游泳客人游玩、拍照。

（6）负责场地的清洁卫生，每日营业前做好游泳池、休息区、更衣室的清洁。

（7）负责清洁物品和工具的保管，将设备设施摆放整齐，保持各种设备、救生器材完好。

（8）检查池水水质和温度是否符合标准（参见表5-1），注意观察池水的变化

表 5-1　人工游泳池的水质卫生标准表

项　目	标　准
室内游泳池水温度	成人池:22~26 ℃;儿童池:24~29 ℃
pH 值	6.5~8.5
浑浊度	不大于 5 度,或站在两侧岸边,能看清水深 1.5 m 的池底四、五泳道线
耗氧量	<6 mg/L
尿素	<2.5 mg/L
余氯	游离余氯量:0.4~0.6 mg/L;化合性余氯量:<1.0 mg/L
细菌总数	<1 000 个/mL
大肠菌群	<18 个/L

情况。

（9）提醒客人注意保管好私人物品,发现遗留物品及时上交。

（10）池水水质每日检测两次,水温每日上午、下午、晚上各测量一次。室内和池水的温度、湿度按时向客人公布。

（11）负责制订购买净化药物和其他物品的补充计划,并提前上报仓库保管员。

（12）负责保管与销售泳衣、泳帽及其他体育用品,并做好每周盘点工作。

（13）检查各种设备、救生器材是否完好。

（14）营业前搞好个人卫生,准备迎接客人。

（15）能区别对待不同接待对象,准确运用迎接、问候、告别语言,对常客和回头客能称呼姓名或职衔。

2.服务人员的工作规范

（1）准备工作。在规定的时间内做好营业前的清洁卫生,重点是水质净化处理、洗浴用具的消毒、水底沉淀物吸除、卫生间清洁等工作。另外,控制水温是游泳池服务管理的关键环节,需要服务员与池水加热员的密切配合。

（2）迎宾。主动使用服务用语问候,询问客人更衣柜的钥匙号码,并指示更衣柜的方位。提醒客人需要擦鞋服务时,可通知服务人员。

（3）对客服务:①提醒客人游泳前应洗浴,提醒带小孩的客人应注意孩童的安全,并向客人指示深水区的方位,需要食品、饮料可以通知服务人员等。②救生员和服务员在任何情况下都必须关注池中客人的安全情况,发现异常,必须立即救护。③将水池边的客用拖鞋摆放整齐,拖鞋头部朝外,方便客人上岸穿。④保持洗浴间的整洁。每一位客人洗浴完毕,服务人员都应立即收拾香皂头、用过的浴巾和毛巾、地面上的杂物,擦干摆放洗浴用品的台面、皂碟以及收拾免费洗浴用品的外包装。⑤保持卫生间的整洁。及时更换纸篓中的垃圾袋,清洁坐便器,补充厕纸以及喷洒除异味剂。⑥保持更衣室的整洁。随时收拾客人用过的浴巾、毛巾、香皂头、地面上的杂物、拖鞋等。发现更衣柜上有遗留的钥匙应该立即交服务台并做好登记,以便客人遗失物品时查询。⑦保持游泳场内的整洁。主要是指及时为客人更换烟缸,添加饮料,擦干躺椅上的水迹和桌面水迹,等等。⑧为需要救生圈的客人办理租用手续并交给客人。

(4)送客:①客人离开,服务员应立即检查更衣柜里是否有客人的遗留物品,提示客人将钥匙、租用的救生圈交给服务台的员工。②使用服务用语送客。③客人离开后,迅速做好场地的清洁卫生工作。

(二)游泳池服务

1.准备工作

(1)仪容仪表。服务员工作前应按规定换好工作服、佩带好工号牌,检查自身仪容仪表,准时到岗。

(2)服务准备。整理好吧台,领用准备好充足的酒水、小食品,摆烟缸,撑太阳伞,立起水牌。

(3)淋浴房。清查核对更衣柜钥匙并分成里外两区放于钥匙架上,并补充好更衣柜里的棉织品、低值易耗品、一次性用品(大浴巾、小浴巾、小方巾、沐浴液、木梳、洗发水等)。

2.迎宾服务

(1)客人到来,服务员应面带微笑,主动、热情地问候客人。

(2)请客人出示票据,为客人记录时间,给客人发放更衣柜钥匙,并为客人指示更衣柜方位。

3.游泳池服务

(1)游泳池是饭店或休闲场所不可少的一项健身运动设施,也是客人喜爱的一项运动。一般酒店游泳池被免费提供给本酒店的住客进行运动,非住客一般不接待。

(2)住店客人一般被要求用客房钥匙换更衣柜钥匙,并为客人指示更衣柜的位置。

(3)进入游泳池应先淋浴,擦防晒油者必须淋浴后方可入池游泳。

(4)每位客人要经过消毒浸脚池方可入池游泳。

(5)发给客人三巾,即浴巾、长巾、方巾,以方便客人游泳和游泳完后洗澡用。

(6)若客人未带游泳衣裤来,要卖给客人游泳衣裤,服务一定要周到、细致。

(7)由于游泳池水深浅不一,来的客人有大人有小孩,有会游泳的和不会游泳的,因而一定要时刻注意游泳者的动向,防止发生意外,保证客人安全。对不会游泳者可做些技术指导。

(8)客人休息时需要饮料、小吃,应主动、及时询问需求,做好记录,并迅速提供服务。

（9）客人离开游泳池时，要注意提醒客人带齐自己的东西，不要遗留在游泳池场地或更衣室、淋浴间。

（10）提醒带小孩的客人注意照看自己的小孩，不要让儿童到深水区游泳。

（11）客人游泳时，服务员和救生员应时刻注视水中的情况，如果发现异常，应及时救护。

（12）根据客人需要，适量提供饮料和小食品，开好饮料食品单，用托盘送到客人面前，注意提示客人在游泳时不宜饮用烈酒。

（13）为需要救生圈的客人办理租用手续并交给客人。

（14）保持洗浴间的整洁，及时收拾香皂头、杂物，清洁摆放洗浴用品的台面、皂碟。

（15）保持卫生间的清洁，及时更换纸篓中的垃圾袋、清洁坐便器、补充厕纸，喷洒除异味剂。

（16）保持更衣室清洁，及时收拾香皂头、杂物、拖鞋，发现更衣柜上有遗留的钥匙应立即交服务台并做好登记，以便客人遗失物品时查询。

（17）保持游泳场内的整洁，及时为客人更换烟灰缸，添加饮料，擦干躺椅和桌面上的水迹等。

4. 送别客人

（1）客人离开时，服务员应立即检查更衣柜里有无客人遗留物品，提醒客人将租用的救生圈交给服务台。

（2）送客人至门口并礼貌向客人道别。

（3）做好更衣室的整洁工作。

5. 安全服务

（1）对有皮肤病、急性结膜炎、心脏病、癫痫病、精神病、艾滋病等患者及酗酒者、过饥者，应谢绝入游泳池。

（2）游泳池"客人须知"中应明确公告："饮酒过量者谢绝入内"、"禁止带入酒精饮料"、"禁止带入玻璃瓶饮料"。

（3）提醒客人在下水前做一些准备运动，如跑步、徒手操，并用冷水淋浴，这样不仅可以增强身体的适应能力，而且也能预防肌肉抽筋和拉伤。

（4）服务人员须受过救生训练，注意水中客人情况，发现异常，及时采取有效措施。

（5）池边备有救生圈，配有两倍于池宽的长绳和长杆、求生钩。

（6）对带小孩的客人，提醒其注意照顾好自己的小孩的安全，不要让小孩到深水区去。

（7）整个服务过程中，保证无客人衣物丢失和溺水等安全责任事故发生。

6.结束工作

（1）清场。客人离场后，应及时检查、清洁更衣柜，查看有无客人遗忘的东西。每班结束后，将查清的钥匙分单双号登记在交接班本上，写清班次、时间。吧台要盘点酒水，做好每日营业日报表。停止机房的一切机械运转，关好电源、门窗。

（2）收拾物品。将用过的布件运到指定地点，对游泳池周围、过道、沐浴场地的地面进行冲洗，收起太阳伞，整齐地竖放于指定的地方。

（3）清洁卫生。清理池边卫生，用快洁布清洗游泳池边的瓷砖、跳台、泳池梯等，清洁淋浴间的地面、镜子和卫生间的洁具。同时顺便检查客人使用的设施、设备是否完好，例如淋浴的冷热水开关、更衣柜锁等。如有损坏及时报告工程部。

二、游泳池的管理

（一）游泳池水的管理

1.游泳池水污染的危害

游泳池水污染后，就会使游泳者感染各种疾病，主要有以下两类：

（1）腺病毒感染病。腺病毒感染病包括由游泳池引起的腺病毒咽炎和腺病毒角膜炎（即结膜炎或红眼病），腺病毒咽炎的症状是咽黏膜发炎，发高烧，腺病毒角膜炎的症状是眼结膜发炎，耳前腺肿胀，角膜混浊，眼睑及眼周围浮肿。

（2）传染性软疣。软疣的病原体是痘病毒，其症状是皮肤上发生红色或白色的丘疹，中央凹陷，大小约 1～10 mm，在同一部位可生数个。软疣多发生于学龄前儿童和学龄儿童中。除了人与人之间直接接触可以引起感染外，也可通过衣服、毛巾等间接感染。

2.游泳池水管理方式的分类

游泳池按其水质管理方式，可分为全换式、溢流式和循环式 3 种。各种方式净化原理不同，其水质检测结果也不一样。

（1）全换式游泳池。全换式游泳池是指在一定期间（一般为 3～5 日）内用同一池水游泳，平日补给少量的水，当水的污染逐渐加重时，全部将池水换掉。全换式游泳池卫生方面难以管理，池水不易保持到水质要求。

（2）溢流式游泳池。溢流式游泳池像堵住河水那样，要有大量的水不断地补进游泳池中，同时不断地溢流出来。用这种方式时，用水量很大，难以完全消毒。

（3）循环式游泳池。循环式游泳池在其底部设吸水口，用泵将游泳池底部的池水吸出，经粗滤器将水中大型悬浮物、毛发等去除后，再进行过滤，最后将过滤后的水通过注入口返回池中。

3.游泳池水的加热

常采用电、煤、气和燃油来加热池水。有的康乐企业采用温泉为水源，效果不错。池水的水温应保持在成人池：22～26 ℃，儿童池：24～29 ℃。

4. 游泳池水的净化

晚上停止开放后,向游泳池水中投放消毒药物,进行池水净化和消毒。每天早晨,在对宾客开放前要进行池水净化即吸尘,去掉水面杂物、池边污渍,搞好池周围环境卫生。净化池水要先投放次氯酸钠,过两小时后,再投放碱式氯化铝。注意:若投放次氯酸钠消毒就不能放硫酸铜,避免因化学作用而引起游泳池水面变色(即变成一层黑色)。次氯酸钠在 0.5~1 单位之间,一般以当天池水化验的数据来控制和掌握药物的用量。要注意池水的变化,若发现水质变化,要及时采取措施进行处理,保证池水清澈透明,呈浅蓝色。

(1)排污。游泳池水中的悬浮物质和胶体微粒不仅影响池水的透明度和外观,而且由于它们很难氧化,一些细菌极易被它们保护起来,影响氧化效果,因此隔一定时间就要投加化学混凝剂使之沉淀,而后用泵或虹吸管排出池外,以保持水质清洁卫生。

(2)补充。池水由于溅落、蒸发、反复冲洗,每日要损失一部分,为补充这些损失水,每日要向池内补充一部分新水。实践表明,水一旦被污染,在细菌、病毒急剧繁殖时,补充部分新鲜水,对改善水质是没有效果的。不论是全换式、溢流式还是循环过滤式游泳池,每日必须补给 3% 以上的水。

(3)更换。全换式池水做不到每日换水,实际上也没有必要每日换水,一般可定期 3~5 日全换水一次。如果每日换水 1/3~1/2 达不到改善水质目的,为保持水质,必须要求游泳者先洗净身体,然后下水,以减少池水污染,延长换水周期。即使是循环式游泳池,也要根据循环处理的效果和池水的水质情况,进行池水的全部更换。

(4)过滤。为了既能有效地除去水中的污物和混浊现象,又能节约用水,有效的办法是对池水进行过滤,循环使用。游泳池过滤一般采用过滤池和过滤罐两种方式。

为了保持池水清洁,必须经常过滤池水,一般每天过滤一次。如果客人有所增加,必须每隔 6~8 h 循环过滤一次,水面应平衡。另外,每星期拆检毛发过滤器一次,及时清理杂物。在游泳池开放之前 1 h,要化验、检查游泳池的水质一次,合理下药,清洁游泳池水,汲除游泳池底的沉积物,打捞水中杂物,以确保水质符合国家标准。按规定的时间和次数化验游泳池池水,并做好记录,当班化验者要签名,根据化验结果确定加氯量。

(5)消毒。游泳池水管理最重要的事情,是以防止腺病毒感染为中心,控制传染病蔓延。为此,除了要防止水受污染外,还要彻底消毒池水。循环过滤式游泳池是依靠过滤进行水的净化,其作用主要是去除水中的污物和混浊,但无法消除细菌和病毒。因此,为了使游泳池水质达卫生标准,除需进行过滤净化处理外,还需进行消毒处理。在池水消毒中,除氯和氯系消毒剂以外,也有的使用银离子、臭氧、碘系药剂等。目前仍然是以使用氯系消毒剂的效果为最佳。用氯系消毒剂消毒时,为了得到确实的效果,整个池水中的余氯必须达到一定的浓度。余氯有较强的杀菌作用,随着杀菌作用的发挥,余氯不断被消耗而减少,所以,为了使余氯保持一定的浓度,就要经常向池内补充氯剂。

（二）游泳池设施及物品的使用与管理

过滤机每天开机不得超过 16 h。开机前要进行设备检查,检查阀门是否关闭,如果发现问题要及时向领班或经理报告,及时进行处理。使用设施要注意爱护,要定期请动力工程部进行维修或保养,保持机房、工具房的整洁卫生,延长使用寿命。

药物的采购要有计划,要提前告诉有关部门及时采购,保证游泳池的药物供应。工作简报的存放要根据药物的化学特性分开存放,如次氯酸钠、碱式氯化铝和硝碱、硫酸铜等应分开存放,要加盖,避免挥发或起化学反应。

（三）游泳池的环境卫生与管理

（1）游泳池必须在每天开放前和停止开放后,用自来水冲洗地面。在营业过程中如发现有客人丢的纸巾、烟盒、食物包装袋或其他杂物,要随时拣放在垃圾桶里集中处理,以保持游泳池的环境卫生,使其整洁、美观。

（2）将游泳池四周的咖啡台、坐椅、躺椅、茶几抹干净,整理整齐。若是露天游泳池有遮阳伞的,晚上要收起来集中存放在器具室。

1. 保持幽雅环境

游泳池环境美观、舒适、幽雅。门口营业时间、客人须知和价格表等标志标牌设计美观,中英文对照,字迹清楚。室内游泳池、休息区及配套设施整体布局协调、空气清新、通风良好、光照充足。休息区躺椅、座椅及餐桌摆放整齐美观、大型盆栽盆景舒适干净。

2. 清洁卫生

（1）饭店游泳池应美观、舒适、幽雅、整洁。

（2）游泳池门口设有营业时间、客人须知、价格表等标志标牌。

（3）标志标牌设计应该美观,有中英文对照,字迹清楚。

（4）保证标准室内换气量、自然光率、室内温度、水温和室内相对温度等。

（5）休息区躺椅、座椅及餐桌摆放整齐美观,大型盆栽盆景舒适干净。

（6）顶层玻璃与墙面干净、整洁,地面无积水,休息区地面、躺椅、餐桌座椅、用具等无尘土、污迹和废弃物,无卫生死角。

（7）更衣室、淋浴室、卫生间的天花板光洁明亮,墙面、地面整洁,无灰尘蛛网,地面干燥,卫生间无异味。

（8）所有金属件光亮,镜面光洁。

（9）更衣柜内无尘土、垃圾、脏物等。

（10）游泳池水质清澈透明,无污物、无毛发,池水定期消毒,并定期进行更换。

（11）提供的饮用水应符合国家卫生标准。

【小　结】

本章通过对游泳池的类型介绍、游泳池的管理要点,旨在让学生了解并掌握游泳池的服务项目和管理要求。在对本章进行学习后,应对游泳池的服务项目、服务技能技巧、管理方法等有所了解。

【思考题】

1. 简述室内外游泳池的不同。
2. 室内游泳池设计与布局有哪些要点?
3. 游泳池的管理包括哪些内容?
4. 游泳池水的管理要注意哪些问题?

【案例与思考】

案例 5-1

一位客人自称是游泳池的常客,结账时要求服务员打折,怎么办? 发现客人游泳完毕后赤膊朝大堂走去,怎么办? (提示:不要生硬地对客人说"不",要注意运用服务技巧妥善处理)

案例 5-2

客人游泳时把自己的饮料带入游泳池饮用,怎么办? (提示:用饭店协会新规范的思想和方法进行分析和处理)

案例 5-3

客人在游泳池边滑倒,怎么办? (提示:及时救护,或请医疗部门诊断救治。突出心理服务、感情服务、隐性服务的综合运用)

保龄球场经营与管理

保龄球当属历史最悠久的康乐项目之一，是一种持球者把球朝着球道上排成正三角形的十个球瓶用滚动的方式击倒的运动。现在的保龄球无论在球道还是球瓶和计分方式上，都有国际标准和规格。它简便易学，男女老幼均可以享受到保龄球运动的乐趣；可以培养敏锐的判断力，消除平常生活与工作的压力与烦恼。所以，这项运动长期以来风行于欧美、大洋洲及亚洲一些国家和地区，遍及世界各个角落，是现代康乐活动中越来越受欢迎的项目之一。

第一节　保龄球概述

一、保龄球的特点

保龄球是英文"Bowling"的音译，又称"瓶"，即掷地滚球的意思，是一种在木板球道上撞击木球的室内体育运动项目。它具有以下特点：

1. 普及性

保龄球是非常轻松的一种室内运动项目，因此不会受到时间、气候等条件的影响，适合于在任何地区开展，保龄球的运动强度不大，不受年龄、性别以及身体强弱的限制，男女老少均能参加。另外，保龄球运动的比赛规则简单，易于入门，运动起来也简便安全，易于开展，是人人都能灵活操作的运动，因此能为大多数人所接受。

2. 娱乐性

保龄球运动打的是静态之物，其乐趣在于"你不打，它就不倒"。保龄球的另一大魅力，在于其独特的倍增分法。同样投出一个球，计分可相差3倍以上。这种球瓶溃倒、满分连连的喜悦满足了人们的一种心理愿望。参加保龄球运动的成员组合方式多样,参与的人数较为自由,适合群众休闲的需要。

3.技巧性

保龄球是一项不讲究力量的运动,力量的强弱与技艺的优劣并无任何关系,其主要的关键还在于投球时是否能准确地控制球路,只要技巧高,性别、年龄等因素在这种运动前无法形成任何障碍。

4.健身性

打保龄球只要姿势正确,全身200多块肌肉都能得到锻炼,对人体的心肺、四肢功能的健身功效也是显而易见的,这些对于需要和喜爱健身的人来说都有一种不可抗拒的魅力。保龄球运动不仅可以增进健康、增强体质,还可以锻炼人的意志,提高人的心理素质。

二、保龄球的游戏方法

(一)持球

初学打球的人可以选择轻一些的球,将拇指、中指、无名指放入相应的指孔内,这时各手指与指孔间应略有间隙。如手指能自由地转动,说明指孔过大;相反若是有阻滞感,则表明指孔过小,指孔过大或过小都对打球不利。投球前,拿球的手法不能"提"或"举",应一手持球,另一只手托住。用右手拇指、中指、无名指插入保龄球的指孔将球抓起,小指和食指紧贴球面以保持平衡和控制方向,左手辅助右手将球托在腰与肩之间,球的中心与手臂成一条直线。两肘紧靠肋部,腰部挺直,并略向前倾,两肩与目标瓶保持同等距离。调整站位,两手将球拿正,球的重量全部落在托球的手腕上,身体重心由上至下保持在一条直线上,两脚并拢。瞄准箭头,使目标瓶、箭头、球心3点成一直线。

(二)助走

投保龄球动作的脚步叫助走,基本要点是在迈出第一步之后,开始随步伐送球、自然下垂、后摆,另一只手臂抬起以保持身体平衡,接着滑步。在送球时,身体摆正,放松肩膀,维持手与脚的配合。在投球时,身体重心降低,使球自然出手而不要高抛,且投球时不宜用力过重。保龄球助走的步法依个人习惯不同,有3步、4步和5步,其中以4步最为常见。

第一步,将球前推。先从右脚起步,步幅要小,同时将球向前轻轻推移。

第二步,将球下摆。向前推出的球,借助于本身的重量自然向下摆落,这时踏出第二步(左脚),步幅稍大,同时右手顺势将球摆动到身体右侧。当左脚踏出时,球的位置要恰好摆动到曲线的最低点。

第三步,将球后摆。当球由下向后摆动的同时,右脚做稍大幅度的跨步,身体重心同时向前移动以保持平衡,并且在前倾时保持肩部位置的平衡移动。

第四步,前摆出球。当球从后摆顶点开始向前摆动的瞬间顺势迈出左脚,这时的左脚采用滑步,左膝弯曲,腰部重心向前移动。当球运动到最低点时,全身的重量完全压在左腿上,右脚则向后方摆动以保持身体平衡。此时因摆动与助步的惯性会使左脚自然向前滑动20～40 cm,但左脚要控制在距犯规线5 cm处停止,同时利用球的重量在自然向前滑行过程中将球顺势掷出。眼睛瞄准箭头,放球之后,手臂随着球的脱手向前垂直上摆,上身也充分伸展向前倾。

(三)瞄准

一般来说,在1号与3号、1号与2号球瓶之间的区域,是打全中时保龄球最先接触木瓶的地方,这个区域被称为入球位。

(四)投球

投球分为直线球和曲线球。打直线球时应瞄箭头而不是看球瓶,投直线球时要让球通过中间的目标箭头,也就是4号箭头。落点准、球路直,球的中心击中1号与3号、1号与2号球瓶之间的区域,就基本可以达到"全中"的目的。直线球中"飞碟"打法较为流行。曲线球又分弧线、反旋、钩球,威力比直线球大,但非专业选手很难掌握。

(五)要点

精神与动作要保持协调一致,要抱着一个球也不能放弃的信念,始终保持正确的姿势,使用适合自己体格的保龄球。初学者最好从比较轻的球开始,等到手臂肌肉发达和有所习惯以后,再逐渐增加保龄球的重量。球指孔的大小与间隔要适合自己的手,大拇指要全部插入,中指与无名指约能插入到第二关节为宜。

三、保龄球的记分规则

(一)记分定胜负

保龄球运动是以球击球瓶的数目记分,以其得分来决定胜负。游戏中,每人最多允许连续投两个球来撞击一组(10个)木瓶,记为一轮(在记分牌上显示为一格),10轮为一球路或一局(一局的最高分为300分)。

(二)记为零分的情况

(1)一瓶未倒记为零分。如掷球时第一球滚入两侧球沟,一个瓶也未打倒,即为"误球",则记上"G",该球以零分计算。第二球落入边沟或未击中任何一个木瓶,在右边小格内记为符号"—"。

(2)犯规记为零分。踏过犯规线,不仅参赛者因犯规而成绩无效,而且脚步在重油区有可能向前摔倒。如掷球超线违规,则记上"F",该球不论击倒多少球瓶,皆以零分计算。若在第一次掷球犯规,须将球瓶全部重新排妥,再掷第二球。第二球犯规也视同一回击球。

(三)死球可以重新投球

(1)球未碰到木瓶前,由于某种原因,木瓶中有几个跌落或倾倒的时候,可以重新投球。

(2)球未碰到木瓶前,自动摆瓶机械受到动摇而对木瓶或球有所影响时,可以重新投球。

(3)正在投球的球员或所投出去的球,受到其他的球员、观众或别的因素妨碍的时候,可以重新投球。

(四)记分方法

(1)保龄球按顺序每轮允许投 2 个球,投完 10 轮为 1 局。

(2)每击倒 1 个木瓶得 1 分。投完一轮将两个球的"所得分"相加,为该轮的"应得分",10 轮依次累计为全局的总分。

(3)保龄球运动有统一格式的记分表。第一球将全部木瓶击倒时,称为"全中"(strike),应在记分表上部的左边小格内用符号"×"表示,该轮所得分为 10 分。第二球不得再投。按规则规定,该次计分格的分数需要击倒 10 瓶的 10 分再加上后面两次丢球所打倒的球瓶分数。

(4)当第一球击倒部分木瓶时,应在左边小格内记上被击倒的木瓶数,作为第一球的所得分。如果第二球将剩余木瓶全部击倒,则称为"补中",应在记分表上部的右边小格内用符号"/"表示。该轮所得分亦为 10 分。按规则规定,应奖励下轮第一球的所得分。它们所得分之和为该轮的应得分。

(5)第 10 轮全中时,应在同一条球道上继续投守最后两个球结束全局。这两个球的所得分应累计在该局总分内。

(6)第 10 轮为补中时,应在同一条球道上继续投守最后一个球结束全局。这个球的所得分应累计在该局总分内。

第二节 保龄球场的服务

一、服务特点

(一)竞争性

保龄球运动项目之所以受到饭店宾客的喜爱,最主要的原因就是其竞争性所带来的趣味性。考虑到这样的特点,饭店应该组织一些这类项目的比赛,吸引客人参与。

(二)规则性

它是由竞争性决定的,并贯穿于对其服务过程的始终。康乐部服务与管理人员必须能够做到根据客人的要求,尽量安排为其担任裁判以及记录成绩的服务,并保养维护好康乐设备。因为这不但是饭店企业管理的主要内容,也是保证这些项目竞赛规则能够执行的基础条件。

(三)安全性

竞争性运动项目的活动量一般来说比较大,活动强度比较高,比较强调运用技术技巧,易导致运动伤病隐患。保龄球运动项目相对而言显得安全得多,但是也不可掉以轻心,康乐工作人员对此应该有高度的认识,除了在有关场地配备急救用具和药品以外,还要进行救护、防护知识和技能的培训。

二、服务要求

(一)能够提供客人安全、满意的设施设备

运动场地的设施设备条件直接影响客人练习、比赛的效果和成绩,进而影响他们的消费兴致。康乐部服务与管理人员必须高度重视营业前、后对这些运动场地、供客人租用球具等的检查和维修工作。

(二)能够提供清洁的运动场地、环境

康乐服务与管理人员必须要树立良好的安全意识,保护客人的隐私和生命财产安全,它关系到本饭店康乐部的商业信誉和市场地位。另外,运动类项目设施大多数都附设淋浴室、更衣室,这些设施内的清洁状况是衡量康乐服务质量管理成功与否的重要标准。康乐服务人员必须严格执行有关的服务规程和标准,使有关的设备、用具、用品和客用棉织品都保持较高的整洁状态。

(三)能够提供裁判、陪练和教练服务

首先,康乐服务与管理人员必须经过有关运动项目的背景、知识、比赛规则和裁判技术的培训与考核之后,才能够直接为客人服务;其次,陪练和教练人员必须进行常规的运动训练和教学研究工作,提高陪练和教练工作的服务水平以及本饭店有关服务产品的市场吸引力;最后,陪练和教练人员必须能够简洁、明了、准确地向客人讲解、示范、辅导有关项目的运动技巧,迅速、有效地提高客人的运动效果和运动兴致,增强饭店健身服务的市场竞争力。

三、服务规范

(一)服务员岗位职责

(1)服务人员要熟悉保龄球的历史,掌握投掷方式方法、要领、规则及记分办法。

（2）备齐所需的运动鞋及其他客用品，引导客人换上专用的运动鞋，严禁客人穿皮鞋运动，以保护球道。

（3）帮助初学者掌握投掷保龄球的简单方法、要领和记分法。

（4）熟悉本部门的服务项目，熟练地操作保龄球房内的各种设备，懂得保龄球赛的规则，指导宾客在规定的球道上投掷保龄球，并会排除一般性故障。

（5）着保龄球室工作服上岗，服装整洁，仪表端庄，运用准确、规范的语言迎接、问候和告别客人，在对客服务过程中，要热情、礼貌，一视同仁，并注重在服务过程中积极向客人推荐饮品。

（6）如客人发生意外事故，应及时采取措施并向主管报告，确保客人安全。

（7）懂得并会做保龄球道的特殊清洁工作，保持保龄球房的家具、更衣箱、烟灰缸等设施的清洁，做好整个保龄球室的卫生，定期检查机器使设备处于最好的状态，延长机器寿命。

（8）保管好保龄球室的所有运动器具，以免造成不必要的损失。

（9）维护球场秩序，不得让闲杂人员进入。

（10）检查更衣箱和其他地方，如发现有宾客遗失的东西，必须及时向管理员或经理汇报，并及时归还失主。

（11）坚持站立服务和微笑服务。

（二）预订的服务标准

（1）要用规范语言主动、热情接待客人预订。

（2）客人电话预订，铃响三声接听。如工作繁忙，要说："对不起，让您久等了。"

（3）记录客人姓名、房号（酒店宾客应登记房号）、使用时间，并复述清楚，取得客人确认。

（4）对已确认的客人预订，要通知有关服务人员提前做好安排。

（三）接待的规范性服务程序

1. 准备工作

（1）每日营业前，按规定的时间做完保龄球场、休息区、卫生间的清洁卫生工作，重点控制保龄球手指孔、记分台、坐椅、茶几、视屏、回球架等的清洁标准。按规定准备球巾、粉盒。

（2）将保龄球摆放整齐，各种设施调试正常。

（3）签到上岗后，查看交接班本。正式营业前准备好为客人服务的各种用品，整理好个人仪容仪表，佩戴好工号牌，准备迎接客人。

（4）按规定的时间、标准完成卫生工作，尤其是保龄球手指孔、记分台、座椅、茶几、视屏、回球架等的清洁工作，按规定准备操球巾、粉盒。

（5）检查运动设施是否完好，如发现问题设法修理或报工程部门。

（6）将供客人使用的保龄球专用球鞋等准备好。

（7）整理好仪容仪表，要求精神饱满。

2．迎宾

（1）服务台服务员要面带微笑，主动问候客人。

（2）询问客人是否预约，并向客人介绍收费标准等。

（3）为客人进行登记，开记录单，并收取押金。

（4）对无预约的客人，若场地已满，应安排其按顺序等候，并告知大约等候的时间，为客人提供水和书报杂志等。

（5）场内服务员看到自己负责的球道上方的屏幕上出现空白计分表格时，说明有客人已经在收银台买局。这时，应主动到专用鞋发放柜台迎接客人，面带微笑，主动问候客人："您好，欢迎您。我给您拿专用鞋，这边请。"

3．引座、让座

服务人员将客人带领到球道边的座椅后，可提醒客人换专用鞋，服务用语是："请换专用鞋。"然后，帮助客人把换下的鞋子及时摆放在鞋架上或者座椅下。冬季里，还要帮助客人挂好外衣或者大衣。

4．对客服务

（1）问好。面带微笑，主动问好。客人前来打保龄球时，要准确记录客人姓名、房号（酒店宾客应登记房号）、运动时间，将客人的姓名输出记分器。服务员可以问客人："请问您贵姓？"如果客人不愿意告知其姓名时，就按顺序输入"A，B，…"代替。

（2）询问。运用职业性的服务语言询问客人："是否有预订？""是按每人一局还是按时间租用保龄球道？""喜欢用几磅重的保龄球？"等等。听清后从保龄球架上取到回球机的架上，并告诉客人哪一种颜色是几磅球。如果客人需要磅数的保龄球暂时没有能够找到，要告知客人其他服务人员会迅速为其调送过来，将保龄球送来时，要对客人说："对不起，让您久等了。"对无预订的客人，如果场地已满，应礼貌地告知客人打保龄球需要提前预约，以免白跑一趟。

（3）根据客人预订及人数和球道出租情况安排球道，如遇客满，商请客人排队等候或先进行其他活动。

（4）在投球道的记分台上为客人设定人数及局数，打开电脑记录和自动记分显示屏，天花板上的电视银屏会自动显示每次的积分情况，并向客人清楚、明确地讲解保龄球运动知识。

（5）改正分数和更换球道。当客人提出其球道上的记分器记分有误时，服务人员应迅速协助。应注意：改正分数时，客人需要暂时停止击球，更换球道时同样需要让客人暂时停止击球。

（6）将客人的姓名输入计分器，若客人不愿意告知其姓名时，可按顺序输入"A，B，C"代替。

（7）提醒客人打球时避免击中扫瓶板。

（8）每局从第十轮开始，服务员应关注对该球道客人的服务，准备统计分数及下一局的开局。

（9）在客人打球过程中，应注意观察，随时准备为客人提供服务。

（10）如果客人是初学者，要认真、耐心、细致地向客人讲解保龄球运动规则并做好示范。

（11）如果客人陪打服务时，陪打员应认真服务，并根据客人的心理掌握输赢尺度。

（12）在运动间隙，服务员要适时询问客人需要何种饮品，并做好饮料服务工作。

（13）保持茶几、座椅、地面的整洁，客人饮料剩余 1/3 时应及时添加，烟灰缸内烟蒂数不能超过三个。

（14）保持洗手间的整洁。

（15）客人原定运动时间即将结束时，在场地空闲的情况下应及时询问客人是否需要续时。

（16）若客人运动中受伤，服务人员要及时提供简单医疗救助，伤情严重的要及时与较近的医院联系。

（17）每局第十轮开始，服务人员应关注对该球道客人的服务，准备统计中奖分数，并为客人按"下一局"键。应特别注意的是，第十轮第二个球补中后，只有一次再击球机会，服务人员应注意避免让客人击出补中后的第二支保龄球，防止打坏扫瓶板。

（18）客人打球期间，提供走动服务、动态服务。观察操作设备是否准确，保证自动回球、记分显示、球路显示设施等正常运作。视情况，及时、准确、礼貌地提醒客人注意球场秩序，提醒客人打球时避免击中扫瓶板，及时纠正违反球场规则和妨碍他人的行为，迅速排解客人纠纷，始终保持球场秩序井然有序。在整个服务过程中要做到耐心、周到，提醒客人不要取他人的用球，取球时要辨认自己的球号与颜色，球道两边若有人预备掷球时，应等待两旁的人掷出后进行，不要在球道上停留过久。如果客人需要陪练员或教练，则做出相应安排。

（19）客人休息时，及时、主动地提供倒茶水、更换烟缸、收拾桌面和地面杂物、擦净回球架等服务。并询问客人需求，做好记录，迅速服务。

（20）为客人兑奖品。服务人员可以征求客人的意见，是每次领取还是集中领取。为客人领取奖品前（后），应请客人在兑奖单据上签字。

5. 结账

（1）客人准备结账，服务人员应主动上前，提醒客人带好其随身物品，并代替客人退还保龄球专用鞋，服务用语是："我帮您退鞋，请到收银台结账。"

（2）客人消费结束时，服务员应检查客用设备是否完好，提醒客人退还专用球鞋,带好随身物品,到收银台结账。

(3)收银员接过客人递来的现金或信用卡等时,应使用服务用语向客人道谢。客人离开总服务台时,收银员应使用服务用语向客人道别:"谢谢您,欢迎再来。"

(4)如客人要求挂单,收银员要请客人出示房卡并与前台收银处联系,待确认后要请客人签字并认真核对客人笔迹,如未获前台收银处同意或认定笔迹不一致,则请客人以现金结付。

(5)客人离开,服务员还要再一次道别。

6.送别客人

(1)礼貌向客人道别,并欢迎客人下次光临。

(2)对场地进行彻底清理,将卫生状况恢复至营业的要求,准备迎接下一批客人的到来。

(3)按规定清洁供客人使用的专用球鞋等。

7.收拾整理

(1)服务人员为客人退还保龄球专用鞋以后,应迅速返回工作区域,收拾保龄球记分台、茶几、烟缸、水杯和地面杂物等,使卫生状况恢复到营业要求,准备迎接下一批客人的到来。

(2)专用鞋柜台服务员应按规定定期、定时对专用鞋进行清洁、除味、消毒。

8.结束工作

(1)部分球道的结束工作。客人打球结束,服务人员收回客人交回的专用鞋,放回原位,球道工作人员应检查有无遗漏物品,同时再一次彻底清洁座位区、地面、记分台、烟灰缸等。

(2)做好全场的结束服务工作。营业结束后,服务人员应对保龄球馆整体环境进行清洁,将公用球按序放回球架,检查清理保龄球鞋,如有损坏及时修补或更换;核对当日所有球道营业和酒水单据,填写报表;在交接班本上注明客人活动情况、维修情况。

(3)做好安全检查。注意安全,检查球馆内是否有火灾隐患,切断电器的电源(冰箱除外),关闭空调、照明、门窗。

(四)服务项目

1.陪练服务

(1)保龄球室设专门陪练员或教练员。

(2)根据客人需要随时提供陪练、教练服务。

(3)陪练员或教练员技术熟练,示范动作规范、标准。

(4)陪练期间,能对运动知识、规则及记分办法等讲解清楚,明确示范运作要做到标准规范。

(5)掌握客人心理和陪练分寸,能够激发客人兴趣。

（6）定期或不定期地组织比赛,预先制定好方案,服务周到,球场秩序良好。

2. 安全服务

（1）保龄球场设急救药箱、药品,配氧气袋和急救器材。

（2）客人不适或发生意外,能够及时采取急救措施。

3. 酒水服务

客人休息期间,配套酒吧提供饮料、快餐服务。客人来到酒吧,按照酒吧服务标准迎接、问候、引座、让座,开单以及提供酒水饮料。

第三节　保龄球场的管理

一、保龄球设备管理

（一）保龄球设备及用具

1. 球道

球道是保龄球滚冲的跑道,由球沟、补助球道、球瓶区、落瓶区、踢回板、掷球线以及自动排瓶整理机组成。材质一般为可耐保龄球撞击的枫树或松树硬质木料。球道主要由 39 块细长板条（宽约 3 cm,厚约 15 cm）合并而成。球道长 19.15 m,宽 1.024~1.066 m,犯规线到 1 号球瓶的距离为 18.26 m。

（1）球场内的球道数量。标准球道应在 12~72 道之间,酒店一般设 8~12 道,专业保龄球馆通常在 12 道以上。球道总是双数的,因为一套设备可供两个球道使用,不可能做成单数球道。保龄球道总宽度和球道数量之间的关系如表 12-2 所示：

表 12-2　保龄球道总宽度和球道数量关系表

球道数量/道	2	4	6	8	10	12
球道宽度/m	3.46	6.85	10.23	13.62	17.01	20.40

（2）保龄球道的规格。球道是一条细长的水平滑道,正规球道的全长从犯规线起至后槽（不包括后台板）的长度是 63 ft[①]（1 915.63 cm）,宽度是 41~42 in[②]（104.2~106.6 cm）。球道的长度允许有 1.27 cm 的误差。

（3）制作材料。发球区和竖瓶区用枫木板条拼接而成,其余用松木板条制成。

① ft 为英尺的缩写,1 ft = 30.48 cm
② in 为英寸的缩写,1 in = 2.54 cm

（4）球道的分区。球道上分为重油区、薄油区和无油区。从犯规线起 15 ft（457.2 cm）为重油区，球在重油区会保持"滑动"状态；再往前的 15 ft 是薄油区，到这里球才会出现变向运动；邻近球瓶处是无油区，球在无油区会产生加速，从而加强球的冲击效果。

（5）目标箭头和引导标点。在球道上的重油区内，有 7 个目标箭头和 10 个引导标点，用来提示球的落点和方向。

（6）瓶区（瓶台）。这里是摆放木瓶的地方，从 1 号木瓶中心线到底部为 2.84 ft（86.83 cm）。

（7）球沟。球道的两边为球沟，宽 0.79 ft（24.1 cm）。

（8）犯规线。球道和助跑道的界线，是一条粗黑色线，这里设置有光控犯规器。

（9）助跑道。从犯规线到助跑道底线的区域叫做助跑道，长 15 ft，宽 4.99 ft（152.2 cm）。

（10）公用回球道。相邻两条球道和助跑道之间的下面有公用回球道。

（11）公用回球机。相邻一对助跑道中间设有公用回球机，负责把球员掷出去的球送回来。回球机上备有保龄带、吹风设备，用以擦干和吹干球员手上的汗。

（12）滑步标点。在助跑道内距离犯规线 0.17～0.50 ft（5.08～15.23 cm）的地方，嵌有 7 个滑步标点。

（13）站位标点。离犯规线约 11～11.02 ft（335.5～335.9 cm）和 14～15 ft（426.9～457.4 cm）的范围内，嵌有两排共 14 个站位标点。这些标点和目标箭头都在同一块木板条上。

（14）著名品牌。世界上球道设备享有较高知名度的有：美国的 AMF、BRUNS-WICK，加拿大的 MENDES，韩国的 DACOS。

2. 球瓶

（1）制作材料。球瓶是用硬度高的枫木为材料制成，表面用塑胶涂料加工，也有用厚板夹制的材料制成球瓶。

（2）外观。球瓶外表必须光滑涂白，在球瓶颈部涂上标志，肩膀部印上生产者商标及检定认证标志，球瓶涂料对于球瓶互击倾倒具有密切关系。在公认比赛中，如果球瓶有涂料脱落、认证印欠少或磨灭等情形均禁止使用。

（3）大小。木瓶表面呈极为圆滑的曲线，高 1.27 ft（38.85 cm），最大部位的直径为 0.40 in（12.1 cm），圆周为 1.25 ft（38 cm）。

（4）数量。每条球道有两组木瓶，共 20 个。其中 10 个在瓶台上摆成一个等边三角形，作为球员的投掷目标，10 个瓶位间隔距离各为 1 ft（30.48 cm）。另外 10 个木瓶由摆瓶机械进行摆瓶前的准备。

（5）重量。每个球瓶的重量为 1.4～1.6 kg 不等，当十个球瓶成为一组时，最重的和最轻的不能相差超过 113 g，否则会影响比赛的公平。

（6）编号。为方便解说和总结经验，将其编号为 1～10 号，三角形最前面的为 1 号瓶。

3. 保龄球

（1）制作材料。最原始的保龄球是石制的，后来改用木制，当时球的直径不大，无指孔，用一只手抓握。到了 19 世纪 20 年代，出现了胶木球。球的大小有两种，大球上有拇指孔和中指孔，小球上没有指孔。胶木球硬而脆，很容易破裂，所以后来改用硬橡胶球，可橡胶球又有一定的弹性和柔软性，同样不理想。到了 20 世纪 40 年代，又制成一种塑胶球，为了便于投掷和技术的发挥，在上面钻了 3 个指孔。20 世纪 50 年代后期，球的材料又有了新的发展，出现了塑胶树脂高分子合成球。近几年来又进一步地采用尤录丁纤维等材料，制成了适合保龄球运动的软性球、中性球和硬性球。

（2）大小。所有保龄球的直径都是 8.50 in（21.8 cm），圆周不大于 27 in（68.58 cm），球上有 3 个指孔用于握球，表面除球的商标、编号以及重量识别标记外，不允许有任何凹凸不平的现象，要求光滑，具有一定硬度。

（3）结构。保龄球由球核、重量堡垒、外壳 3 部分组成。球核是确保标准重量的塑胶填充物；重量堡垒是重质塑胶粒子合成体，有薄饼、方块和酒杯等形状，设计这一结构的目的，在于保证球钻孔后有一个重量补偿，并产生不平衡重量；外壳用尤录丁纤维、硬质塑胶或合成树脂为原料。这 3 部分通过高精度的工艺技术合在一起，成为表面光滑、具有一定硬度和标准重量的球体。

（4）重量。保龄球有多种规格供选择。由于球核的重量不同，使保龄球的重量从 6～16 lb① 不等，共有 11 种规格。一般来说，女士可以选择 7～11 lb 的球，男士可以选择 10～14 lb 的球，只有较为专业的球员才会选择 14 lb 以上的球。

（5）不平衡重量。不平衡重量是通过重量堡垒放置在不同的位置，使球的重量在球体上分布不均匀，在允许的范围内积极平衡重量，须下死工夫增大球的滑行距离，使球的轨迹由旋转而形成曲线，并能使球进入球瓶区的偏离度小而冲击力较大。一个新球根据指孔的位置，可产生 4 种不平衡重量：左侧不平衡重量，右侧不平衡重量，中指、无名指不平衡重量，拇指不平衡重量。允许的不平衡重量范围一般是：10～16 lb 球的顶部和底部不平衡重量不得超过 ±3 oz②，前后、左右不得超过 ±1 oz，6～9 lb 球各方位均不得超过 ±3/4 oz。不平衡重量有积极重量和消极重量两种，当然，球员所需要的是符合规定的积极重量。保龄球还可分为通用球和专用球两类，一般饭店康乐部用的都是通用球，也称娱乐用球。球上标有重量，3 个指孔的距离拉近，中指、无名指孔深入至第二指关节为限，它抓握容易，便于投直线和斜线球。当有

----

① lb 是磅的缩写，1 lb = 0.435 6 kg。

② oz 是盎司的缩写，1 oz = 28.349 5 g。

一定技术后,可根据自己的体重、体力、握力等各种因素选用最适合自己使用的球。如作为比赛用球,其重量、硬度和不平衡重量等指标都要经过严格的检测,并取得合格证书,这样的保龄球才能作为比赛用球。

(6)硬度。保龄球的硬度是指球的表面硬度,不同硬度的球适用于不同的球道。选择硬度合适的球对保证球员正确地发挥技术、技巧,准确地掌握投球的角度、力量和控制球的速度、旋转十分重要。硬度的标准单位是"度",按国际保龄球联合会的规定,在23 ℃常温下,用硬度表分别在球的前后左右4处进行检查,最低硬度不能低于72度。硬度有软性、中性、硬性3种,72~76度为软性球,一般适用于塑胶制和油多的快速球道;86~90度为硬性球,一般适用于木制或油少的慢速球道;超过90度的极硬性球一般很少用。运动员在固定的球道上比赛时,可以根据自己的实际情况选择不同质地的球。但正规的保龄球硬度介于72~96度。

4. 自动化机械系统

它是由程序控制箱控制的扫瓶、送瓶、竖瓶、夹瓶、升球、回球、复位信号、补中信号显示和犯规器等装置组成。

5. 记分台

记分台包括双人座位、投影装置、球员座位等设备。现代化的球场装有电脑记分系统和选瓶装置。

6. 附加设备

附加设备主要有清洁打磨机、上油机、球箱、球架、犯规显示灯、记分台等。使用上油机时,可对球道上油距离的长短和油量多少进行调节。

7. 保龄球鞋

保龄球鞋是球员打出好成绩的重要装备。对鞋的款式虽无硬性规定,但以软质橡胶底球鞋较为适宜,鞋底不得钉钉。一般有通用鞋和阴阳鞋两种。通用鞋左右脚的鞋用皮革制成,右手球员和左手球员均可使用。阴阳鞋右手球员左鞋底用皮革,右鞋底用橡胶,右鞋底尖部有一块皮革,以确保助跑和滑步的稳定性;左手球员则相反。所有保龄球鞋全部用线缝制,大小适宜,鞋带绑扎不得过松,最好紧一些。保龄球专业选手都有专用鞋。

8. 保龄球服装

保龄球运动的服装式样很多,但最基本的一条要求是宽松、舒适。宽松的目的在于使动作自如,便于施展,当然也不能过于宽大。男球员一般着运动长裤和质地柔软的翻领衫,如果穿西装应把上衣脱掉,卷起衬衣袖子,解下领带。对女球员来说,短袖衫和短裙较适宜,忌穿着过紧的窄裙或过短的迷你裙。

9. 护腕

保龄球运动十分依赖于手腕的控制,用力的微小变化都会影响到投掷技术的发挥,护腕对于手腕起到了很好的保护作用。

10.不同功能的粉

进行保龄球活动时,若手出汗就会影响保龄球的把握和投掷方向、力度,为保持手的干燥,除用干毛巾擦拭外,还可在大拇指、中指和无名指上使用不同功能的粉,如干粉、防滑粉等。这也是保龄球馆必备的用品。

(二)保龄球设备的日常维护

保龄球馆的日常维护、保养需通过制定规章进行,要建立制度化、规范化的管理,尽量减低设备设施的故障率。

1.对保龄球设施制订定期清洁计划

(1)用抹布依次清洁座椅、记分台、茶几、送球机口、架、保龄球、公用球存放架、服务台、鞋架等,保持清洁无灰尘。

(2)按规定给球道打蜡或上球道油。

(3)保龄球地板每星期清洗一次,保龄球每星期用清洁剂清洗一次,球道每月用清洁剂清洗两次,球瓶每月用清洁剂清洗两次,保龄带每三天用紫外线消毒一次。

2.设备操作人员对设备的日常保养

(1)每天检查设备的运行情况及保险装置,对螺丝有松动的应加固,对漏电情况要及时处理。

(2)检查各球道球瓶数、电动机、齿轮、链条、链轮等传动件运转是否正常,并给各传动件按规定加油。

(3)检查置瓶盘、升瓶器架等是否有松动,电器控制箱、电磁铁等是否有效及清洁。

(4)要保持电脑计分系统准确无误,同时清零,使置瓶器、两侧板、橡胶皮、挡球板处于良好工作状态。

(5)做好回球机的清洁、保养工作,使其运转正常。

3.对保龄球的日常清洗

保龄球的使用期限是200~250局。首先保龄球要保存在阴凉的地方,太热的环境会加速材质的老化,最好不要长期放置在不通风的地方。保龄球平常要清洁、打磨以延长使用寿命及性能。保龄球的清洁主要是去除保龄球在球道上所沾染的油污及灰尘等,加上亮光的功能是使球看起来光亮美观,不能把球的雾面变成光面。如果要改变表面的光或雾,必须用砂纸或专用磨球腊及磨球机配合才行。保龄球专用清洁剂适合亮面及雾面均可,对球的性能不会有影响,相反地,时常保养的球可延长使用寿命,缓和退化。需要注意的是保龄球再保养还是会渐渐退化,通常使用300局后感觉得最明显,越高级的材质越感觉出差异性。

4.保龄球球道的除尘及养护

(1)球沟、盖板和分道板的除尘。

①盖板和分道板的清扫。从犯规线一端开始至放球沟区,将盖板和分道板擦干净。可以站在球道上,将一只拖把放在分道上,另一只拖把放在一侧盖板的一半上。

②球道沟的清扫。将球沟拖把放在放瓶区左右球沟中的最后部位,然后向回拉动拖把。注意不要向前推拖把,这样适必将尘土和脏物都推到大皮带上。然后,转过身体面向发球区将拖把放在球沟里推至犯规线。小心地将拖把上的脏东西和灰尘抖到放置在靠近犯规线的垃圾箱内或铺放在发球区的大毛巾上。这时千万不要将脏物和尘土抖到发球区内,也不得将踩过球道的鞋直接踩到发球区内。因为,拖把上的脏物和踩过球道的鞋底上,带有大量的球道油。这时如果直接走到发球区内,适必将球道油带入发球区,造成发球区的涩而不滑,产生不良的后果。当走到发球区时首先站在大毛巾上,然后再走到其他的球道上。拖布应经常清洗,大约每拖完100条球道,要清洗一次(这还要根据球道的干净程度来定)。总之,每一个球场要准备几副,做到随时更换。

(2)球道的除尘与清扫。

首先,将纸芯拖把放在放瓶区的球道上,将球瓶全部推到后面的大皮带上,再将其拉回犯规线处(或推至犯规线处)。注意不得将纸芯拖把拉或推过犯规线进入发球区。然后将纸芯卷到干净的部位,推或拉至球道25~28 ft的地方,再将纸芯卷到干净部位,用同样的方法做下一条球道。为了使球道油的分布相同,拖纸芯的方向必须一致。不得有的球道向放瓶区拖,有的球道向犯规线拖,最好是从放瓶区向犯规线拖,这样做纸芯不会将球道油带到无油区内,从而也保持无油区的良好状态。相反,则会影响球在无油区的转动并引起回球故障。

(3)发球区(助跑区)的除尘与清扫。

发球区必须每天清洁,对于有痕迹的地方要着重处理。可用潮湿(捏至无水滴状)的毛巾或布将这些痕迹擦掉,再马上用干毛巾或布擦干净。发球区内不得使用任何非经允许使用的化学药品。对于一些较难清洁的污迹,可以用发球区专用清洗剂进行清洗。然后,再用丁字形拖把将发球区清理一遍,也可以将大毛巾垫在拖把或打磨机下进行清理。把清理出来的脏物和灰尘抖到垃圾箱内或铺在发球区的大毛巾上。在清洁工作的过程中,拖把或毛巾不得超过犯规线进入到球道上,以免使尘土又带回到球道上,同时将球道油带到发球区内。丁字形拖把禁止用汽油之类的化学用品处理,否则会使发球区失去原有的光洁度。拖把和毛巾要经常清洗、更换,保持干净。

(4)放瓶区左右球沟和挡板的除尘与清洁。

用浸有球道清洗剂的百洁布,将挡板和球沟上的脏物清洗干净,然后立即用干毛巾或布将清洗剂擦净。当偶然发生球瓶卡在球沟的情况时,可用毛巾或布浸少量的球道油擦一遍球沟即可。

(5)清洗球道。

一般来讲一条球道在使用了100局左右后,就要进行清洗。但这和每天的除尘与保养、球道上油的长短与薄厚有着密切的关系。当油上得越长、越厚,清洗的次数就越多。如一条每天都要清洗的球道,上油的长度可以为 40～45 ft,要是一个星期清洗一次的球道,其上油长度可在 30 ft 左右。上油长度在 20 ft 左右时,可在 200 局后清洗一次。

当球场球道比较多时(10 条以上),就可以用洗道机,这样既省时、省力,又能使清洗效果达到均衡、一致。也可以用人工的方法进行清洗。

在人工清洗球道前,首先用纸芯拖把将所有的球道拖干净,然后将洗衣剂喷洒在球道上,用浸过清洗剂的百洁布或毛巾垫在打磨机下,将球道打磨一遍后立即用干毛巾或布将球道上(包括球沟里)的清洗剂擦干净,一般要擦一至二遍,再将球道油上好即可。

发球区主要是给球员助走和滑步用。所以,在清洗发球区时,先重点清洗发球区上影响滑步的痕迹,然后用打磨机垫上毛巾将发球区打磨一遍,如发球区还是不够滑时,可用带有增滑性的清洗剂在距犯规线 5 ft 的距离内喷洒一些,然后用毛巾或布将清洗剂擦干净。

二、保龄球场环境管理

(一)保龄球场环境要求

(1)球场面积宽敞,空间高大。

(2)球道、自动回球设施、记分显示、球路显示设施符合国际保龄球比赛场地标准。

(3)球道及其四周木质地板高档、豪华。

(4)墙面、天花板建筑装修美观、舒适。

(5)室内照明充足,光线柔和。

(6)室内温度保持在 20～22 ℃。

(7)室内相对湿度保持在 50%～60%。

(8)自然采光照度不低于 100 lx,灯光照度不低于 80 lx。

(9)通风良好,换气量不低于 130 $m^3/(人·h)$。

(二)配套设施齐全

(1)球场入口设有服务接待柜台,有相应数量的各种保龄球专用鞋及电脑记分和结账设备。

(2)球场旁边要有与接待能力(档次与数量)相应的男女更衣室、淋浴间、卫生间。更衣室配带锁更衣柜、挂衣钩、衣架、鞋架与长凳。淋浴室各间互相隔离,配冷热双温水喷头、浴帘。卫生间配隔离式抽水马桶、挂斗式便池、盥洗台、大镜子及固定式吹风机等卫生设备。各配套设施墙面、地面均满铺瓷砖或大理石,有防滑措施。

（3）球场内设吧台及休息区。有些保龄球馆为节省空间将吧台和服务台设在一处。

（4）设有保龄球架。

（5）球场门口设营业时间、客人须知、价格表等标志、标牌。设计美观、大方，设置位置合理，有中、英文对照，字迹清楚。

（6）球场内部通道、过道、球道、记分显示、球路显示等设施布局合理，整体协调、美观。

（7）各种器材摆放整齐，适当位置有大型盆树、盆景美化环境，调节空气。

（8）配套设施完好率不低于98%。

（三）卫生质量要求

（1）室内场地平整光洁，墙面、地面无灰尘、污物、废纸、杂物。

（2）所有用品、用具清洁卫生，无汗渍、污迹。

（3）球道表面光洁，无灰尘、污迹。

（4）更衣室、淋浴室、卫生间卫生要求达到无异味，无杂物，无卫生死角。

（四）保龄球场在酒店中的布局

（1）考虑到在保龄球运动中，会发出较大的响声，因此要注意场所的合理布局。宜远离大堂等宁静场所，最好将它布局在五楼以下的场所或地下室，因为五楼以上多为客房，以免干扰其他部门营业或客人的休息。

（2）考虑到保龄球室是对外营业的场所，因此宜布局在底楼或客人出入方便的地方，最好临街而建，有大型招牌招徕散客，增加经济效益。

（3）考虑到酒店娱乐场所的功能分区和合理布局，保龄球应与其他健身运动项目如健身房、台球室、壁球室布局在一起。

（4）考虑到客人消费的连带性，做好内部促销，还应布局在桑拿浴室、游泳池的旁边。这样，既为桑拿浴室增加营业收入，又方便了前来运动的客人。

（5）考虑到酒店的档次和规模，酒店要根据饭店客房数以及前来打保龄球的客人数来确定球道数量。

【小　结】

保龄球场是许多高中档酒店康乐部的组成部分之一，本章详细地介绍了关于保龄球的基础知识、记分方法、游戏规则等内容，重点讲述了保龄球场的设备管理、环境管理、布局等问题。通过学习还应了解并掌握保龄球场的服务操作规范。

【思考题】

1. 简述保龄球运动的起源。
2. 简述保龄球的游戏方法。
3. 简述保龄球的记分规则。
4. 保龄球场的服务特点、服务要求是什么?
5. 保龄球场的服务项目有哪些?
6. 怎样对保龄球设备进行日常维护?
7. 保龄球场在酒店中的布局如何?

【案例与思考】

案例 6-1

饭店为吸引客人,推出一项促销活动:持贵宾卡的客人可以免费打保龄球。有位熟客在打完 30 局保龄球后,对服务员说,他持有该饭店的贵宾卡,但是忘记带来了,要求给他免费。在保龄球场服务台工作的服务员小张说:"对不起,先生,我们按规定办理免费,认卡不认人,请谅解。"这时,站在小张旁边的同事小赵连忙说:"你不能这样死板,领班不是告诉过我们在服务过程中要注意标准化服务和感情服务相结合、灵活服务和个性化服务相结合吗?"小张争辩道:"我怎么知道他到底是不是真的有贵宾卡? 你站着说话不嫌腰疼!"小赵质问道:"我说错了吗?"于是,两人你一言我一语地吵了起来,本来要求给他免费的这位客人叹了叹气,摇摇头离开了该保龄球场。

问题:

(1)遇到类似的情况,服务员应该怎样处理才是恰当的? (提示:从授权的使用、角色换位、服务意识等几个方面来谈)

(2)假如你是领班,事后从保安部的录像上看到了发生的一切,你该怎么办? (提示:对员工的培训不足是领班的责任)

案例 6-2

酒店 816 房的客人李先生常到保龄球场来打球。一天,他的朋友王小姐打完保龄球后,拿出 816 房的钥匙牌,要以李先生的名字签单,等结账离店时再一次付清。

问题:

假如你是服务员,你应该怎么办? (提示:从"尊重客人"但又"不能教客人"两个角度考虑此问题)

网球场经营与管理

在许多国家和地区,网球已经成为人们主要的休闲活动之一。网球是时间和空间能和自己的作息时间有机配合的运动,网球运动中的奔跑、挥拍、跳跃等动作使全身各部分都得到适当的活动,同时也能训练判断力和反应能力,是一项老少皆宜的活动。

第一节　网球概述

一、网球运动

网球(tennis)是一项优美而激烈的运动,网球运动的由来和发展可以用四句话来概括:孕育在法国,诞生在英国,开始普及和形成高潮在美国,现在盛行全世界,被称为世界第二大球类运动。网球是一项有氧和无氧交替的运动,所以可以最大限度地使希望锻炼身体的人得到不同层面的满足:希望健身的可以通过打网球得到全身协调的锻炼;希望减肥塑身的,网球运动足以消耗你身上多余的脂肪,并且使体形趋于完美。网球运动的优点突出,除了可以运动肌肉,促进身心健康外,中度的有氧性运动,能降低血压,减低发生心脏病的风险。借由比赛的参与,可以了解团队合作的重要性及面对挫折的应变及处理能力,提高其竞争力,对于将来进入社会也有帮助。

(一)球场的种类

网球场因铺设的材料不同而分为硬式场地和软式场地。

1. 硬式场地

硬式场地的地面大多用人工合成材料铺制而成,该类球场种类很多,PU、富丽

克、速维龙等都属于合成材质球场。这种球场弹性稳定,维护简便,相当受欢迎。用于正式比赛的主要有以下3种:

(1)塑胶场地(synthetic)。如墨尔本的澳网中心球场。橡胶场地,弹性极好,球落地后反弹很高,并且橡胶场的球速相对很慢,球落地有明显停顿现象。由于是高弹和慢速,在上面的打法略微是底线型占优势。

(2)混凝土场地(concrete)。如美网阿什球场即美网系列赛的场地。就是通常说的水泥场地。正式比赛的混凝土上面有一薄层塑胶覆盖物或颜色涂料,由覆盖物的性质决定球反弹的高度和速度。这种场地在所有硬地里是最快的,球的反弹相对于塑胶场地不会太高,场地表面相对光滑,球落地明显看得出向前窜,同时混凝土场地也是最容易造成球员下肢伤病的场地。

(3)地毯场地。网球地毯是室内赛季的主要球场,其表面是塑胶面层、尼龙编织面层等,一般用专门的胶水粘接于具有一定强度和硬度的沥青、水泥、混凝土底基的地面上即可,有的甚至可以直接铺展或粘接于任何有支持力的地面上,其铺卷方便、适于运输且有非常强的适应性,室内室外甚至屋顶都可采用。球的速度需视场地表面的平整度及地毯表面的粗糙程度而定。地毯和塑胶场地相比,塑胶是偏向土地的硬地,地毯则是类似草地的硬地,差距还是很明显的。

2. 软式场地

(1)草地球场。设在平整草地上的球场,在国际上被列为最传统的比赛场地,像英国温布尔顿大赛就是在草地球场举行。在草地球场打球,球的速度最快,球落地后几乎没有弧线,弹跳较低,相当低平且反弹不规则。不过天然草地场保养、维护不易,目前国内无人引进,就连人工草皮球场也是凤毛麟角。这种球场场地维护保养费用较高。

(2)砖粉球场,又称红土球场。该球场的弹性高于硬地和草地赛场,能把球反弹到球员肩膀以上的高度,舒缓了比赛的节奏,所以有人称红土球场为"慢场"。球场敷面以砖屑铺制而成,吸水性强,不怕雨淋,但过分干燥便会尘沙飞扬,必须经常泼水。该球场维护起来比较麻烦,必须每天泼水和碾压,并且要重复画线。

(3)砂质球场。多以黏土和石沙混合铺设而成,反弹力小,双脚不易疲倦,适合初学者及长者使用。

(二)球场的规格和分区

1. 球场

国际网联规定,球场设计时单双打的场地合在一起,仅以白线作区分界线,网球双打场地的标准尺寸是:23.77 m(长)×10.97 m(宽),单打场地的标准尺寸是:23.77 m(长)×8.23 m(宽)。在端线、边线后应分别留有不小于6.40 m、3.66 m的空余地。标准网球场通常是南北朝向,室外场地的散水坡为横向,坡度不大于8‰。

室外场地的四周可用钢丝网作围栏,围栏的高度应处于 4 ~ 6 m 之间,以免球员将球击出场外。室内网球场地除面积规格要求同室外球场一致外,还要求球场的天棚高度不得低于 12 m,地面多为涂塑地面。需要安装照明灯光的网球场,室外球场上空和端线两侧不应设置灯具。室外球场灯具应设置在边线两侧围挡网距地面高 7.60 m 以上,灯光从球场两侧向场地均匀照射。每片网球场的平均照明度,一般的国际比赛要求达到 500 lx,根据比赛的级别不同对灯光要求也不一样。

2. 球网

国际比赛规定,在球场安装网柱,两个网柱间距离 12.80 m。网柱顶端距地平面 107 cm,球网中心上沿距地平面 91.4 cm。球网处在场地中间,将场地分隔成相等的两个半场。

3. 球和球拍

(1)网球。呈圆形,为有弹性的白色或黄色橡胶球,正式比赛时大多使用黄色的球。球中间是空心的,外面以毛质纤维均匀覆盖,直径约 6.35 ~ 6.67 cm,重量在 56.7 ~ 58.47 g。球面上的短毛有稳定方向、延滞球速的功能,短毛脱落严重的旧球会变得不易控制,最好换掉。

(2)球拍。球拍的材质不同,有木制、铝制、玻璃纤维和碳素纤维等几个种类。目前,最受欢迎的是碳素纤维球拍,它弹性好,韧度够,重量轻。球拍总长不得超过 81.25 cm,总宽不得超过 31.75 cm。框内由弦线纵横交错织成拍面,弦线通常采用羊肠线、牛筋线或尼龙线。尼龙线坚韧耐用,不怕雨淋,但弹力较差,旋转力不够。羊肠线属于较高级的弦线,弹力足,旋转力强,但在雨天或天气潮湿时容易断裂。一幅好的球拍要考虑重量、平衡及握柄的减震等因素,握起来要顺手,挥动时手腕不沉就可以了。

4. 网球服装

网球服装的式样繁多,除了在球场穿用外,也可将网球服装当做休闲服来穿。上衣部分以短袖有领的棉衫为主,冬天则穿羊毛质料制成的球衫,但基本上都要符合通风吸汗的要求。裤装部分男性多穿便于活动的短裤,女性则可选择短裙或裙裤。鞋袜是网球运动中相当重要的一环,鞋子要选用抓地力强、质量较轻的网球专用鞋,以便做各种折返冲刺的动作;袜子则以厚短袜为最佳选择。一般说来,网球服装仍以白色系为主,在球场上显得格外抢眼。另外,帽子、大毛巾、止汗腕带、发带等小配件也最好一起备齐。这些配件虽然不起眼,却能发挥奇效,让球员打球时更顺手。

二、网球的比赛规则

(一)选择场地或者选择第一局的发球权

比赛开始前,要确定谁获优先权。获优先权的一方可以选择场地,或选择接球还是发球。

（二）网球比赛方式

通常比赛的双方2人（单打）或4人（双打），各占网球场一边进行比赛。

（三）发球

（1）发球指的是运动员在发球区内将抛起的球接触地面以前用单手拿球拍击球，将球发至对方的右发球区内。

（2）接球方做好击球姿势后，发球方才可以在右场的端线后面发球。

（3）如果发球失误，还有一个发球机会，若第二次发球仍失误，则接球方得1分。

（4）发球时，发球员不得向上抛起两个或两个以上的球。

（四）打球

球过网后，接球员单手或双手持网球拍进行还击，此时接球方在球落地前凌空击球或落地1次后击球均为有效。如此隔网对击，运动员运用发球、正反拍击球、截击球、高压球、挑高球、放短球、击反弹球等技术以及接发球战术、上网战术和底线战术等，努力将球击至对方场地。

（五）记分规则

（1）如一方未能接到球、击球出界、球落网、球落地两次再击，对方即得1分。

（2）国际上通行的叫分方法是胜1分叫"15"，胜2分叫"30"，胜3分叫"40"，双方各得"40"叫"平分"。

（3）以先得4分者为胜一局，以先胜6局为胜一盘，男子网球一般采用5盘3胜制，女子采用3盘2胜制。

（4）每局各得3分时为"平分"，"平分"后连得2分的一方才胜该局；每盘中，如果双方各胜5局，下面必须有一方连胜2局才算胜一盘。近年来，为了缩短比赛时间，有的比赛采用了平局决胜制，就是当局数为6∶6（双方各胜6局）时，只再进行一局来决定胜负。这一局中，先赢得7分者才算胜利，如果比分是5∶5，一方仍要连续领先两分才算赢这一局。

（5）每得1分或失1分，发球员变换一次发球方位（左或右半场端线后），接球员也随着变换接球区。

（6）每局结束时，双方要交换发球局。

第二节　网球场的服务与管理

一、网球场的服务

(一)服务标准

1.服务人员的岗位职责

(1)有一定的外语会话能力,熟练掌握网球场工作内容、工作秩序。

(2)熟悉网球运动规则,有一定运动水平,能够熟练提供服务,能够回答和处理客人提出的各种有关问题。

(3)着网球场工作服上岗,服装颜色、标志醒目,精神饱满,劝阻无关人员参观、拍照。

(4)准确运用迎接、问候、告别和操作语言。

(5)负责做出每日营业日报表。

(6)负责对客人的接待、收款、登记、预约和咨询。

(7)负责场地的卫生工作,保证环境清洁、整齐。

(8)负责酒水饮料销售、补充和申报补充物品工作。

(9)负责提供球拍、网球、球鞋及有关体育器材的租用服务。

(10)负责设备的维护工作,网篷破损要及时维修。

2.预订的服务标准

(1)要用规范语言主动、热情接待客人预订。

(2)客人电话预订,铃响三声接听。如工作繁忙,要说:"对不起,让您久等了。"

(3)准备记录客人姓名、房号(酒店宾客应登记房号)、使用时间,并复述清楚,取得客人确认。

(4)对已确认的客人预订,要通知有关服务人员提前做好安排。

3.接待服务标准

(1)每日营业前整理好网球场、休息区、更衣室与卫生间的清洁卫生。

(2)将设备设施摆放整齐。

(3)正式营业前准备好为客人服务的各种用品,整理好个人卫生,准备迎接客人。

(4)客人前来打网球时,要向客人介绍球场设施、开放时间、服务项目,并准确记录客人姓名、运动时间。

(5)及时提供更衣柜钥匙、毛巾等用品,服务要细致。

（6）客人打网球,视需要及时提供客人要求的各种服务,帮助客人保管好衣物,主动为客人当裁判记分。

（7）客人要求租用或修理球拍,应及时、周到地提供服务。

（8）客人休息时需要饮料、小吃,主动及时询问需求,做好记录,并迅速提供服务。

（9）客人离开,应主动告别,并欢迎再次光临。

4.陪练服务标准

（1）网球室设专门陪练员或教练员。

（2）客人要求陪练服务,应热情提供。

（3）陪练员技术熟练,示范动作规范、标准。

（4）掌握客人心理和陪练输赢分寸,能够提高客人兴趣。

（5）球场组织比赛,要预先制定接待方案,球场秩序良好。

5.安全服务标准

（1）网球场设急救药箱,配氧气袋和急救器材。

（2）客人不适或发生意外时,能够及时采取急救措施。

（二）服务程序

（1）热情、礼貌地向客人打招呼,并询问客人有何要求。

（2）请客人出示住房卡或房间钥匙。

（3）请客人在登记本上签字。

（4）检查客人的住房登记,看房间号是否与客人姓名相符。

（5）问清是否有预订,向有预订的客人介绍网球场设施、租金、收费标准以及为客人提供的服务。

（6）对无预订的客人,如果场地已经占满,应礼貌地告知客人打网球需要提前预订,以免与其他客人在时间上发生冲突。

（7）如果客人需要陪打员或教练,则做出相应的安排。

（8）弄清结算方式,并在网球登记本上记清开始和结束时间,然后由服务员带领客人去网球场。

（9）到结束时服务员应礼貌地征求客人意见,是否需延长使用场地的时间。如客人离开,即收球拍、球,检查租用品是否完好并清洁干净,检查有无遗失物品。

（10）向客人致谢,迎接客人再次光临。

（11）将客人结束场次及时间即时报给服务台。

（三）网球服务规范程序

1.班前准备

（1）做好网球场的清洁卫生工作,包括场地、休息区、球网架等。

(2)检查球场设施是否完好,如发现问题设法修理或报工程部门。

(3)将供客人租用的球具、球鞋等准备好。

(4)将气温、湿度及日照情况填写在公告栏内。

(5)整理好仪容仪表,要求精神饱满。

2.迎宾工作

(1)面带微笑,主动问候客人。

(2)询问客人是否预约,并向客人介绍网球场设施、收费标准等,询问客人喜欢选择哪个场地,并与客人确认开始计时的时刻。

(3)为客进行登记,开记录单,并收取押金,发放更衣柜钥匙等。

(4)对无预约的客人,若场地已满,应安排其按顺序等候,并告知大约等候的时间,为客人提供水和书报杂志等。

3.网球服务

(1)将客人引领到网球场内,再次检查和整理场内的卫生,包括捡去地面上的杂物,将休息区的桌椅在客人入座前再擦一遍等。如果客人租用店内的球具、球鞋等,由服务人员引领客人入场时拿到场内放好。并提醒客人,如果需要擦鞋服务,可以通知服务人员。

(2)主动询问客人需要什么饮料。如果需要,在重复客人所点的饮料名称、数量后,应讲"好的,请稍候"或者"谢谢您,请稍候",并迅速为客人提供。

(3)主动协助客人挑选网球拍和网球,将客人租用的球鞋拿到场内放好。

(4)对客人出色的击球报以掌声赞扬。

(5)如果客人是初学者,要认真、耐心、细致地向客人讲解网球运动规则并做好示范。

(6)如果客人陪打服务时,陪打员应认真服务,并根据客人的心理掌握输赢尺度。

(7)服务员要适时询问客人需要何种饮品,并做好饮料服务工作。

(8)保持休息区内茶几、座椅、地面的整洁,客人饮料剩余 1/3 时应及时添加,烟灰缸内烟蒂数不能超过三个。

(9)保持洗手间、淋浴间的整洁。

(10)客人原定运动时间即将结束时,在场地空闲的情况下应及时询问客人是否需要续时。

(11)若客人运动中受伤,服务人员要及时提供简单医疗救助,伤情严重的要及时与较近的医院联系。

(12)场边服务。服务人员应该尽量安排时间,在客人刚开始打球的一段时间在场边观看。主要目的是了解客人对球场条件是否适应,租用的球鞋、球拍等是否合适,并为其提供一些如捡球、整理换下的鞋子和外衣等服务工作。如果因故必须较早离开该服务区,必须跟客人说:"先生(小姐),如果您有事需要我去做,请您叫我。"或者"如果您有事需要我去做,请拨打电话号码×××。"

(13)陪练、教练服务。提供教练服务时,应该热情、礼貌,示范动作应该规范、标准、耐心;提供陪练服务时,陪练人员应该掌握客人的心理和陪练输赢的分寸,提高客人的兴致。

4.结账服务

(1)客人消费结束时,服务员应检查客用设备是否完好,提醒客人带好随身物品,并帮助客人收拾和提拿球具、球鞋,到收银台结账。

(2)收银员应与客人确认打球结束的时刻;接过客人递来的现金或者信用卡等时,应使用服务用语向客人道谢。

(3)如客人要求挂单,收银员要请客人出示房卡并与前台收银处联系,待确认后要请客人签字并认真核对客人笔迹,如未获前台收银处同意或认定笔迹不一致,则请客人以现金结付。

5.送别客人

(1)礼貌向客人道别,并欢迎客人下次光临。

(2)对场地进行彻底清理,将卫生状况恢复至营业的要求,准备迎接下一批客人的到来。

(3)按规定清洁、修理客人租用的球拍、球鞋等。

6.收拾整理

(1)客人离开后,服务人员必须立即对场地进行彻底整理,将卫生状况恢复至营业的要求,准备迎接下一批客人的到来。

(2)按规定清洁、修理客人租用的球拍、球鞋等。

(3)写好交接班本,注明客情、维修情况,填写好饮料报表,送服务台签字。

(4)最后结束时,清场,清倒垃圾,关灯,锁服务台,将钥匙交总服务台,并签名确认。

二、网球场环境管理

(一)网球场设计要求

(1)网球场应设计成长方形。

(2)单打场地的长度为23.77 m,宽度为8.23 m。

(3)双打场地的长度为23.77 m,宽度为10.97 m。

(4)球场正中心设球网,将整个球场分成两个面积相等的半场。

(5)网球场地可以是草地、硬地等多种,但以沥青涂塑等合成的铺面硬地较为普遍。

（二）设施设备要求

（1）球场符合国际网球比赛标准。

（2）场地平整，照明充足、光线柔和，顶灯下设反射罩。

（3）球网、球拍质量优良。

（4）室内网球场有足够高度，墙面染色、整洁，无任何装饰物。

（5）加强对网球场的各种器械设施的保养，对破损或不能正常使用的设施要及时报请工程部进行维修。

（三）卫生要求

（1）网球场地平整、清洁，无废纸、杂物、垃圾。

（2）墙面光洁，无灰尘、蛛网。

（3）定期清理球场，保持网架、座椅等设备完好。

（4）各种卫生间敷面干净，无污迹、印迹。

（5）卫生间无异味。

（四）保养网球场地

（1）要让所有使用网球场的客人遵守"进场须知"，了解维护场地的注意事项。

（2）定期冲刷场地。在使用推水器和水管时要注意：①不可干推推水器；②推水过程中，发现有小石子等硬物时，应先挑拣出后再推；③当推水器的胶皮磨损到一定程度时，应及时更换。

（3）冬天冲刷尘土时，要避免冰块对场地的划伤破坏。

（4）每日都要清扫或吹尽场地上的浮尘和树叶等杂物。在使用风机时应特别注意风机的油箱的密封，防止油漏出或滴溅到场地上。

（5）如果发现场地面层有破损，应及时用相同材料修补，以免破损面积不断扩大。

（6）在条件允许的情况下，可根据现有塑胶面层状况的需要，定期再铺涂一层面油，以保持网球场地外观上的艳丽。

【小　结】

本章详细介绍了网球及网球场的相关知识、记分方法、游戏规则、服务项目及标准，旨在让学生了解并掌握网球场的服务及管理常识，为今后从事网球场的服务与管理工作打下理论基础。

【思考题】

1. 简述网球运动的起源和发展。
2. 网球场的种类有哪些?
3. 简述网球场的规格和分区。
4. 网球的比赛规则是什么?
5. 网球场的服务标准是什么?
6. 简述网球场的服务程序。
7. 网球场环境管理有哪些要点?

【案例与思考】

案例 7-1

某日,网球场生意火暴,网球场服务员小王忙得不亦乐乎。忽然,她发现有位客人正穿皮鞋在网球场内打球,她该怎么办?（提示:客人利益和酒店利益的兼顾,服务语言的技巧运用,等等）

案例 7-2

天还没有黑,但在酒店露天网球场打球的一位客人要求开灯,服务员袁某拒绝了他的要求。过了一会儿,这位客人又要求为其开灯,说光线太暗,影响了他技术水平的发挥。袁某对客人说:"你不适应在露天网球场打球,可以到室内网球场去打嘛!但是收费比这里贵得多。如果你要我们开灯也可以,但要按夜场来收费,你愿意吗?"

问题:

你认为袁某做得对吗? 为什么?（提示:从服务角色论来分析）

高尔夫球场经营与管理

　　高尔夫作为一种经典的休闲运动项目,将运动、自然风光、礼仪风范、服饰时尚等诸多因素合为一体,为人们的生活提供了一种别具一格的休闲方式。较之其他休闲运动,打高尔夫球因其运动强度不大,加之球场自然环境优美,使之更具有休闲韵味和特色,成为喧嚣都市生活中的一片与世无争的洁净天空。高尔夫球最为人知的名言是"Far and sure",即"远而准"。

第一节　高尔夫运动概述

一、高尔夫运动

　　高尔夫运动是在草地上以棒击球入穴的球类运动。高尔夫是荷兰语"Kolf"的音译,译成英文为"Golf",碰巧这个单词的各个字母分别代表绿色(Green)、氧气(Oxygen)、阳光(Light)、友谊(Friendship 或 Foot),寓意着在明媚的阳光下,踩着绿色的草地,呼吸着新鲜的空气,在大自然的怀抱里悠闲自得,这种意境正是高尔夫运动的魅力所在。高尔夫运动最大的特点是运动的过程并不十分激烈,除用力挥杆外,最大的运动量是跟着球在风景优美的各种地形中漫步,让球员感到消闲、轻松,能修身养性,绅士风度十足。运动过程中特别适合球员之间进行交流,兼有运动和交际活动的双重作用,因此受到商界人士的喜爱,他们将高尔夫球运动看做是对身体和事业同样有益处、有意义的运动。

　　目前,高尔夫在中国的发展已有 20 余年,已经形成了一个比较乐观的产业体。高尔夫球场建设每年将以 20%～30% 的速度递增。从消费人数上看,中国高尔夫消费人群达 100 万人,年增长比例达 30%。2007 年中国最具影响力的 10 大 GOLF 球场为:观澜湖高尔夫球会、春城湖畔高尔夫球场、华彬庄园国际高尔夫俱乐部、沈阳盛京国际高尔夫俱乐部、雅居乐长江高尔夫球会、海南博鳌高尔夫乡村俱乐部、东莞峰景高尔夫球会、上海佘山国际高尔夫俱乐部、广州九龙湖高尔夫球会、昆山大上海国际高尔夫球度假村。2008年,我国高尔夫球场总数有望达到1 000家。

1.观澜湖高尔夫球会

广东高尔夫球场最多,几乎占了全国总数的一半。由于气候湿热,植物容易生长,球场四季常青。加上地形起伏,因此各个球场的景观都不错。其中的翘楚就是观澜湖高尔夫球会。观澜湖高尔夫球会是中国规模最大,档次最高,配套最齐全,影响力最大的高尔夫球会。在欧洲高尔夫球协会发布的1997—1998年度官方推荐全世界74个球场、酒店度假区中,观澜湖是中国唯一获选球会。观澜湖的巨大规模往往让人觉得仰止,99个洞,还不断在扩大规模,每个球场都邀请了完全不同风格的设计师。球场建在岭南低矮的丘陵之间,洞与洞之间的衔接非常顺畅,经常会有些峰回路转的惊人之作。观澜湖的规模决定了它必然每年都会入选最佳球会。

2.昆明春城湖畔度假村

每年在美国出版的权威《高尔夫文摘》会评出世界各国的高尔夫球场排名。从1998年开始,中国内地的球场开始了排名,仍然由《高尔夫文摘》作为裁判,根据球场的自然条件,综合设计、施工、管理、环保、景观等各方面的指标,评出每年度的十佳高尔夫球场及各单项最佳球场。

坐落在阳宗海湖畔的昆明春城湖畔度假村已经连续几年被评选为第一。它位于云南昆明市宜良县汤池境内,坐落在风光秀美的高原明珠——阳宗海湖畔,海拔2 100 m,空气清新、凉爽,一年有360天可以挥杆。球场共有36个洞,分成山和湖畔球场,都是由当今顶级的高尔夫球场设计公司负责设计和施工。

3.北京华彬庄园国际高尔夫俱乐部

华彬庄园国际高尔夫俱乐部位于北京市昌平区,是集商务交流、文化、体育、旅游、休闲、度假为一体的顶级商务交流平台,占地6 400亩,拥长城、临燕山,为京城上风上水之钟灵宝地,高尔夫球场的自然开阔、起伏有致与燕山山脉的层峦叠嶂、气势恢弘,刚柔并济、珠联璧合,极具挑战性和趣味性的45洞国际标准高尔夫球场,由享誉世界的"高尔夫球王"杰克·尼克劳斯规划设计。

4.沈阳盛京国际高尔夫俱乐部

盛京国际高尔夫俱乐部是沈阳市唯一一家18洞国际标准森林高尔夫球场,是沈阳市重点旅游和体育项目。俱乐部距沈阳市中心15 km,位于沈阳市东陵(福陵)公园东百年松林内。球场占地面积约1 394亩,周围森林茂密、山岭起伏、空气清新、环境幽静。澳洲著名高尔夫设计师麦克(Mr. Michael. Coate)设计的18洞国际标准比赛球道,顺山林地势,自然起伏,变化无穷,妙趣与挑战并存。

5. 中山长江高尔夫俱乐部

中山长江高尔夫俱乐部,球场位于中山市东区长江旅游风景区,面积约3 200亩。已建成36洞具有国际标准的顶级球场,球场分A、B两座,设计的主体构思是以系列球洞来表达球场的流畅飘逸的旋律感、平衡协调的静感画面,从而表现高尔夫运动的趣味性、战略性。球会有世界权威杂志《高球文摘》评选的"中国十大最佳球会"称号。

6. 海南博鳌高尔夫乡村俱乐部

琼海博鳌高尔夫乡村俱乐部位于万全河入海口的沙坡岛上,融江、河、湖、海、山、岛屿于一体,集椰林、沙滩、奇石、田园于一身,是亚洲唯一的全岛型林克斯(Links)形态的高尔夫球场。俱乐部占地面积约1 200亩。球场试营业以来,多次接待国内外贵宾和深情的高尔夫爱好者,并多次举办了各种特色的高尔夫赛事。对于这里极具挑战性的球道风格,被誉为是"中国最具有特色的球场之一"。

7. 广东东莞峰景高尔夫球会球场

峰景高尔夫球会地处东莞市东城区中心地带,背倚葱茏叠翠的旗峰山,左傍澄明如镜的虎英湖。峰景球会球场造型异常优美,深而大的沙坑、众多的果树和湖泊以及国内为数不多的球场所使用的f-Eagle果岭草和海滨球道草使峰景球会在"能工巧匠"的精心保养下突显其超群的品质。

8. 上海佘山国际高尔夫俱乐部

上海佘山国际高尔夫俱乐部是一个18洞72标准杆的国际锦标赛级高尔夫球场,占地1 700亩,全长7 140米,是上海唯一的森林丘陵型高尔夫球场。

9. 广州九龙湖高尔夫球会

广州九龙湖高尔夫球会位于广州市花都区北兴镇九龙湖国际社区,整个球场四周峰峦叠嶂,林木葱郁,碧湖青山,绿草如茵,令人流连忘返。整个球道设计遵循"半场湖景半场山景"的特点,以顺应自然地形地貌为原则,以回归自然本真为旨趣,严格按照国际标准设计建造,巧妙地将天然湖泊、山谷地势完全融入整个球场,在享受挥杆乐趣之时彻底隔绝了城市喧嚣,衬托出高雅尊崇的贵族气质。

10. 昆山大上海国际高尔夫球度假村

大上海国际高尔夫球度假村位于昆山境内,占地4 km²,球场建设不惜工本,约1 050亩的草坪下共铺25万吨的"沙",球道软绵绵,有几个洞充分利用宽阔的土地,建得甚有气派,果岭十分顺滑。

二、高尔夫运动的种类

高尔夫运动分城市高尔夫运动和乡村高尔夫运动,这两种都被国际高尔夫球协会所承认。

（一）城市高尔夫

城市高尔夫球是在面积较小的、设有人工草坪的专用球道上进行的运动。

1. 城市高尔夫的起源

城市高尔夫起源于瑞典。20 世纪 30 年代，瑞典人哈尔德·舍隆德看到诸多高尔夫球选手为了击球更准确，以利提高成绩，故意设置些障碍来练习，他受此启示，设计出专供选手们练习的球道。不久第一个城市高尔夫球场便在瑞典诞生，使高尔夫项目用地更节省，更容易普及。城市高尔夫在 20 世纪 30—40 年代流行于欧美，而今亚洲、拉美、澳洲等也相继得到较广泛的发展。

2. 城市高尔夫球场

城市高尔夫球场又叫微型高尔夫球场，每个球道上设置有各种有趣的障碍，一般有 9、12、18 洞。根据 GB/T 14308—97《旅游涉外饭店星级的划分及评定》的要求，饭店高尔夫球场至少要有 9 个洞。

3. 城市高尔夫球场的分类

（1）按大小分为 A 型和 B 型。

①A 型 18 洞球场要求在 800 m² 以上，最低不得少于 600 m²。

②B 型 18 洞球场一般要求在 400 m² 以上。例如，北京的"晓玲米高乐"迷你高尔夫球场既体现自身项目的功能，又与陶然亭公园相呼应，球场内有古朴的小桥、潺潺的流水、蜿蜒的小径、起伏的果岭，36 洞置于绿草之中。

（2）按所处的位置分为室内模拟高尔夫球场和室外高尔夫球练习场。

①室内模拟高尔夫球场，又称为电子模拟高尔夫球场。城市高尔夫发展史中的最大突破是室内高尔夫模拟系统的出现。从此以后，室内高尔夫运动也随着高尔夫球模拟器的不断演变发展流行起来，被广泛应用于高尔夫学校室内练习场、健身俱乐部、休闲度假旅馆、高尔夫球场休息室、员工俱乐部与休闲娱乐中心等产业。

高尔夫模拟系统的发展史从 1980 年开始，经历了 3 代模拟器的改进：

第一代模拟练习器，是利用幻灯片显示一块场地，功能有限，临场感不足，并需在定点置球并对焦后始能发球。

第二代高尔夫球模拟器，改以电脑处理画面，能看到球的飞行。在定点发球处设感应器，以求测距离、力度旋转等功能，因此必须定点发球。

第三代模拟器，是当今世界最前卫的集智慧、功能于一身的模拟器。它采用美国太空部总署发明的最先进科技 6 万束秒红外线立体侦测器，配合超高解像技术及电脑科技发展而成。三度空间立体画面，上坡、下坡、斜坡皆可依实际球道投影，临场感十足。这种模拟高尔夫球由平台打球区、耐撞击大屏幕、挥杆分析器、投影机、投射灯、球洞、主机、球座、分析板等组成。打球的人只要站在平台上，按动键盘上的按钮选择打法，就可以像在真正的高尔夫球场上一样练习打球了。屏幕上会出现模拟的高尔夫球场：球道、水障碍、草地、沙丘、果岭和 18 个球洞，让客人有身临其境的感觉，能真切地感觉到挥杆、击球、球跌落或击球弹回的飞驰、落地、落水等逼真声音。客人在室内如临现场,击球后,球之轨迹即显示于屏幕,可清楚地看见球的飞行方向、左曲或右曲、球的落点及跳跃滚动的距离、三维空间立体画面。然后电脑会及时地告诉打球的速度、角度、打击距离、旋转角等详细的分析说明,帮助客人矫正姿势,找到最佳的打球路线。若一次没有打完,电脑可以将个人成绩存盘,以后继续再打。模拟高尔夫也同样可以提供绿色的果岭以练习推杆。如果客人对高尔夫运动不是很熟悉,可以选择练习场打法,逐步加深练习;如果客人对高尔夫运动比较熟悉,可以选择比赛打法,最多可以有 8 人参赛,规则与正式的高尔夫球比赛相同。

　　②室外高尔夫球练习场。有铁丝护网与外界隔绝,供初学者练习发球、切杆、推杆、矫正姿势等。例如,北京丽都假日酒店、深圳月亮湾海滨渔村、重庆皇冠高尔夫运动休闲俱乐部都有较为先进的高尔夫球练习场。

　　4. 城市高尔夫在中国的发展

　　城市高尔夫是一项高雅的休闲体育项目,我国虽是近十余年才开展此项运动,但已相继在广州、北京等近十座城市建有城市高尔夫球场,越来越受各阶层人士的青睐。

(二)乡村高尔夫

　　一般而言,高尔夫运动指的是乡村高尔夫。乡村高尔夫一般以俱乐部、会所的形式存在。俱乐部一般包括以下功能区和高档酒店服务项目:

　　(1)酒店。包括豪华套房、豪华标准间、存物处、贮物室、更衣室、休息室、男女沐浴室、餐厅、前厅、酒吧、棋牌室、专业用品商店、商务中心、健身房、台球室等。

　　(2)用于存放养护和修理高尔夫球棒和高尔夫球专用小车的专用场地。

　　(3)供初学者使用的高尔夫球练习场。

　　(4)水上活动中心或游泳池。

　　(5)高尔夫球场服务、管理人员工作的后勤区域。

　　(6)分时度假(timeshare)服务系统。

　　(7)会议服务。

　　(8)桑拿按摩服务。

　　(9)洗衣服务。

　　(10)贵重物品寄存服务。

　　(11)客房送餐服务。

　　(12)机场交通车服务。

　　(13)保姆服务(baby sitting)。

　　(14)卫星闭路电视。

　　1.(乡村)高尔夫球场

　　高尔夫球场通常设 9 洞、18 洞、27 洞、36 洞等几种,每洞球场均由开球台、球道、果岭加上沙坑及水塘等障碍物组成。果岭上有一球洞,球洞上插有一支旗杆,球道两侧为长草及林区。高尔夫球场是运用自然起伏的地形所规划出来的,是一件将草地、湖泊、沙地和树木这些自然景物,经过球场设计者的创造,展现在人们面前的精美艺术品,所以世界上没有两个完全相同的高尔夫球场。

(1)球场的占地面积。标准场地长 5 943.6 ~ 6 400.8 m,占地约 0.6 km²,场地四周有界线。

(2)球场的球洞数量。正式的球场通常有 18 个球洞,其中 1 ~ 9 号为前 9 洞,10 ~ 18 号为后 9 洞。也有 9 个洞的小型球场,大点的则有 27 洞或 36 洞。洞数的多少只不过表示球场规模大小而已,规则没有什么变化,只不过 18 个球洞的按顺序排列打下去,9 个球洞的场地则要绕两遍才能完成比赛。

(3)球道。球道也称道路,每个场地均设有发球台、球道和球洞。发球台叫做起点,果岭上的球洞叫做终点,中间介于发球区到洞穴间的区域即叫做球道。球员从发球区发球以后,便运用各种不同的球杆,运用技术将球击入洞里。

球道占地极广,是击球、落球最多的地区。球道既有平坦的,也有凹凸不平的地形及沙洼地、水沟等障碍物。球道将球与发球台紧紧相连,是通往果岭途中的最佳草坪和路线。落在球道上的球,易被击起。球道两侧的深草、草丛和树林叫做粗糙地带,击球难度较大。周围的沙坑、水塘、小溪是最不理想的地带,击球非常困难,称为障碍物地带。

高尔夫球场通常分成长、中、短 3 种球道。

①长球道。男子比赛用的长球道距离在 430 m 以上,女子比赛用的长球道在 376 m 以上,标准杆都为 5 杆。

②中球道。男子比赛用的中球道距离为 228 ~ 430 m,女子比赛用的中球道为 336 ~ 376 m,标准杆为 4 杆。

③短球道。男子比赛用的短球道距离为 228 m 以内,女子比赛用的短球道为 192 m 以内,标准杆为 3 杆。

(4)球道在球场中的设置。前 9 洞和后 9 洞设长、短距离的球道各 2 个,中等距离的球道各 5 个。18 洞的标准杆为 72 杆。

(5)发球区。球赛由发球区开始,发球区是开球用的略高于球道的平坦的长方形区域,上铺阶梯状的修理平整的细草皮。发球台设有两个球状标记,相距 4.5 m 左右。发球线是标记之间的直线,每一发球台有三级远近不一的标记,作为发球线。最前面的红色标记为业余女子选手发球用,中间的白色标记为业余男子选手和高水平女选手发球用,最远的蓝色标记为高水平男选手发球用。

(6)果岭(green)。果岭是一块经过精心雕琢的短草草坪,是每一个球洞的终点。这里所植的草较短,最理想的推杆区应由 10 mm、14mm 及 18 mm 的草地组成,球能在略有起伏的果岭草坪上无阻碍地滚动,便于推杆。果岭上有一个直径为 4.25

in 的圆洞,是最终的结束点。从发球区到果岭的整个区域,称为一个洞,包含有开球区,即包括一个或多个高尔夫球、高尔夫球正规通路(草坪地带)和高尔夫球击区(果岭)。球洞内有一个供球落入的金属杯,杯的直径为 10.8 cm,深 10.2 cm。旗杆插在金属杯中心,旗上标有洞序号码,能为远离果岭的选手指明果岭方位。当从果岭上击球入洞时需拔出旗杆。打球时需按一定的路线,草坪地带的两侧甚至中央都设置了崎岖不平的障碍区,有沙坑、水塘、灌木等障碍物。为了增加比赛的难度,每一球洞的大小也不尽相同,障碍物的设置也有所变化。

2.乡村高尔夫球的主要器材和设备

(1)球:

①颜色。高尔夫球质地坚硬,富有弹性,一般有白、黄、红等颜色,多数为白色。

②结构。高尔夫球是在一块压缩的小橡皮上,用橡皮筋缠绕成圆球,再包上有微凹的坚硬合成材料作为外壳。

③重量。球的最大重量为 45.93 g,美国高尔夫球协会规定球的直径为4.27 cm,英国规定球的直径为 4.11 cm。

④球速。美国规定球速不得超过 75 m/s,英国则对球速无特殊规定。

⑤射距。球的击球射距和滚动平均距离不得超过 256.3 m。

⑥价格。进口高尔夫球一只为 3 美元,一筒球价值 3 000 ~ 4 000 元人民币。

(2)球杆:

①数量。全套 14 支,包括 5 根木杆、9 根铁杆。

②结构。每一根球杆都是由杆头、杆颈和杆把组成。

③长度。长 1 m 左右。

④材料。根据球杆的弹性和硬度,可分为传统型钢杆、平等型钢杆、轻型钢杆、特轻型钢杆。近年来,流行用碳纤维杆。

⑤球杆的硬度。一般用代号或颜色来表示,可分为特硬型(X 或绿色)、硬型(S 或红色)、普通型(R 或黑色)、软型(A 或黄色)、特软型(L 或蓝色,也叫女杆)等 5 种。

⑥杆头的种类。杆头可分为锻造和铸造两种。锻造杆头的制造方法是"打铁式",比较原始,所造出的杆头形状一般没有太大的变化,像是一块铁板。铸造杆头是把熔化的不锈钢灌进用强化树脂做成的空心模具,冷却之后敲掉外壳而形成的。打高尔夫球,主要靠使用长短不一的球杆来控制击球距离和高度。

⑦高尔夫球杆按材质可分为两大类:木杆和铁杆。

a.木杆。击远距离的球通常使用木杆,按长度可分为 1 ~ 5 号杆。

1 号木杆最长,杆头与地面的角度最小,击球有力,击球距离最远,一般在发球时使用。它又称为开球杆,常在 4 杆洞和 5 杆洞场地上开球使用。

2 ~ 5 号杆则在良好的球道上根据距离和球所在的位置选用。

b.铁杆。按长度可分为 1~9 号杆。

1~3 号铁杆称为长铁杆,杆长且重,击球距离远,但不易掌握。

4~6 号铁杆称为中铁杆,击球较高,球落地后还能滚动一段距离。

7~9 号铁杆为短铁杆,常在近距离和不容易击球的球位上及深草中使用。

⑧铁杆按用途不同又分为劈起杆、沙坑杆、拨推杆。根据不同的距离,选用不同型号的铁杆。

a.劈起杆(P)。劈起杆的杆头与地面角度较大,在 100 米之内专打高近球。

b.沙坑杆(S)。沙坑杆的杆头与地面角度(参见表 8-1)最大,一般在离果岭较近的沙坑中击球时使用。

表 8-1　沙坑杆的不同角度

杆　种	沙坑杆 I	沙坑杆 II	沙坑杆 III	沙坑杆 IV
角　度	52°	56°	60°	64°

c.拨推杆(P)。拨推杆常在球打上果岭后或球离球洞较近,并且地面较平整时使用。

⑨款式。球杆款式很多,初学者、男士、女士及儿童使用的球杆各有不同,而且还有左手及右手之分。

a.儿童用杆是特别为儿童而设,有金属木杆和铸锌铁杆两种款式。

5~9 岁的儿童(右手执杆者)使用的球杆一般全套 7 件,包括 5 支铁杆及 2 支木杆或者只有 6 件,包括 4 支铁杆、2 支木杆及球杆袋。

10~14 岁儿童(左手持杆者)使用的球杆全套 8 件,包括 6 支铁杆和 2 支木杆。

b.男女装球杆一般有配铝金属杆头的木杆及铸锌铁杆两种款式。右手持杆者的男女装球杆,全套 11 件,包括 8 支铁杆和 3 支木杆。

(3)球座。球座是一个倒立的圆锥尖体,用木质或橡胶制成,顶部微微挖空呈半圆心凹弧,使球能稳置其上。球座有数种不同长度的规格以供选择,是用来在发球台上发球时托架球用的,打一场高尔夫球需准备几个球座。开球时,可将小白球置于类似大头针的球座上,然后开始发球。

(4)鞋。高尔夫球鞋是用皮革制成的,鞋底上带有粗短钉。打高尔夫球时,专用鞋有以下作用:①鞋底的钉子可以增强站位的稳定性,利于更合理地完成每一次击球动作;②皮革面可以防雨、防露水,在地面有积水时,钉子可以起到防滑的作用;③鞋底钉子在草地上扎出的洞,有利于草根部通过洞穴呼吸空气,能起到保护草皮的作用。

(5)手套。手套使手握杆时能填满手与握杆间的空隙,使手与球杆轻松而牢固地联成一体。为了更舒适地握紧杆柄,避免磨手,更好挥杆击球,为了防滑和防寒,在打高尔夫球时要戴手套。高尔夫手套质地非常柔软,是用精选的小羊羔皮或者山羊皮制成的。下雨时,可戴布料制成的手套。由于握杆时是以左手用力为主(指在预备击球时向右后引杆者),一般只是左手戴手套;反之,若是左手选手就应右手戴手套。

(6)标记:

①塑料标记。高尔夫球规定,当球打上果岭后,可以把球拿起来擦拭。为了记住球的位置,在拿起球前,需要在球的后面做上标记。轮到打此球时,把球放回原处,再把标记拿起。标记一般用塑料制成,为图钉状。

②铸铝标记。高尔夫球练习场及球穴区经常需要使用各种标记,这种标记一般包括 3 部分,即铸铝顶部(可以用黄、白或红等各种颜色)、玻璃纤维杆(可以用红、黑、白或黄等各种颜色)和铸铁基座。

③旗杆。旗杆主要用于标志球洞,一般来说应该清晰易见,坚固耐用。

(7)修钗。修钗是修理果岭的工具。由高处落在果岭上的球,有时会在果岭上砸出一个小坑;由于外因的影响,使果岭出现裂痕;穿钉鞋不小心划坏了果岭等,都会使果岭遭到损坏。打高尔夫球时,发现了以上现象,应立即、主动地用修钗进行修理。

(8)球杆袋。也叫球包,是装球杆的袋子。除放球杆外,还可以放球、球鞋、雨伞、毛巾等用品。

(9)推车。推车是用于推球杆袋的车子。

(10)球道车。球道车是用来拉球杆袋和人的电瓶车,可以自己驾车,也可以由球童驾驶。

(11)沙袋和沙子。在发球台或球道上,挥杆打起草皮是正常的。当打起草皮后,要把草拿回,放上一些沙子,用脚踏一踏,这样才利于草的生长。因此,打高尔夫球必须备有沙袋,并且装上足够用的沙子。

(12)分球器。分球器一般以结实的量规钢材制成,表层涂上耐用的环氧化物,颜色常绿,与高尔夫球场的环境互相配合。分球器一般有两种类型:

①手动分球器。大型手动分球器一般可一次性调校分发 10、13、15、18、20、22 或 25 个高尔夫球。

②电动分球器。电动大型分球器一般可一次性调校分发 25、30、35、40、45 或 50 个高尔夫球。

(13)拾球器。它是拾捡高尔夫球的专用设备,拾球器有一般专用拾球器和儿童专用拾球器之分。其中儿童专用拾球器也可容下 1 000 个高尔夫球。

(14)手动贮球设备。手动贮球设备主要包括手推拾球器、机动拾球器和贮球器等。手推拾球器主要适用于无法使用机动拾球器的地方,其特点主要是:价格便宜,无须保养,无须气体电力发动,操作简单安全。

(15)大型球杆架。它主要是在高尔夫球场及练习发球处使用,因为练习发球时用球杆量大,需配备大型球杆架。大型球杆架一般以可载重的钢制成,并烘上一层高密度塑料,体积轻巧,方便折叠。

(16)球洞挖掘器。用以挖掘球洞。

(17)出球器。出球器一般以防蚀材料制成,坚固耐用,外层涂上聚酯,能抵抗紫外线,使颜色持久不褪,出球器的颜色应配合球场的天然景观使用。出球器的容量一般可达 200 个高尔夫球,出球方式可以是托运,也可以是电动。

(18)发球坐垫。它包括球坐垫和球坐架两部分。球坐垫一般以绒线羊毛等编织在耐用胶垫上制成,而球坐架则以可载重的橡胶制成,能固定球坐垫,避免变形。

(19)高尔夫球篮。它一般以锌铁制造,外层包上黄色和绿色的橡胶或塑胶。球篮一般能容 15 ~ 85 个高尔夫球,而中型球道的球篮一般应能容 35 ~ 40 个高尔夫球。

(20)区域分隔器。它主要用于分隔玩球区域。

(21)洗球器。洗球器表层一般以防漏铝质制成,刷毛一般用尼龙鬃毛,里层用橡胶。

(22)球场灯光设备。现在利用泛光灯照明高尔夫球场已经很普遍。灯光设备的款式很多,适合各种场地和活动使用。金属卤灯较传统,白炽灯光要高 5 倍。整套设备一般包括固定装置、横轴、金属配件、灯等。不同的球场配备的灯光组数也不一样,一般分 8 组、16 组、24 组、36 组,具体根据球场大小和需要而定。

(23)围网。围网主要用于将高尔夫球场与外界分隔,一般采用张力很大的材料制成。

(24)高尔夫球车。高尔夫球车种类很多,有常用球车、特制球车等,每一种球车又有单座位球车和多座位球车之分,也有气体推动和电力推动之别。

(25)球穴(洞穴)。球穴是一个埋在地下的圆罐,球穴用于进球之用,可以用各种材料制成,如胶质和铝质。胶质球穴是以坚硬的加固塑料制成,可抵抗泥土中的化学品,其倾斜的周边易于取出。铝质球穴以铝材料制成,能防蚀、防风雨及防尘,不易破裂。洞穴的直径为 10.8 cm,深 10.2 cm,罐的上沿低于地面 2.54 cm(即 1 in)。作为现代化休闲地,高尔夫球的球洞大都设计成谋略型球洞,伴有少数危险型球洞,这样能公平对待每一个高尔夫球运动者,使之有发挥的机会。

(26)球穴钩。球穴钩专门用以取出草地上的球穴,干净、简单。

(27)多用途拖刷。多用途拖刷用于保养草地。

(28)练习场球杆清洁器。练习场球杆清洁器一般以可载重及涂上环氧化物的钢制成,持久耐用。并附有坚固钢制基座、吸水力强的棉质毛巾、支撑球杆手柄以及可拆除的鞋钉刷等。

(29)钻洞机。钻洞机主要用于钻打高尔夫球洞。设计制造精良的钻洞机不仅能钻出平滑的球洞,而且又不致破坏植物的根部。它还可以添加泥土,填塞原有球洞,只需要它的插头插入原有球洞,提起刀片向下轻按即可。

（30）多用途泥耙。泥耙是特别为高尔夫球场而设,适用于草坪和球洞。一般以精炼铝合金制成,体积轻巧,承托力强,持久耐用。

（31）球场距离标记。它主要用于量度距离,用其显示发球区与草坪区的实际距离。其颜色应鲜明,形状有多种。

（32）清洁器。清洁器用坚固的钢管及混凝土制成,包括两个刷头,适宜放置于会所附近及人流量多的地方,例如高尔夫球用品店、贮物室和第 19 洞等。

（33）百宝架。百宝架以可载重的钢管制成,球员所需用品,可一一放置其中,它包括一副洗球器、杂物袋、鞋钉清洁器和指示标志,整套设备可推至球场任何一处使用,十分方便。

（34）球场指示牌。精美的指示牌主要用于清楚地指示球洞编号、杆数、距离和障碍,一般指示牌的面积为 6 寸 ×13 寸。

（35）多用途竿。用以拉绳隔开高尔夫球道、球场、草坪、障碍和车道的方向。其材料可以是铝质或胶质,单面或双面。

3. 高尔夫的竞技方法

高尔夫运动就是在一大片土地用 14 支球杆(下场时球袋中绝不可以超过 14 支球杆),将一个 1.6 in、重 1.62 英两的小白球打入一个直径 4.25 in 的小洞中,从开球到入洞绝不可无故换球。高尔夫球要求以尽量少的杆数将球击入球洞。

（1）标准杆。所谓"标准杆",通常是球场本身依其整个环境和每一洞长短不同之距离,而分别拟订出来的杆数。就球洞来说,距离在 250 码以下的标准杆是 3 杆,250～445 码为 4 杆,445 码以上则为 5 杆。一般 18 洞的球场,标准杆通常是 72 杆。

（2）竞赛方法。高尔夫球比赛一般有两种类型:比洞比赛和比杆比赛。正式比赛记分多用比杆数的方式。

①比洞比赛。比赛开始前先要商定所要比的球洞数,之后一个洞一个洞地进行比赛,谁以最少的杆数击球进洞,则被判赢得该洞。如果两个球员击球进同一洞的杆数相等,则判两个球员在该洞是平分,最后赢得洞多者为胜。比洞比赛可以分为 2 人赛、3 人赛和 4 人赛。

②比杆比赛。比杆比赛可在 9 个球洞上进行,也可在 18 个或 36 个球洞上进行。比赛的胜负是在所有参赛者打完规定的球洞之后,以其击球进洞的累计杆数来认定,所用杆数少者获胜。比杆比赛分个人赛和 4 人赛两种。

第二节　高尔夫球场的布局与设计

一、室外高尔夫球场设计

(一)球场要求

独具匠心的高尔夫球场设计,不仅能使球员心旷神怡,而且能刺激高尔夫球手的征服感,这才是高创意、高口味球场的生命所在。因此,高尔夫球场设计必须精心策划,力求达到最高境界。

(1)室外高尔夫球场,因其占地庞大,球道总长约 2 000 ~ 2 500 m,所以,一般多建于风景优美的郊区和公园的草地上。

(2)高尔夫球场的形状和大小无统一标准,正式比赛所需的球场面积不得小于 0.45 km²,也不得大于 0.65 km²,一般约 0.5 km² 较为合适。

(3)高尔夫球场一般有 9 个或 18 个洞穴,一个标准的高尔夫球场,设有 18 个洞。

(4)各个洞穴之间有首尾衔接的球道,长度 200 ~ 500 m 不等。

(5)每个洞穴的起点到终点之间有开球区、通路、障碍和平坦的草坪。

(6)每个场地均设有发球台、球道和球洞。

(7)以发球台为起点,中间为球道,果岭上的球洞为终点。

(8)1 ~ 9 号为前 9 洞,10 ~ 18 号为后 9 洞。

(9)高尔夫球场要有长、中、短三种球道,前 9 洞和后 9 洞各设长、短距离的球道 2 个、中等距离的球道 5 个,18 个洞的标准杆为 72 杆。

(二)设施设备要求

(1)发球台设计为一块草皮较密的矩形区域,球员可以将球直接放在一个发球台的地上或放在木质或胶质的球座上来发球。

(2)发球台略高于球道地面,呈阶梯状,修理平整。

(3)发球台上设有两个球状标志,相距 5 码左右。

(4)每一发球台设三组远近不一的标记,作为发球线。最前面的为业余女子发球线,中间为业余男子和高水平女子发球线,最远的为高水平男子发球线。

(5)球道是球场占地最广的区域,为正常击球落球区,总长约为 2 000 ~ 2 500 m。

(6)球道两侧设深草、草丛和树木区,也叫粗糙地带。

(7)球道周围设沙坑、水塘、小溪等区域,也叫障碍物地带。

(8)果岭区的草通常要比球道上的草长得短,以利于顺畅地推杆。

(9)果岭上应设置一个直径为 4.25 in 的圆洞,它是每一回合比赛最终的结束点。

(10)球洞内设有一个供球落入的金属杯,杯的直径为 4.25 in,深 4 in。

(11)在金属杯的中心设有一旗子,旗上标有洞的序号,为高尔夫球选手指明方向。

(12)在紧临果岭区的旁边设一草地区域,草的长度要比果岭区上的草长些,但却比球道上的草长得短些。

(13)在球道沿途与果岭区四周设沙坑障碍,用以提高比赛难度。

(14)在球道侧面设置水障碍,其中一部分位于无法抛球或无法在其后方抛球的水域,侧面水障碍应以红色杆或线予以界定。

(15)在球场中还可设海、湖、池塘、河川等障碍,以黄色木棒等为界线。

(16)在球场中设置供球员在正式比赛或打球前做热身挥杆、击球练习的练习场地。

(三)配套设施设备要求

配套设施设备包括分球器、拾球器、储球器、球杆架、出球器、球座、发球坐垫、高尔夫球篮、区域分隔器、高尔夫球杆、高尔夫球场灯光设备、球场围网、人造草、高尔夫球车、球穴钩、各种标记、球穴、金属杯、多用途拖刷、球杆清洁器、旗杆、多用途泥耙,等等。

(四)环境质量要求

(1)球场门口环境美观。

(2)球场门口设营业时间、客人须知、价格表等标志、标牌。

(3)标志、标牌设计美观、大方,设置位置合理,有中外文对照,字迹清楚。

(4)球场内部通道、过道、球道、计分显示、球路显示设施布局合理,整体协调、美观。

(5)球场内各种器材摆设整齐。

(五)基本建设程序

高尔夫球场基本建设程序是指高尔夫球场建设发展过程中的各个阶段、各个环节紧密相连,环环相扣,有先后次序。一个高尔夫球场建设项目从规划到建成投产,可分为 3 个阶段:

(1)前期决策阶段。它是建造高尔夫球场的关键所在。据分析,在全部高尔夫球场施工和建设中,施工阶段节约投资一般只能达到 5% ~ 10%,而在设计上节约可达 10% ~ 20%,所以设计是工程建设的关键环节。

(2)中期施工阶段。主要是根据高尔夫球场的初步设计,按列入年度基本建设计划的要求,组织高尔夫球场的施工。

（3）后期竣工投入试运营阶段。此阶段不断再完善一些小设施,力求该艺术品尽善尽美。

（六）建设成本总额

18 洞高尔夫球场至少要 110 万美元。

二、室内高尔夫球场设计

（一）球场要求

室内高尔夫球场的最小场地为 6 m×4.2 m,室内高度不能低于 3 m,因为除模拟器需要 3 m 外,挥杆练习区亦应尽量有更高楼顶,以方便练习。场地面积宽阔,能摆放各种设施设备。

（二）设施设备要求

室内高尔夫球场要配置电脑主机、高解像投影机及全方位红外线追踪系统,并配有大屏幕显示、多台模拟系统、真实的高尔夫球及球杆。每台模拟系统外设客人观赏区、摆放台及坐椅 3～4 张。根据场地规模及客房目标而设置挥杆练习区,每个模拟器应配不少于 4 个的挥杆练习区,设置占地 50～100 m^2 的果岭练习区。

（三）配套设施设备要求

球场旁边要有与接待能力(档次与数量)相应的男女更衣室、淋浴室和卫生间。更衣室配有带锁更衣柜、挂衣钩、衣架、鞋架与长凳。淋浴室相互隔离,配冷热双温水喷头、浴帘。卫生间配隔离式抽水马桶、挂壁式便池、盥洗台、大镜及固定式吹风机等卫生设备。各配套设施墙面、地面均铺满瓷砖或大理石,有防滑措施。球场内设饮水处,配套设施设备完好率不低于 98%。

（四）环境质量要求

球室门口设营业时间、客人须知、价目表等标志标牌,室内模拟设备及其他设备摆放整齐,室温保持在 20～22℃,相对湿度为 50%～60%,自然采光良好,灯光照明不低于 60 lx,照度均匀,换气量不低于 30 m^3/(人·h)。

第三节 高尔夫球场的服务

一、服务角色——球童

高尔夫球童是每一个高尔夫球场占职工比例最多的工种,更是与每一位球员接触时间最长的服务员。球童除了要有良好的服务态度以外,丰富的高尔夫相关知识和充足的体力显得更为重要。球童分为专业球童和业余球童,一个完全合格的球童要经过3个月的专业培训和约两年的实践经验。

(一)专业球童

知名的球员通常都有自己固定的球童,一方面,他们比较了解球员的击球特征,适时给予建议和鼓励;另一方面,经过长期密切的合作所培养出来的类似朋友般的感情,可以共同发挥战斗力,使球员不至于有孤军奋战之感,进而能更好地发挥球员的竞技水平。专业球童不但是球员的"球童",而且还帮助他们打理私人事务,更是球员减除强大精神压力和最佳的讨论球技的伙伴。球童除了要求具备高尔夫知识以外,还要善于随时察言观色,在适当的时候给予球员鼓励。每次球员转换场地时,必须事先详细了解场地情况,在紧张的情况下给球员提供正确的信息。他们的压力其实并不亚于职业球员,非一般人可以承担,因此,高尔夫竞技场上经常可见妻子、父子、兄弟拍档的现象。除了知名的球员外,一般的球员是请不起专业球童的,那么球童就由比赛场地提供,这样费用可以低许多。职业比赛虽是温文尔雅的君子之争,其实竞技运动的较量是刀光剑影的,况且一杆之差也许就是10万美金。因此,随行球童除了适时给予帮助外,尤其不可犯规,轻则可能被罚杆,重则可能使球员被取消比赛资格。所以在球场举行大型比赛前,一般要对球童进行约3个月的集训,以便详细了解比赛规则。高尔夫竞赛规则规定,在比赛过程中,球员只能与自己的球童讨论有关球杆的选择、风向、距离等问题,而错误的建议常常是一连串灾难的开始,因此,球童在适时给予球员提醒及情绪上的稳定方面是很重要的。

(二)业余球童

业余球童一般分为高级的 House Caddie 和 A,B,C 等级,服务费也有所不同,C级最低。一个合格的球童,能使客人充分认识球场并最大限度地发挥出竞技水平,避免不必要的失误。由于高尔夫球场面积辽阔,加之欧美国家的劳动力昂贵,因此,在欧美国家用电动车取代球童是较为普遍的。但在一些古老的贵族球场,仍然使用球童,这儿的球童多半是一些为赚取学费和生活费的学生,一般18洞的收入在40~50美元。日本一般是4人用一个球童,球杆则用电动车装运,球童仍是以步行为主,球童18洞收入一般为3 000~4 000日元。东南亚和中国由于劳动力相对较便宜,球童使用较为普遍,俱乐部向客人收取的球童费用大约每人(18洞)10~150元,但球童们一般只拿少量固定薪水和客人额外给的小费。业余球童和专业球童的区别在于:业余球童可以搭乘或以球具拖车拉球具。

二、高尔夫球服务程序和标准

(一)服务员工作职责

(1)必须穿着规范而整洁的制服,并能运用简单的外语为宾客提供服务。

(2)随时与康乐部接待员取得联系,确认宾客的预订时间。宾客如要延长或提早结束时间,须及时与接待员联系。

(3)懂得高尔夫球比赛规则,能指导宾客正常打球。宾客需要陪打时,还须提供陪打服务,并向宾客提供饮料服务。

(4)及时清洁整个高尔夫球场地及附属设施,为宾客提供一个干净、舒适的运动环境。

(5)要经常与高尔夫球场附属酒吧或冷饮部联系,及时提供饮料服务。

(6)熟练地操纵高尔夫球场内的各种设备,并能排除一般性故障。

(7)雨天或雨刚停时,提醒宾客打高尔夫球要小心,以防滑倒。

(8)检查更衣箱和其他地方,如发现有宾客遗失的东西,须及时向管理员或经理汇报,并及早归还失主。

(二)服务标准

(1)熟练掌握高尔夫球场工作内容、工作秩序。

(2)熟悉高尔夫球运动规则,有一定运动水平,能熟练提供陪练服务。

(3)着高尔夫球场制服上岗,服装颜色、标志醒目,精神饱满。

(4)准确运用迎接、问候、告别和操作语言。

(5)能够回答和处理客人提出的有关问题。

(三)一般服务程序

1. 准备工作

(1)准备好实训所需用品,做好场地的规划布置完成责任区域的清洁卫生工作,包括地面、服务台等。

(2)对人造草皮、座椅、茶几、烟缸、地毯、太阳伞、客人租用品等制定较高的清洁标准。

(3)整理好仪容仪表,要求精神饱满。

(4)回顾高尔夫球服务的相关知识。

2. 班前准备工作

(1)按规定的时间做好营业前的准备工作,清洁人造草皮、座椅、茶几、烟缸、地毯、太阳伞等。

(2)检查各项设施是否完好,如发现问题设法修理或报工程部门。

(3)将供客人租用的球具等准备好。

（4）整理好仪容仪表,要求精神饱满。

3．迎宾

（1）服务台服务员应面带微笑,主动问候客人。

（2）询问客人是否预约,向客人介绍收费标准等,并与客人确认开始计时的时刻。

（3）为客进行登记,开记录单,并收取押金。

（4）对无预约的客人,若场地已满,应安排其按顺序等候,并告知大约等候的时间,为客人提供水和书报杂志等。

4．球场服务

（1）主动帮助客人将其球具袋内的球、球杆、手套、球鞋等取出,为客人摆放好。

（2）客人换下的私人用鞋,应收拾到鞋柜里,并提醒客人如果需要擦鞋服务,可以通知服务人员。

（3）对没有带球具的客人,应主动询问他们喜欢什么样的球具和多大尺码的专用鞋,并迅速到服务台为其领取。

（4）在客人刚开始打球的一段时间,服务员必须关注客人有什么需要,并及时给予解决。比如,球鞋不合适需要调换,客人需要练球技术辅导,场地和设备出现问题需要为客人解决或者调整座位区等。

（5）保持更衣室、淋浴间、洗手间的整洁状况（参看游泳服务规程和标准有关部分）。

（6）注意服务巡视,及时为客人添加饮料,更换烟缸和面巾,收拾地面上的杂物。

（7）及时提供捡球并将盛满的球筐送到客人的发球架旁,避免客人催要高尔夫球。

（8）提供陪练服务时,应该热情、礼貌、耐心,并根据客人的心理掌握输赢的分寸,提高客人打球的兴致。

（9）提供教练服务时,教练人员应热情、礼貌、耐心,示范动作必须规范、标准。

（10）保持发球区地毯或者草皮等的清洁。

（11）及时提供捡球、送球服务。

（12）如果客人是初学者,要认真、耐心、细致地向客人讲解高尔夫运动规则及技巧并做好示范。

（13）服务员要适时询问客人需要何种饮品,并做好酒水服务工作。

（14）保持茶几、座椅、地面的整洁,客人饮料剩余 1/3 时应及时添加,烟灰缸内烟蒂数不能超过三个。

（15）保持更衣室、淋浴间、洗手间的整洁。

（16）客人原定运动时间即将结束时,在场地空闲的情况下应及时询问客人是否需要续时。

5．结账

（1）客人准备结账时，服务人员应主动帮助客人收拾球具或者归还客人租用的器材。

（2）提醒客人带好随身物品。

（3）陪同客人到收银台，告诉收银员是哪一台号的客人结账。

（4）如客人要求挂单，收银员要请客人出示房卡并与前台收银处联系，待确认后要请客人签字并认真核对客人笔迹，如未获前台收银处同意或认定笔迹不一致，则请客人以现金结付。

（5）收银员接过客人递来的现金或者信用卡等时，应使用服务用语向客人道谢。

6．送客

（1）礼貌向客人道别，并欢迎客人下次光临。

（2）对场地进行彻底清理，将卫生状况恢复至营业的要求，准备迎接下一批客人的到来。

（3）按规定对客人租用的球鞋、球具等进行清理，修理损坏的发球架和球具等。

7．设备维护

按规定定期、定时清洁、除味和消毒供客人租用的专用球鞋，修理损坏的发球架和球具等。

8．高尔夫球场的维护保养

（1）要了解各种草的生长规律和使用特点。

（2）每年12月至次年4月，是草的"冬眠初育期"，是草坪维护与保养的重要阶段。在我国北方，进入这个阶段，特别是3月初至4月底，应每隔两天浇一次"返青"水，水要浇透，保持场地湿润。浇水时间应根据天气和气温决定。同时要看好场地，不准踏踩。

（3）草苗长出地面2 cm之后，要拔除野草。开始7天拔一次，连续拔4～6次。视野草生长情况确定拔草时间和次数。

（4）5、6月中旬视草苗的长势施肥。每块足球场大小的草坪可施化肥200 kg，施1～2次即可。

方法：一是将化肥均匀地撒在草坪上，然后浇大水；二是把化肥溶于水中喷洒在草坪上。后一种方法更有利于草的生长。

（5）草坪要定期剪修，保持平整，高度为4～5 cm。剪草用剪草机进行，以装有引擎的手推式剪草机为佳。剪草以在一天内剪完一遍为好。剪草之前要用1 t重碾子压一遍，以免杂物损伤剪刀。剪下来的草应立即清除，以免霉烂，损坏草坪。

（6）草坪损坏的地方要及时栽补，避免裸露部分蔓延。镶补草坪的方法：镶补前，应将表面泥土掘松2～3 cm（以使草坪能很快在新环境中生根），将多余的泥土移到旁边（和旧草坪接缝的边缘要多移一些），然后将移过来的草皮一块块镶上。新草坪与旧草坪之间要留有 1.5 ~ 2 cm 的空隙,并填满泥土。

(四)高尔夫俱乐部服务流程

1. 接受电话预订

会员一般都会事先与俱乐部取得联系,约定日期与时间,预订员应填写预订通知单,确定球场和开始时间。

2. 服务台迎宾

客人根据预约的时间到达俱乐部后,服务员应登记其会员卡,领取记分卡,将贵重物品寄存至总台,并为客人指示更衣室的位置。

3. 出发

球童与客人确认球杆的数量,并带领客人到达指定的发球台。

4. 决定竞技次序

同级的球员,出发前需要决定发球的顺序,球童可帮助客人以抽签、猜拳等方式确定顺序。第二洞开始则根据成绩决定发球顺序,第一洞击球杆数少的一方先发球,从第二杆开始,则由距果岭较远者先打球,客人自做裁判,互相计分。

5. 安排客人休息

除了较为正式的比赛,一般客人在打完半场即 9 个洞,就有些累了,需要进行适当的休息,可安排一些茶点和饮料。在休息或进餐前,要向客人约定一下后 9 洞的出发时间。

6. 结束确认

客人打完球后,球童要与客人核对一下球杆的数量,并感谢客人的参与,让客人在服务卡上签字,也可填写一些简单的宾客意见书,但注意不要占用客人太多的时间。之后,指引客人沐浴更衣。

7. 结账

最后向客人收取场地费、食品、酒水等各种费用。

【小　结】

高尔夫运动在中国的发展势头,预示着其必将成为一个重要的康乐项目。本章详细地介绍了高尔夫球、高尔夫球场、与高尔夫有关的设备及用品的相关基础知识、比赛方式等内容,重点讲述了高尔夫球场服务、会所服务与管理等内容,学生要理解其服务程序和标准的实质性内容。

【思考题】

1. 简述高尔夫运动的起源。

2.高尔夫运动有几个种类？

3.简述乡村高尔夫球场的结构。

4.乡村高尔夫球的主要器材和设备有哪些？

5.简述高尔夫球的竞技规则。

6.室外高尔夫球场设计要求有哪些？

7.高尔夫球服务程序和标准是什么？

【案例与思考】

案例 8-1

客人结账时说他是总经理的朋友，要请示总经理，怎么办？（提示：不能简单、随便地拒绝客人的任何要求）

案例 8-2

有 VIP 客人来打高尔夫球，假如你是一名刚上岗的新领班，你怎样安排这次重要的接待活动？（提示：从人员分工、设施设备、清洁卫生、超值服务等几个方面着手）

第九章

户外康乐运动项目经营与管理

随着人类社会物质文明和精神文明的发展,人们在追求精神需求中"娱"的需求时,越来越倾向于户外康乐运动项目。这些运动项目虽然会受一些自然条件和生理条件的限制,但是却满足了人们一直以来所追求的一种探险性和挑战性心理,使得户外康乐运动爱好者越来越多。

第一节　登山运动项目

户外运动是指进入自然环境,开展带有探险性质或体验探险性质的体育活动项目群。户外运动不是一种简单的体育运动,也不同于中国传统的旅游方式,是一种把旅游、运动、文化、人际交流紧密结合起来的生活方式。它能把人们从烦闷的社会生活中暂时超脱出来,以最放松的心态感觉大自然的魅力,并以更加积极的态度 回归到社会生活中去。户外运动提倡保护环境,倡导"自然、健康、自由、快乐"的生活方式,崇尚"平等、真诚、协作、自主"的人文精神,它主要包括了登山、攀岩、徒步、漂流、滑翔、探险、穿越、野营等活动。通过以上种种形式的户外运动,将积极、健康、快乐、真实、自然的生活方式和观念普及到大众,这也是从事户外运动的各类组织、团体及机构追求的最终目标。

户外运动的基本特点:以自然环境为运动场地,有回归自然,返璞归真的特征;户外运动无一例外地具有不同程度的挑战性和探险性;户外运动尤其强调团队精神;户外运动对身体、意志有全面的要求;户外运动是一门综合性的学科。

户外运动可分为空中项目,含滑翔(有动力、无动力)、热气球、跳伞等;水上项目,包括漂流、扎筏、泗渡等;陆上项目,包括丛林穿越、登山、攀岩、溯溪、露营、探洞等;综合项目,包括野外生存、野外拓展、探险挑战赛等。

登山是最基本的也是参与者最多的一种户外运动,它有其自己的发展历史、装备条件、技术要求以及基本的注意事项等。

一、登山运动的起源与发展

登山运动的起源难以考证。人类在其生产生活活动中不可避免地需要翻越山脉,而且在文明发展到一定程度后,到高处欣赏景色,开阔眼界,也成为一种令人愉悦的活动。中国古代的"登高"传统就可以看做是这样的一种活动。现代的登山运动,国际上一般认为起源于18世纪后期的欧洲。1786年,M. G. 帕卡尔和J. 巴尔玛登上了阿尔卑斯山脉最高峰勃朗峰,这一事件被视为登山运动诞生的标志。19世纪,登山运动得到迅猛发展。一方面,以西欧阿尔卑斯山脉为中心的竞技登山运动受到广泛关注;另一方面,到世界各地的著名山脉,如安第斯山脉、喜马拉雅山脉等地进行攀登的探险登山运动也开始出现。19世纪后期,冰斧等攀登工具的出现,进一步提高了人们攀登的能力,扩大了攀登的时间和空间范围。进入20世纪后,在两次世界大战中,欧洲国家如德国、苏联等国都十分重视山地作战技能和战术,在战后他们的经验使得登山运动又产生了新的发展。新技术的使用使得攀登8 000 m以上山峰成为可能。20世纪后期,人类已经登上全部14座8 000 m以上山峰。这一时期的登山运动显现出三个趋势,即开始追求攀登高海拔山峰,商业登山的出现和向导行业发展起来,阿尔卑斯式登山技术复兴以及低海拔技术型山峰的攀登。

二、登山运动的分类

1. 高山探险
运动员在器械和装备的辅助下,经受各种恶劣自然条件的考验,以攀登高峰绝顶(一般指雪线以上的山峰)为目的的登山活动。

2. 竞技登山
始于19世纪末的一种运用熟练的攀登技术和各种技术装备,专门攀登悬崖峭壁或冰壁的登山活动。欧洲登山界把各种陡峭难攀的岩壁划分出6个不同的等级,攀岩比赛。随着攀岩技术的提高,20世纪80年代出现了第8级的特高难度级别。目前,在攀登技术上有两种不同的风格:一种是以苏联运动员为代表的力量型,另一种是以法国运动员为代表的技术型。

3. 攀岩
攀岩运动是一种不用攀登工具,仅靠手脚和身体的平衡攀登陡峭岩壁或人造岩墙的竞技性运动项目。该项运动始于20世纪50年代,1974年被正式列为国际竞技体育运动项目。1991年1月,成立了"亚洲攀登比赛委员会",决定每年举办亚洲竞技攀岩锦标赛。1991年12月首届攀岩锦标赛在中国香港举行。攀岩比赛分为:个人单攀岩、双人结组攀岩赛、集体(小队)攀登赛和自选路线攀登赛4个项目。

4. 普通登山活动

与旅游和群众性体育活动相结合而产生的一些难度较低、装备条件要求简单的登山活动和攀岩比赛,如旅游登山等。

三、基本装备

(一)服装

山地随着高度的增加,空气逐渐干燥、稀薄,含氧量下降,气压和气温越来越低。风力越大,高温上升的气候变化大,昼夜温差也大。登山应携带一两件能够御寒的衣服备用,如长裤(以厚毛织品为佳)、厚长袖衫、晴雨两用的连帽风衣、厚袜子数双、手套,登山一定要穿坚实的登山鞋。

(二)简单的用具

登山用具的种类繁多,若是全部带去,反而增加负担。在此仅介绍简单而必备的用具:绝缘和保温的睡袋、指南针、地图、瑞士军刀、水瓶、驱虫剂、手电筒、轻塑料防雨布或用作过夜的应急掩护棚的山地帐篷。此外,防水火柴、蜡烛、卫生纸、太阳镜、防晒油、饮具也是需要的。

(三)足够的食品

携带足够的罐头食品、干果制品或肉干;饮用水也应带些。野游中,由于气候变化或意外情况,或许会耽搁一天或几天,要带一些多余的食品。

(四)特殊的用具

若要攀登有一定难度的山,安全帽、滑轮、铁栓、攀登绳、皮带轮、猎枪、冰斧、探路手杖等专业装备也是必要的。

(五)其他必需品

登山者不免会有小意外,所以多少要准备一些初级救护用品、小的自救工具。如绷带、药品、哨子等。

四、基本技术

(一)爬山

(1)上山:上体放松并前倾,两膝自然弯曲,两腿加强后蹬力,用全脚掌或脚掌外侧着地,也可用前脚掌着地,步幅略小,步频稍快,两臂配合两腿动作协调有力地摆动。

(2)下山:上体正直或稍后仰,膝微屈,脚跟先着地,两臂摆动幅度稍小,身体重心平稳下移。不可走得太快或奔跑,以免挫伤关节或拉伤肌肉。

（3）坡度较陡时：上下山可沿"之"字形路线来降低坡度。必要时，也可用半蹲、侧身或手扶地下山。

（4）通过滑苔和冰雪山坡时：除用上述方法外，还可使用锹、镐等工具挖掘坑、坎台阶行进，或用手脚抠、蹬及三点支撑、一点移动的方法攀援爬行。

（5）通过丛林、灌木时：应注意用手拨挡树枝，防止钩戳身体；对不熟悉的草木，不要随便攀折，以防刺伤，并尽量选择好的路线。

（6）通过乱石山地时：脚应着落在石缝或凸出部位，尽可能攀拉，脚踏牢固的树木，以协助爬进。必要时，应试探踩踏石头，以防止石块松动摔倒。

（二）攀登

攀登时手脚要紧密配合，保持身体重心的稳定，不断观察、试探攀登点的牢固适用性。欲借草根或树枝攀登时，应先稳住重心试着用力拉动，以免因草根、树枝突然松脱造成危险。

1. 徒手攀登（三点固定攀登法）

即利用崖壁的凹凸部位，以三点固定、一点移动的方法攀上崖壁。攀登时，身体俯贴于崖壁，采用两手一脚固定、一脚移动或两脚一手固定、一手移动的姿势，利用手抠、拉、撑和脚蹬等力量，使身体向上移动。

2. 绳索攀登

两手握住绳索，使身体悬起并稍提腿，用两腿内侧和两腿外侧夹住绳索，随着两脚夹蹬绳索，两手交替引体上移；或两手伸直握紧绳索，腿脚下垂，两手交替用力向上引体，攀至顶点。

3. 拔绳攀登

即是指固定绳索的上端，用脚蹬崖壁，手拉绳索引体上移。攀登方法是上体稍前倾，绳索置于两腿间，两手换握绳索交替攀拉上移；同时，一脚蹬崖壁，另一脚上抬准备蹬崖壁，用手拉、脚蹬的合力使身体向上移动。

4. 绳索攀越

即固定绳索的两端，身体横挂在绳索上攀越山涧、小溪等障碍物的方法。横越时，两手前后握绳，腹部微收，一腿膝窝套住绳索，使身体仰挂在绳索下面，臀部稍上提，两臂弯曲约90°。前移时，后握手前移，异侧腿由下向上向内摆动，并将膝窝套于绳上。当一腿膝窝套上绳索时，另一腿离开绳索悬摆。两臂、两腿依次协调配合，交替向前移进。

（三）集体行进

由多个人组成的小组，总会有些人走得快一些而有些人走得慢一些，但是，既然是集体行动，同时也为了防止发生事故，建议按较慢的人的速度一块儿行走。带队的人应该走在队伍最后。

(四)正确的休息方法

走多少时间后休息大致取决于如下标准:平地,每走 50 min 休息 10 min;爬坡,则每走 30 min 休息 10 min。休息时间过长反而会使刚刚活跃起来的身体机能变得迟钝。休息时可坐到石头等高一点的地方,以使血液不致下行臀部,身体保持良好状态。休息时还可以做一些轻微的曲伸活动。

五、高山病的防治

(一)高山病的形成原因

高山病形成的原因是由于高度愈高,空气愈稀薄,气压就愈低,因此人体所需要的氧气压力也随之降低,但是人体所需要的氧气含量仍然不变。为使血液中维持人体所需的含氧量,必须增加红血球的含量,但人体自动增加红血球的含量需要几天的时间。因此在刚进入山区时,会因为高度突然增高,人体来不及适应,而产生体内氧气供应不足的情形。高度愈高,过渡时间愈短,产生的反应就愈剧烈,这种生理反应一般称为"高山病"。

(二)高山病的症状

高山病的症状主要有呕吐、耳鸣、头痛、呼吸急迫、食欲不振、发烧、睡意矇眬。严重者会出现感觉迟钝,情绪不宁,精神亢奋,思考力、记忆力减退,听、视、嗅、味觉异常,产生幻觉等,也可能发生浮肿、休克或痉挛等现象。

(三)高山病的预防方法

预防的方法有:

(1)登山速度不宜太快,最好步调平稳,并配合呼吸,同时要视坡度的急缓而调整,使运动量和呼吸成正比,尤其避免急促的呼吸。

(2)上升的高度应逐渐增加,每天攀爬的高度应控制,以适应高山气压低、空气稀薄的环境。

(3)行程不宜太紧迫,睡眠、饮食要充足正常,经常性地作短时间的休息,休息时以柔软操及深呼吸来加强循环功能及高度适应,平常应多做体能训练以加强摄氧功能。

(四)高山病的急救方法

给氧及降低高度是最有效的急救方法。若有休克现象,应优先处理,注意失温及其他并发症。立即休息,将病患移至无风处,若疼痛严重,可服用镇痛剂止痛。如果仍不能适应,则需降低高度,直到患者感到舒服或症状明显减轻的高度为止。一般而言,高山病患者降低至平地后,即可不治而愈。虽然如此,严重的患者仍需送医院治疗。

（五）急性高山反应及治疗

急性高山反应一般多发生在登山 24 h 内,一般进入高原 1 ~ 2 周内就能适应当地的高山气候条件,以上症状可自行消失。如症状继续加重可给予对症治疗,可口服工酰唑胺剂 0.25 g/次,2 ~ 4 次/日,上山前 2 天至登山后 3 天,该药主要起到利尿作用,可降低急性高原病的发病率及严重程度,并可减轻睡眠时的缺氧状况;也可口服强的松 5 ~ 10 mg/次,2 次/日。此外,还可口服适量镇静剂以及各种维生素。

高原肺水肿的发病率为 3%,在急性高原反应的基础上,当到达海拔 4 000 m 以上则发病,也可在快速登上海拔 2 500 m 时发病。此病在登山后 3 ~ 48 h 急速发病,也可迟到 3 ~ 10 天才发病。症状有头痛、胸闷、咳嗽、呼吸困难、不能平卧,个别严重者可出现尿少,咳大量血性泡沫痰,甚至神志不清。寒冷与呼吸感染可加重缺氧,咳嗽或劳累也可作为重要诱因。此病在治疗上要给予吸氧,要绝对卧床休息,注意保暖,防止上呼吸道感染,严禁大量饮水。烦躁不安时,可用少量镇静剂,有呼吸和心力衰竭的患者应立即采用相应的治疗措施,病情稳定后转到较低的海拔地区继续给予治疗。

高原性脑水肿,又称高原昏迷。高原脑病发病率低,但较易引起死亡,多见于快速进入海拔 4 000 m 以上,发病急,多在夜间。患者除有早期高原反应症状外,伴有颅内压增高现象,剧烈头痛,呕吐,还可出现神志恍惚、抑郁或兴奋等症状。个别患者甚至出现抽搐,嗜睡、昏睡至昏迷,脉搏增快,呼吸极不规则,瞳孔对光反应迟钝,视神经系统水肿和出血等现象。

治疗首先连续供给 95% 的氧气和 5% 的二氧化碳,清醒后仍应间断给氧,用 50% GS 甘露醇、速尿肾上腺皮质激素、细胞激素 E 等治疗,以减轻脑水肿,降低脑细胞代谢,提供足够的能量促进恢复。也可使用中枢 N 兴奋剂,如洛贝林、可拉明等。注意水盐和电解质的平衡及必要时以抗感染措施治疗,病情稳定后转到低海拔处继续治疗。有的登山者还会出现眼部综合症,如视网膜出血。

（六）高山病的预防措施

对进入高原的人员都应进行全面的体格检查,一般健壮者都能适应低氧环境,凡是心、肺、肝、肾等有疾病的高血压 II 期及严重贫血者都不宜进入高原地区。平时要加强体育锻炼,实行阶梯式上升,逐步适应。初入高原者应减少体力劳动,以视适应程度逐步增加劳动量。高原的劳动环境大多处于 4 000 m 以下,劳动能力比平原要降低 30% ~ 50%,并应注意保暖,防止急性上呼吸道感染。初入高原时应多食碳水化合物、多种维生素和易消化食品,能提高机体进入高原的适应能力,同时要绝对禁止饮酒。高山病人入睡时最好采取半卧式,以减少右心静脉回流和肺毛细血管充血。高原地区昼夜温差大,要注意保温;高原地区气候干燥,应加强黏膜及皮肤的护理,以防止皮肤干裂。

第二节　攀岩运动项目

攀岩实际上是登山的内容之一,由于参与的人越来越多,现在已经发展为一项很受人们欢迎的、时尚的户外康乐运动。这项运动是利用人类原始的攀爬本能,借以各种装备作安全保护,攀登一些岩石所构成的峭壁、裂缝、海触崖、大圆石以及人工制作的岩壁的运动。需要注意的是攀岩运动大量使用手部力量,因而运动伤害集中于手指、手腕、手肘及肩部等部位。其中手指的侧韧带与第二环状滑车较为常见。

一、攀岩的来源与发展

作为登山运动基本技术之一的攀岩技术的出现,迄今已有100多年的历史。早在1865年,英国登山家埃德瓦特就首次使用钢锥、铁链和登山绳索等简易装备,成功地攀上险峰,成为攀岩技术和攀岩运动的创始人。1890年,英国登山家又改进了攀岩工具,发明了打气用的钢锥和钢丝挂梯以及各种登山绳结,使攀岩技术发展到了更加成熟的阶段。

20世纪60年代初,苏联最早倡导这项运动。当时的评判标准是在同样的条件下,攀登峭壁的速度最快者为优胜。到了70年代初,形成了一年一度定期举行的全国联赛。1974年9月,苏联和捷克斯洛伐克的登山组织率先举办了首届"国际攀岩锦标赛"。自此,攀岩运动和技术水平不断提高,规则日益完善,形成了个人单攀赛、个人平行计时赛、个人自选路线赛、结组攀登赛和小队攀登赛等比赛项目。攀岩比赛参加的国家也逐年增多,在世界各地,地区性和双边性的攀岩活动也越来越活跃。

二、攀岩的分类

攀岩依据不同的标准有很多的分类方法,比如从地点分类,可分为户外攀登和室内攀登;根据攀登方式可分为抱石攀登、冰雪攀登、绳队攀登、徒手攀登等;按器械使用分类可分为器械攀登和自由式攀登;按照比赛性质可分为速度攀岩、难度攀岩和大圆石攀登,世界上每年都有这三类运动的比赛。

(1)难度攀岩。以攀岩路线的难度来区分选手成绩优劣的攀岩比赛。难度攀岩的比赛结果是以在规定时间里选手到达的岩壁高度来判定的。在比赛中,队员下方系绳保护,带绳向上攀登并按照比赛规定,有次序地挂上中间保护挂索。比赛岩壁高度一般为15 m,线路由定线员根据参赛选手水平设定,通常屋檐类型难度较大。

(2)速度攀岩。如同田径比赛里的百米比赛充满韵律感和跃动感,按照指定的路线,以时间区分优劣。

（3）大圆石攀岩。岩石高度不得超过 4 m,每条路线不超过 12 个支点。攀登时运动员不系保护绳,每次比赛需要选择 10 条路线攀登。

三、攀岩技术

（一）攀登保护

攀登者是在保护人通过登山绳给予的保护下进行攀登的。登山绳的一端通过铁锁或直接与攀登者腰间的安全带连接,另一端穿过保护者身上与其腰间安全带相连的铁锁和下降器,中间则穿过一个或多个固定的安全支点上的铁锁。保护者在攀登者上升时不断给绳,在攀登者失手时,拉紧绳索制止坠落。

1. 上方保护

即是保护支点在攀登者上方的保护方式。在攀登者上升过程中,保护人不断收绳,使攀登者胸前不留有余绳,但也不要拉得过紧,以免影响攀登者的行动,这点在登大仰角时尤应注意。上方保护对攀登者没有特殊要求,发生坠落时冲击力较小,较为安全。进行上方保护时,使用的器材一般有安全带、铁锁和下降器。保护人收绳时,应注意随时要用一只手握住下降器后面的绳索或把下降器两头的绳索抓在一起。只抓住下降器前面的绳子是难以制止坠落的。

2. 下方保护

即保护支点位于攀登人下方的保护方式。没有上方预设的保护点,只是在攀登者上升过程中,不断把保护绳挂入途中安全支点上的铁锁中。这是领先攀登人唯一可行的保护方法,其实用性较大,而且是国际比赛中规定的保护方法。但这种保护方法要求攀登者自己挂保护,而且发生坠落时,坠落距离大,冲击力强,因此一般由技术熟练者使用。

（二）攀登技术

攀岩要有良好的身体条件,但更重要的要有熟练的技术。学习攀登技术实践性很强,必须在不断攀登中练习。如果能有技术熟练者在旁指导,将能收到事半功倍的效果。

1. 手法

攀登中用手的根本目的是使身体向上运动和贴近岩壁。岩壁上的支点形状很多,常见的也有几十种。攀登者对这些支点的形状要熟悉,知道对不同支点手应抓握何处,如何使力。根据支点上突出(凹陷)的位置和方向,有抠、捏、拉、攥、握、推等方法,但也不要拘泥,同一支点可以有多种抓握方法。像有种支点是一个圆疙瘩,上面有个小平台,一般情况是把手指搭在上面垂直下拉,但为了使身体贴近岩壁,完全可以整个捏住、平拉。又如有时要两只手抓同一支点时,前手可先放弃最好抓握处,让给后手,以免换手的麻烦。抓握支点时,尤其是水平用力时,受臂位置要低,靠向下的拉力加大水平摩擦力;要充分使用拇指的力量,尽量把拇指搭在支点上。对于常见的水平浅槽的支点,可把拇指扭过来,把指肚一侧扣进平槽,或横搭在食指和中指指背上,都可增加很大力量。在攀登较长路线时,可选择容易地段,两只手轮换休息。休息地段要选择没有仰角或仰角较小,且手上有较大支点处。休息时双脚踩稳支点,手臂拉直(弯曲时很难得到休息),上体后仰,但腰部一定要向前顶出,使下身贴近岩壁,把体重压到脚上,以减轻手臂负担,并可活动手指、抖手以放松,擦些镁粉以免打滑。

2. 脚法

攀岩要想达到一定水平,必须学会腿脚的运用。腿的负重能力和爆发力都很大,而且耐力强,攀登中要充分利用腿脚力量。攀岩一般都穿特制的攀岩鞋,这种鞋鞋底由硬橡胶制成,前掌稍厚,鞋身由坚韧的皮革制作,鞋头较尖,鞋底摩擦力大。穿上这种鞋,脚踩在不到 1 cm 宽的支点上都可以稳固地支撑全身重量。在选购这种鞋时,千万不能买大了,只要能穿进去就行,大脚趾在里面是抠着的,不能伸直。鞋越紧脚,发力时越稳固。一些选手比赛时甚至要用上挂钩在鞋后帮上硬把脚塞进去。新手买鞋往往太大,一段时间后就会觉得脚上松松垮垮踩不上劲。一只脚能接触支点的只有四处:鞋正前尖、鞋尖内侧边(拇趾)、鞋尖外侧边(四趾趾尖)和鞋后跟尖(主要是翻岩檐时用来挂脚),而且只能踩进一指左右的宽度,不能太多。比如把整个脚掌放上去,为的是使脚在承力的情况下能够左右旋转移动,实行换脚、转体等动作。换脚是一项基本的技术动作,攀登中经常使用。正确方法要保证平稳,不增加手上的负担。以从右脚换到左脚为例,先把左脚提到右脚上方,右脚以其在支点的最右侧为轴逆时针(向下看)转动,把支点左侧空出来,体重还在右脚上,这时左脚从上方切入、踩点,右脚顺势抽出,体重过渡到左脚。双脚在攀登过程中除了支承体重外,还常用来维持身体平衡。脚并不是总要踩在支点上,有时要把一条腿悬空伸出来调节身体重心的位置,使体重稳定地传到另一只脚上。

3. 重心

攀登中,应明确地意识到自己重心的位置,灵活地控制重心的移动。移动重心的主要目的是在动作中减轻双手负荷,保持身体平衡。初学者不要急于爬高,先做一段时间的平移练习,即水平地从岩壁一侧移到另一侧,体会重心、平衡、手脚的运用等基本技术。在最基本的三点固定、单手换点时,一般把重心向对侧移动,使手在没离开原支点之前就已经没有负荷,可以轻松地出手。横向移动时,要把重心向下沉,使双手吊在支点上而不是费力地抠拉支点。一般情况下,应把双脚踩实,再伸手够下一支点,而不要脚下虚踩,靠从手上拉使身体上移。一定要注意体会用腿的力量顶起重心上移,手只是在上移时维持平衡。一般常认为身体要尽量贴近岩壁,这是对的,可常见一些高手往往身体离岩壁很远,这是因为他们常用的侧拉、手脚同点、平衡身体等技术动作的准备需要与岩壁间有一定空间,只是身体上升的一刻,身体才贴向岩面。

通常重心调节主要由推拉腰胯和腿平衡来达到。腰是人体中心,它的移动直接移动重心,较大的移动往往形成一些很漂亮的动作。把腿横向伸出,利用腿脚的重量来平衡身体也是常见的做法。

4.侧拉

侧拉是一项很重要的技术动作,它能极大地节省上肢力量,使一些原本困难的支点可以轻易达到,在过仰角地段时尤其被大量采用。其基本技术要点是身体侧向岩壁,以身体对侧手脚接触岩壁,另一只腿伸直来调节身体平衡,靠单腿力量把身体顶起,抓握上方支点。以左手抓握支点不动为例,是身体朝左,右腿弯曲踩在支点上,左腿用来保持平衡,右腿蹬支点发力,右手伸出抓握上方支点。由于人的身体条件,膝盖是向前弯的,若面对岩壁,抬腿踩点必然要把身体顶出来,改为身体侧向岩壁就可以很好地解决这一问题。身体更靠墙,把更多体重传到脚上,而且可利用上全身的高度,达到更高的支点。侧拉动作有以下方面应当注意:身体侧向岩壁,踩点脚应以脚尖外侧踩点,不要踩得过多,以利换脚或转身。若此点较高,可侧身后双手拉牢支点,臀部向后坠,加大腰前空间,抬脚踩点,再双手使劲把重心拉回到这只脚上,另一条腿抬起,不踩点,保持平衡用,固定手只负责把身体拉向岩壁,身体完全由单腿发力顶起,不靠手拉,以节省手臂力量。发力前把腰肋顶向岩壁,体重传到脚上,千万不能松垮地坠着,这点在攀仰角时尤应注意。移动手应在发力前就向上举起,把肋部贴向岩面,否则蹬起后再把手从下划到头上,中间必会把身体顶离岩壁,加大固定手的负担。一次侧拉结束后,视支点位置可做第二个连续侧拉,双手抓稳后,以发力脚为轴做转体,脸转向对侧,平衡腿在发力腿前交叉而过,以脚尖外侧踩下一支点,这时平衡腿变成了发力腿,移动手变成了固定手,做下一次侧拉动作。其间发力脚踩点一定要少,否则不易做转体动作。侧拉主要在过仰角及支点排列近于直线时使用。

5.手脚同点

手脚同点是指当一些支点在腰部附近时,把同侧脚也踩到此点,身体向上向前压,把重心移到脚上,发力蹬起,手伸出抓握下一支点,这期间另一手用来保持平衡。手脚同点需要的岩壁支点较少,且身体上升幅度大。做此动作时有以下几点需要注意:若支点较高,应把身体稍侧转,面向支点,腰胯贴墙向后坠,腾出空间抬腿,不要面向岩壁直接抬腿。脚踩实后,另一脚和双手发力,把重心前送,压到前脚上,单腿发力顶起身体,同点手放开原支点,从侧面滑上,抓握下一支点,另一手固定不动调整身体平衡。手脚同点技术主要用在支点比较稀少的线路上。

6.节奏

攀岩讲究节奏,讲究动作的快慢和衔接。每个动作做完,身体都有一定的惯性,而且如果上一动作正确到位、身体平衡也不成问题,这时可以利用这一惯性直接冲击下一支点,两个动作间不做停顿,这样可以发现原来很困难的一些点,不知不觉间就通过了。如果过分求稳,一动一停,每个动作前都要先移动重心、调节平衡,然后从零开始发力,必然导致体力消耗过大。动作要连贯但不能急躁,各个细节要到位,上升时一定要由脚发力,不能为快手拉脚蹬。手主要用作保持平衡和把身体拉向岩壁。动作不要求太快,要连贯,每个动作要做实。一般做一两个连贯动作稍稍停顿一下,调整重心,观察选择路线,困难地段快速通过,即连贯—停顿—连贯—停顿,间歇进行。做连贯动作时手脚、重心调整一定要到位,冲击到支点后要尽快恢复身体平衡。必要时,可选好地段稍作休息,放松双手。

7. 线路规划

一面岩壁安装着众多的支点,选择不同支点可以形成多条攀登线路,每个人身体条件不同,都有各自不同的最优路线。练习时可以先看别人的攀登路线,根据自己的身体条件选择一条最优路线,并锻炼自己的眼力发现、规划新的线路。在正式比赛时,是不能观看别人路线的,必须自己规划,这就要求对自己的身高臂长、抬腿高度、手指力量等有较好的了解。在练习中,可以通过规划不同的线路来增加难度,一般是自觉地限制自己,放弃一些支点,如放弃某几个大支点,或故意绕开原线路上的某个关键点,或只使用岩壁一侧或中间的支点,或从一条线路过渡到另一条线路。

(三)绳子的使用

1. 登山攀岩用绳

这主要是指专门用于人身保护的保护绳。一根保护绳要能承受一个人下坠时产生的拉力。国际登山联盟(简称"国际登联")规定的合格的登山绳,必须承受两次以上80 kg重物从5 m高处下坠的冲击力,其第一次的冲击力不小于1 200 km。同时,登山绳还需要有一定的伸展度,即可以减缓下坠的冲击力对人身的伤害,但又不能过大,一般在8%以下;此外,还有其他各种考核指标。经过国际登联认证的登山绳,在其绳头均有标记"UIAA"。目前,国内使用的登山绳主要是法国(BAEL牌)、韩国等国家的登山绳,国内已有生产,但尚未获得国际登联的认证。专业登山绳其直径分10 ~ 11 mm(为标准登山绳)、9 mm(为普通登山绳)、8 mm(为下降绳及套绳)、5 mm(为套绳)、3 mm(一般用绳及帐篷绳)。

2. 常用结绳方法

结绳方法可以说是一门艺术与科学的结合体,为了让绳子发挥它丰富的作用,人们在长期的实践中发明创造了许多结绳的方法,这些方法对于户外旅行探险非常实用。要能做到快速地打出适合要求的绳结。

3. 小心使用

在户外使用绳子就是一个磨耗的过程,使用得法、爱惜就可以延长安全使用期限。使用时注意不能在地上拖、用脚踩、乱丢乱放,避免汽油、香蕉水、酒精等化学物质的污染,避免遭受火烤及火星,不能用于拖拉汽车等超负荷的非正常用途。

4. 保管储存

绳子使用后应当认真地缠成同心圈(直径在30 cm以上),并用专用包包好,被水打湿的应当晾晒干后再收捡,不能放在太阳下暴晒。定期进行检查,发现有断线或包皮破裂、膨胀等现象应当停止使用。

四、攀岩装备

攀岩装备是攀岩运动的一部分,是攀岩者的安全保证,尤其在自然岩壁的攀登中更是如此,因此平时要爱护装备并妥善保管。攀岩装备分为个人装备和攀登装备。

(一)个人装备

个人装备指的是安全带、下降器、安全铁锁、绳套、安全头盔、攀岩鞋、镁粉和粉袋等。

(1)安全带。攀岩安全带与登山安全带有所不同,属于专用,并不适合登山,但登山安全带可在攀岩时使用。我国大部分攀岩者多使用登山安全带,这是因为国内没有安全带生产厂家,而攀岩爱好者又常是登山人,于是两种安全带也就混用了。

(2)下降器。"8"字环下降器是最普遍使用的下降器。

(3)安全铁锁和绳套。在攀登过程中,休息或进行其他操作时自我保护之用。

(4)安全头盔。一块小小的石块落下来,砸在头上就可能造成极大的生命危险,因此头盔是攀岩的必备装备。

(5)攀岩鞋。它是一种摩擦力很大的专用鞋,穿起来可以节省很多体力。

(6)镁粉和粉袋。手出汗时,抹一点粉袋中装着的镁粉,立刻就不会滑手了。

(二)攀登装备

攀登装备指绳子、铁锁、绳套、岩石锥、岩石锤、岩石楔(chock),有时还要准备悬挂式帐篷。

(1)绳子。前面已经专门讲过,攀岩一般使用直径为 9～11 mm 的主绳,最好是 11 mm 的主绳。

(2)铁锁和绳套。用以连接保护点,是下方保护攀登法必备的器械。

(3)岩石锥。即是固定于岩壁上的各种锥状、钉状、板状金属材料做成的保护器械,可根据裂缝的不同而使用不同形状的岩石锥。

(4)岩石锤。钉岩石锥时使用的工具。

(5)岩石楔。与岩石锥的作用相同,但它是可以随时放取的固定保护工具。

(6)悬挂式帐篷。即是准备在岩壁上过夜时使用的夜间休息帐篷,须通过固定点用绳子固定保护起来悬挂于岩壁。

(7)其他装备。包括背包、睡具、炊具、炉具、小刀、打火机等用具。视活动规模、时间长短和个人需要携带。

五、攀岩竞赛

虽然攀岩运动吸引了众多爱好者,但因自然岩壁都是在郊外,交通、时间问题给人们带来了诸多不便,人们只能利用节假日来从事这项运动。1985 年法国人弗兰西斯·沙威格尼发明了可以自由装卸的仿自然人造岩壁。他实现了人们要把自然中的岩壁搬到城区的设想。因人工岩壁比自然岩壁在比赛规则上易于操作,并利于观众观看,1987 年国际攀登联合会(UIAA)规定,国际比赛必须在人工岩壁上进行,并于当年在法国举办了人工岩壁上的首届比赛。

(一)比赛分为三种形式

1. 难度赛

通常在高 15 m 以上的人工岩墙举行,比赛采用 On-Sight 先锋攀登,比赛前选手有约 6 min 的时间观察路线,观察后回到隔离区,再依次序出场。每名选手仅有一次攀登机会,且不得观看别人比赛。限制时间 6 ~ 8 min 不等。最后依攀爬高度来计算成绩。

2. 速度赛

速度赛的路线比难度赛简单许多。在无失误状况下,每名选手皆能完攀。因此考验的是选手攀爬的速度。

3. 抱石赛

与难度赛类似。抱石赛是在安全高度的岩场进行,以安全护垫为确保。在时间内不限攀登次数,每场约有 4 ~ 8 条路线,每条路线皆有中继点(Zone Point)与完攀点,比赛成绩以完攀(须通过中继点)与抓到中继点的数量与攀爬次数来评断。

(二)攀登比赛规则

(1)比赛在装有人工支点的岩石场地举行,岩面高度为 15 m,路线宽度为 3 m(不包括标志线,按国际登联要求,岩面高与路线长的比例至少是 3:4,如岩面高为 15 m,则攀登路线长不得少于 20 m)。

(2)比赛采用封闭式,比赛路线由定线员制定,裁判长审定。参赛人员在赛前不得以任何手段收集、获取与比赛路线有关的情报资料。

(3)攀登者使用由组委会提供的比赛器材,如安全带、安全帽、粉袋等。若使用自己的器具时,必须经组委会认可。

(4)比赛采用单人攀登、下方保护的方法。攀登者必须将保护绳扣入路线上所有规定的保护铁锁中,铁锁开口必须向下,而且攀登者以身体腰部(以安全腰带为准)超过铁锁前,必须先把绳子扣上,否则,按脱落犯规处理。

(5)攀登者在攀登开始之前,可在路线底部做短暂准备,时间为 30 s。当攀登者第二只脚离开地面或准备时间完毕时,即开始计时。

(6)攀登者在路线上,在双脚不接触地面的前提下,可上下、左右移动,攀登方式不限。

(7)若比赛现场或比赛路线上出现故障时(如支点断裂或松动,保护点脱落等),由定线员决定处理。攀登者在攀登之前或攀登途中均有权提出示意,若自己要求继续攀登,则不能要求考虑路线问题;若经裁判长同意,示意有效。排除故障后,未起步攀登者可继续攀登,已攀登者可给一次重新攀登机会。间隔一个人后进行,成绩以两次攀登最好一次计算。

(8)保护裁判要跟踪裁判、跟随观察攀登者的上升情况,及时通知路线裁判和计时裁判。保护裁判要确保攀登者的安全,但不影响、阻碍攀登者的行动。在攀登过程中,保护者必须将绳索放松。

(9)如果攀登者接触最高点的时间都相同时,经裁判认定,握点的成绩比触点的成绩好。

(10)遇下列情况之一,裁判可做如下处理:

①中途脱落者只计高度和时间;②攀登者返回地面或出界,只计高度和时间;③身体任何部分触摸到线外(包含标志线)点时为出界,活动超出标志线空间者不算出界;④超出限定时间,只计高度;⑤攀登者借助规定人工支点以外器材(如保护铁锁),只计高度和时间;⑥攀登者身体超过保护点,而未将保护绳扣入铁锁作自我保护的,只计高度和时间。

(11)遇下列情况之一,取消比赛资格:

①收集有关比赛路线情况资料者;②检录3次点名未到者;③不按规定到预备处准备者;④装备穿戴错误者。

(12)临场比赛规定:

①攀登者参加比赛前应对路线无任何了解;②比赛之前,所有攀登者应在隔离区等待;③比赛时,主办单位可视情况,允许一名参赛的陪同人员(如医生)到比赛场地观察,其他人员不能进入赛场;④终点裁判判定计时以攀登者将绳子扣入最后一个保护铁锁为准。

(13)成绩评定。成绩评定公式如下:

$$B = 50 \times (T_{min} \div T_x + H_r \div H_x)$$

式中,B——成绩;

T_{min}——最快攀登时间;

H_x——攀登最高高度;

T_x——赛员攀登时间;

H_r——赛员攀登高度。

(14)比赛方式。比赛采取预、决赛不同难度的两条路线(重新定线),个人成绩以预、决赛成绩平均分数的多少排列名次,预、决赛平均分数相等者,以决赛成绩优者列前。团体成绩以男、女单项决赛前6名的总成绩排列名次,缺少一项比赛的队不计团体总分。

(15)攀登者与裁判意见发生分歧时,可向仲裁委员会提出申诉,由仲裁委员会进行裁决。

第三节　漂流运动项目

漂流的发展伴随着人类的历史。它和许多娱乐、运动一样,源于人类最初的生活、生存、交通、战争……从而发展成为一项参与性极强的娱乐休闲旅游项目及极富挑战、竞赛性的体育运动。漂流最初源于爱斯基摩人的皮船,印第安人的树皮舟,中国的竹筏、木筏……这些都是为了满足他们生活、生存、交通、战争的需要,而真正广泛的漂流运动,在第二次世界大战之后才开始发展起来。

第二次世界大战后一些退役的充气橡皮艇,被喜欢户外运动的人发现,他们开始买来自娱自乐,后来,随着战后经济的复苏,户外运动有了较大市场,他们便着手改进橡皮艇的规格,完善各种装备,器材,不断提高技术,经营起了商业性的漂流旅游,这些人成为美国第一代商业漂流经营者。

在20世纪七八十年代,商业漂流的发展日益完善,相关的产业也得到很大的发展,例如,专业船具、器材、装备、服装等。政府的职能部门也制定了有关商业性漂流的管理条例,如对经营者、经营河道的许可,桨手资格的取得,安全救护的保障,环境的保护,船具装备的安全……

在我国,虽然江河漂流、急流探险的起步较晚,开发的河段较少,难度较低,参与的人员较少,但近两年群众性商业漂流已呈现出很强的发展势头,越来越多的人已能够接受并积极参与这项魅力独特的户外运动。尽管目前开发的河流多为尝试性的、短距离的、低难度的河段,船具也多为橡胶材料,器材装备较为简单,但随着经济、交通、旅游的快速发展,我国的商业漂流市场会有大的发展。

一、漂流工具

漂流的河段不同,可选择的工具也不同。一般来说,橡皮筏适用范围最广,也最普遍、最常用;小木船适用于河道较直、少弯道与礁石的河段;竹筏则适用于风平浪静的河段。

橡皮筏的适应性非常强,即使遭遇落差较大的瀑布或是险峻的河谷,也总能化险为夷。因为橡皮材料柔韧性能好,又有充气囊可以柔克刚,一般的礁石奈何不得,通常情况下不用游客操心,漂流过程中自有舵工负责。舵工的主要任务就是把握好方向和平衡,遇到急流险滩和礁石时能妥善处理。橡皮筏上一般配有几片供游客操作的桨板,在平缓河段时,游客可在舵工指导下过一把以桨划水的瘾。

竹筏(或称竹排)一般不宜在急流险滩中使用,容易被卡住或翻沉,但在风平浪静时漂行,却韵味十足。游客手持竹篙,一边深深浅浅地撑着,一边观赏河岸景观,优哉游哉。当然,这已经不是严格意义上的漂流了。

小木船介于橡皮筏与竹筏之间,适应性比橡皮筏稍弱,其操作技术比橡皮筏要难一些,一般可坐 8 人漂流。在小三峡和神农溪的漂流中常可见到一种名叫"豌豆角"的小扁舟。乘坐橡皮筏或小木船都切忌站立或走动,必须注意保持船体平衡。

漂流之前要换上泳衣,以防衣服被浪花打湿,同时必须穿好救生衣。漂流之前,游客一定要视自己身体状况而定,老弱病残者切勿轻易尝试。游客的贵重物品最好不要随身漂流,随身携带的物件可用塑料袋装好,系在安全绳上。

二、漂流安全

从酒店出发时,最好携带一套干净的衣服,以备下船时更换,同时最好携带一双塑料拖鞋,以备在船上穿。

上船第一件事是仔细阅读漂流须知,听从船工的安排,穿好救生衣,找到安全绳。在天气气温不高的情况下参加漂流,可在漂流出发地购买雨衣。

漂流船通过险滩时要听从船工的指挥,不要随便乱动,应紧抓安全绳,收紧双脚,身体向船体中央倾斜。若遇翻船,也完全不用慌张,要沉着,因为你穿有救生衣。

不得随便下船游泳,即使游泳也应按照船工的意见在平静的水面游,不得远离船体独自行动。

必须全程穿着救生衣,在掉到水里时救生衣会把您浮起来。即使会游泳也必须全程穿着,防止在无意中艇翻掉而惊慌,以确保安全。漂艇为高分子材料制作,由于全程跌水区及大落差区很多,勿将怕水的东西、现金和贵重物品带上船。若有翻船或其他意外发生,漂流公司和保险公司不会赔偿游客所遗失的现金和物品。若感觉机会难得一定要带相机的话,最好带价值不高的傻瓜相机,事先用塑料袋包好,在平滩时打开,过险滩时包上,而且要做好"丢"入水中的思想准备。戴眼镜的客人需找皮筋系上眼镜。

漂艇有三个独立气仓,在正常使用下不会有漏气问题。由于溪水并不深,即使出现问题,也能及时上岸,并吹响救生衣上的求救口哨,寻找救护人员并更换漂艇。

在漂流的过程中请注意沿途的箭头及标语,它们可以帮助寻找主水道及提早警觉跌水区。在过急流时,艇具要与艇身保持平衡,并抓住艇身内侧的扶手带,后面一位身子略向后倾,双人保证艇身平衡并与河道平行,顺流而下。

当艇受卡时不能着急站起,应稳住艇身,找好落脚点才能站起,以保证人不被艇带下而冲走。当误入其他水道被卡或搁浅时,请站起下艇,找到较深处时才再上艇。在有安全保障的前提下,一般情况下护漂人员不干涉客人的行为。

第四节 溯溪休闲运动项目

溯溪运动(river tracing),原是欧洲阿尔卑斯的一种登山方式,现演变为相对独立的户外运动。所谓溯溪,是由峡谷溪流的下游向上游,克服地形上的各处障碍,穷水之源而登山之巅的一项结合登山、攀岩、露营、游泳、绳索、野外求生、定位运动、赏鸟等综合性技术探险活动。

在溯溪过程中,溯行者需借助一定的装备、具备一定的技术,去克服诸如急流险滩、深潭飞瀑等许多艰难险阻,从而充满了挑战性。也正是由于地形复杂,溯溪在不同地需以不同的装备和方式行进,因而使得这项活动富于变化而魅力无穷。溯溪活动需要同伴之间的密切配合,需要一种团队精神去完成艰难的攀登。这对于溯行者是一种考验,同时又得到一种信任和满足、一种克服困难后的自信与成就感。

一、溯溪图的判读与绘制

溯溪图是根据峡谷溪流的地形特点而绘制的简单明了的溯行路线特征图件,是溯行前必须准备的物品之一。有经验的溯溪者要根据该图件清楚地了解溯行地区的各种地形特征,从而有目的地进行各项准备工作。判读溯溪图是溯溪的基本技能,而能够学会绘制溯溪图则更使溯溪组织之间多了一份交流的宝贵资料。

溯溪图1:50 000的比例足以显示主要的地形特点,如岩石堆、瀑布、深潭等。标绘得过粗、过细都不适宜,过粗无法体现整体路线上的特点,而过细则显得杂乱,没有特点。一般来说,地形图不足1 cm的地形省略,图上所描绘的主要地形有:岩石堆、峭壁、瀑布、深潭等地形特征,溪流的汇流点和分流点等。

二、溯溪装备

因为溯溪是登山的一种方式,所以登山装备必不可少。除此之外,还有一些溯溪专用的物品即溯溪鞋、护腿和防水衣物。

溯溪鞋是垂钓用的防滑鞋,鞋底摩擦力特别大,在湿滑的岩石上行走特别方便。国内这种溯溪鞋很难买到,但手工编织的草鞋也可作防滑鞋。

使用护腿可防止蚂蟥等的叮咬。

防水衣物的选择以轻便、透气性良好、易干燥的尼龙面料为宜。保暖衣物和露宿帐篷、炊具、食品等视日程的安排而有选择地携带,物质装备以轻便、负重不宜过大为准则,可以携带外帐。另外,还可自带渔具等,在露营时享受垂钓之乐。

因溯溪总在水边或水中行进,因而所带的装备应妥善打包。一应物品最好用塑料袋包好以后再放入背包,尽量使背包的体积最小。

三、溯溪技术

除了基本的登山技能,溯溪还要求掌握攀登瀑布等技术,因此单从技术而言,溯溪比登山更为复杂,要求更高。溯溪技术大致可分为:溯溪图的判读、登山技术、具有溯溪特点的技术(即岩石堆穿越、横移、涉水泳渡、瀑布攀登和爬行高绕等)。攀登技术的基本要领为三点式攀登,即在攀登时四肢中的三点固定,使身体保持平衡,另一点向上移动。

(一)岩石堆穿越

峡谷溪流中多滚石岩块,且湿滑难行,行走时应看准、踏稳,避免因踏上无根岩块而跌倒或被急流冲倒。

(二)横移

在岩壁瀑布下深潭阻路,可尝试由两侧岩壁的岩根横移前进。岩石多湿滑而支点不易掌握,横移时需特别谨慎。有时支点隐藏于水下,此时以脚探测摸索移动。若特别困难,干脆涉水或泳渡更简单。溯溪过程中应尽量避免湿水,一般峡谷中多阴凉、潮湿,湿水以后衣物、鞋子不易干,容易疲劳,脚久在水中易起水泡,所以非不得已不要湿水是溯溪的基本要诀。

(三)涉水泳渡

涉水或泳渡时,必须清楚地判断水流的缓急、深浅及有无暗流,必要时借助于绳索保护技术。在溯溪过程中经常使用绳索横渡过河,这涉及一系列的绳网、绳桥技术,此处不作详细介绍。

(四)攀登瀑布

这是溯溪过程中最刺激,也是难度最大的技术。攀登前必须事先观察好路线,熟记支点,要充分考虑好进退两难时的解决办法。瀑布主体水流湍急,但苔藓少,有时反而容易攀登。瀑布攀登虽然刺激,但难度大,经验和技术要求高,不具备娴熟技术和经验者或初学者不要轻易做这种尝试。

(五)爬行高绕

在遇到瀑布绝壁,用其他方法不能前进时,可以考虑爬行高绕的方式,即从侧面较缓的山坡绕过去。高绕时小心在丛林中迷路,同时避免偏离原路线过远,并确认好原溪流。

第五节　徒步穿越运动项目

一、形式与特点

穿越是探险旅游的一种形式。顾名思义,凡是起点与终点不重合、不走回头路的野外探险活动,都可以称之为穿越。野外穿越是指自带装备与给养,在基本没有外援的情况下,徒步或借助交通工具(车辆、马匹等)进行的路上穿越活动。其种类按照穿越地域的特点划分,有山地丛林穿越、沙漠荒原穿越、雪原冰川穿越;按照行进方式划分,有徒步、骑自行车、驾驶机动车穿越等。在一次活动中,往往包含了多种穿越类别,其中徒步山地(丛林)穿越是最基本的形式,徒步穿越能力是一切穿越活动的基础。穿越人员必须具备良好的体能,稳定的心理素质和道德水准,同时还要有乐于助人的团队精神。一次成功的穿越,行前要精心定制好穿越计划,对要徒步穿越的区域进行了解。典型的野外穿越,一般选在穿越者比较陌生、地形复杂多样、具有神秘感的地域进行。穿越区内往往人迹罕至,常有鸟兽出没。穿越者没有现成的路可走,没有明确的路标指示方向,只有依靠地形图、指南针、海拔表,再加上自己的头脑来判断方位、选择路径,逢山则登,遇水而涉,披荆斩棘,一往无前。徒步穿越因富于求知性、探索性、不可预见性等特点,穿越者必须掌握相关野外生存知识与技能,去应对千变万化的野外情况。

穿越具有以下三个主要特点:

(一)富于探索性

穿越者每一天的路都是新的,前面的未知世界充满了吸引力,当历尽艰辛、成功地走出一条自己的路时,那份欢欣与满足感是参加普通旅游所无法体味的。

(二)难度大、内容丰富

穿越集登山、漂流、攀岩、溯溪、定向越野、野外生存等于一身,是一项综合性强、难度较高的野外活动。

(三)对穿越者尤其是野外穿越的领队的要求较高

首先要求穿越者有良好的心理品质与道德水准,如坚韧顽强、胆大心细、处变不惊、行事果断、吃苦耐劳,还要注重团队精神,乐于助人等。同时,穿越者还必须掌握相关的知识和技能,主要包括地形图的使用(配合指南针和海拔表)、野外行进、野外生活(含野营)、攀岩、游泳涉水、登山装备的使用、创伤救护、避险求生等方面,以及一定程度的天文、气象、地理、生物、生理、水文、地质、物理、化学等知识。

二、基本装备

（1）背包。穿越者的主要东西都要包装好背在肩上，所以最好选一个质量较好的登山包，容量不少于60 L，最好能防雨。

（2）帐篷。

（3）睡袋。要根据所穿越地区的气候特点来选择相应的睡袋。

（4）登山鞋。要防水透气的专业登山鞋，最好是高帮的。

（5）服装。内衣要求排汗性能好，注意纯棉的排汗性能很差，在野外忌讳穿纯棉内衣。外衣要求能防雨，保暖性能要好，还要有较好的透气性。在气候炎热的雨林地区，还可以穿快干衣服。

（6）头灯。头灯或手电筒是相当重要的装备，但不用时必须取出电池避免被腐蚀，少数的头灯具防水性甚至抗水性，若你认为防水相当重要就买此类的防水灯泡。头灯座需有一片舒适的软垫，有些如笔状挂于耳旁。灯座的开关须耐用，不要出现置于背包会自行开启浪费电能或其他一些状况。灯座的开关设计最好成一个凹槽，若觉得行进过程中会出现问题最好用贴布紧贴，取出灯泡或取出电池。选用焦距可调式的头灯，当你于帐篷内处理事务时可用漫散光扩大光线照射的范围；若调为单束直射光可让光线照得更远。灯泡耐用性不长，最好携带备用的灯泡。

碱性电池（alkaline batteries）是最常用的电池，它的电能高于铅电池，但无法充电，处于低温时只有10%～20%的功率，使用时电压会显著地降低。

镍电池（nickel cadmium batteries）可充电数千次，能维持一定的使用功率，但无法和碱性电池储存的电能相比，处于低温时依然有70%的功率，攀岩过程中最好携带高能量的电池（high capacity battery），它较标准（standardnicads）的电池高2～3倍。

锂电池（lithium batteries）比一般电池的电能高两倍，一个锂电池的安培值相当于2倍以上的两个碱性电池，处于低温时如同于室温使用。但它很贵，其电压可以保持恒定。

（7）备用粮食。携带粮食是在万一遇到恶劣天气、迷路、受伤或其他状况下使用。此类粮食是无需炊事、轻便、易消化与长期存放的食品，如核果、肉干、脱水水果、糖果。而一些攀岩活动则加一些炊事简单的食品，如可可、速食汤、茶等即可。充裕的早餐可以提供一天的能量与体力，及时进食可以提供足够的能量与心理的振奋。紧急使用的粮食如巧克力、脱水水果、核果与甜点等。

（8）备用衣物。备用衣物包括内外袜、营地用靴、内衣裤、外裤、毛线衣或外套、帽子、手套等。当然，究竟要带什么，必须根据穿越地区的气候条件来确定。

（9）太阳眼镜。高山滑雪易损伤眼睛。以紫外线而言，裸眼的视网膜很容易损伤，引发极大的痛苦，称之为雪盲。太阳眼镜可减低此类伤害，但不要被多云的天气所骗，因为紫外线会穿透云层。刺眼的光线会引起头痛，太阳眼镜有95%～100%

的过滤效果。对于冰河行进用的太阳眼镜需要有 5%~10% 的穿透率(transmission-rate),而多用途的太阳眼镜须有 20% 的穿透率。购买时对着镜子,若能轻易地看到自己的眼睛则是太亮。镜片的色彩最好是灰色或绿色,若想看到真实的色彩,若在多云或浓雾的天气条件下想看得仔细,最好选用黄色的镜片。对于红外线而言,一般的太阳眼镜都能防止红外线穿透并保护眼睛。太阳眼镜须有侧面的保护装置以降低太阳光穿透眼睛,但必须有良好的通风设备以防止镜片起雾,或利用抗雾的镜片或抗雾的清洁剂。穿越时需要多带一副备用的太阳眼镜,亦可利用纸板或衣服剪成细条状覆盖于眼睛上。

(10)急救箱。急救药品只能治疗轻微的病症,只能处理简单的外伤或稳定患者的病情并尽快将患者撤出山区,复杂的患者仍须送医疗单位诊治。急救药品最好用防水、坚固的盒子装妥。一般最好的药品主要应付水泡、晒伤、擦伤,若出现严重的出血或骨折,最好等待医生处理。

(11)瑞士刀。刀子是炊事、生火、急救,甚至攀岩都需要用的物品,一把刀必须有两片刀刃、开灌器、螺丝刀、尖钻、开瓶器、剪刀,须是不锈钢制品,最好用一条细绳系紧皮带以避免遗失。

(12)火种。火柴或打火机须收藏妥当,避免受潮而无法使用。

(13)水瓶。高海拔山区相当干冷,需饮用足够的水防止脱水与维持体能。携带一个 1 L 容量的水瓶足矣,但环境太热、出汗很多则需携带 2 只水瓶。水瓶最好是广口的聚乙烯制品,比较容易重复使用与装雪;而铝制品装的水会有味道,且须注意不要和燃料油混淆。保温瓶是相当重要的物品,尤其是雪期,一般郊山的饮用水通常只需 0.5 L 的水瓶即可。

(14)防晒油。高海拔山区的阳光强烈度较海边高出数倍,对于人体的舒适与健康有一定的影响。攀登过程无法避免长时间曝晒,必须利用衣服或防晒油覆盖皮肤以降低紫外线的照射。虽然人体有天然的色素合成可以保护皮肤,但不要低估阳光的强度,它会引起病变,如导致皮肤癌。一般人立于阳光中 30 min 就会被晒伤,而 10SPF 的防晒油可以阻挡 300 min,所以购置 15SPF 以上的防晒油较佳。

(15)驱虫剂。野外充满各式的昆虫,如蚊、蝇、壁虱、螨等,它们会吸人血。不是每个人都能习惯于在炎热的天气穿带长袖的厚衣物,所以可以使用驱虫剂。通常含有 DEET 药物的驱虫剂效果较好,尤其对蚊子更有效,有些使用高剂量 DEET 的驱虫剂可以持续数小时使蚊子远离。驱虫剂种类繁多,不同的剂量与不同的种类有不同的效果。

三、野营常识

野营很有趣,但安全是第一要素,以下几点是必须注意的:

(1)应尽量在坚硬、平坦的地上搭帐篷,不要在河岸和干涸的河床上扎营。

（2）帐篷的入口要背风,帐篷要远离有滚石的山坡。

（3）为避免下雨时帐篷被淹,应在其边线正下方挖一条排水沟。

（4）帐篷四角要用大石头压住。

（5）帐篷内应保持空气流通,在帐篷内做饭要防止着火。

（6）晚间临睡前要检查是否熄灭了所有火苗,帐篷是否固定结实。

（7）帐篷最好朝南或东南面,能够看到清晨的阳光。营地尽量不要在山脊或山顶上,至少要有凹槽地。不要搭于溪旁,如此晚上不会太冷。营地选于沙地、草地、岩屑地等排水佳的地方,不需要挖排水沟,石头、树干可替代营钉,最好找树林遮风的营地。

（8）快速"安家"。选择好营地后,应首先搭建公用帐篷。在营地的下风处搭好炊事帐篷,建好炉灶,烧上一锅水;然后再依次向上风处搭建用于存放公用装备的仓库帐篷和各自的宿营帐篷。当整个营地的帐篷搭建好后,烧的水已开锅,可以马上饮用并开始做饭。

（9）野外厕所。参加野外活动时,经常会在野外露营,因此到达目的地搭建帐篷的同时,建一个简易的野外厕所是极为必要的。野外厕所应选择在营地的下风处,要比营地稍低一些,并应远离河流(至少20 m以外)。最好是挖一个宽30 cm左右、长50 cm左右、深约0.5 m的长方形土坑,里面放些石块和杉树叶(消除臭味)。3面用塑料布或包装箱围住,固定好,开口一面应背风。在厕所内准备一些沙土和一把铁锹,另准备一块木板或纸板。便后用一些沙土将排泄物及卫生纸掩埋,并用木板或纸板将便坑盖住,以消除异味保持卫生。另外,在厕所外立一较明显的标志牌,使别人在较远处即可看到厕所是否有人正在使用。当露营结束时,用沙土将便坑掩埋好,并做好标记,告诉其他参加野外活动的人。

（10）宿营期间,背包要关紧以避免小型动物盗粮,入夜后,须使用背包套,因为即使是晴朗的天气,露水依然会沾湿背包。雪期,可用背包作为雪洞的门。宿营时可将空背包套于睡袋外,以绝缘于寒冷的地表增温。回来后必须将背包清理干净,若太脏可用中性的清洁剂清洗,再置于阴凉处风干,应避免曝晒,因为紫外线会伤害尼龙布。要注意基本的保养,背包被划破就要及时缝补,要选用较粗的线和专门缝补坐垫的针具,须缝牢,尼龙线可用火烤断。

第六节　潜水运动项目

潜水的原意是为进行水下查勘、打捞、修理和水下工程等作业而在携带或不携带专业工具的情况下进入水面以下的活动。后来,潜水逐渐发展成为一项以在水下活动为主要内容,从而达到锻炼身体、休闲娱乐的目的的休闲运动,广为大众所喜爱。

潜水的好处不仅在于水中的奇异世界能给人的精神带来巨大享受,而且更重要的是能够提高并改善人体的心肺功能。在美国及日本,潜水运动甚至被作为一种治疗癌症的辅助手段。据科学论证,水对人体的均衡压力有助于血液循环,水下长时间的吸氧可以有效地杀死癌细胞,并抑制癌细胞的扩散。在国内,潜水尚属于开发阶段,但已有越来越多的人发现了这项运动的多姿多彩及趣味性,并积极尝试参与。

一、潜水历史

早在 2 800 年前,美索不达文化全盛时期,阿兹里亚帝国的军队用羊皮袋充气,由水中攻击敌军,这也许就是潜水的老祖宗了。距今 1 700 年前的中国史书《魏志倭人传》中,就已经有了海边渔夫在海里潜水捕鱼的场面描写。到了 1720 年,一个英国人利用一只定做的木桶潜到水下 20 ft 深的地方成功地进行海底打捞。而今天职业潜水的前身,则要算 160 年前英国的郭蒙贝西发明的从水上运送空气的机械潜水,也就是头盔式潜水。这种潜水于 1854 年首次在日本出现。1924 年开始使用玻璃做潜水镜,并制造出从水面上吸取空气的"面罩式潜水器",这是水肺潜水器材的前身。就在同年,日本人使用面罩式潜水器潜入地中海底 70 ft,成功地捞起沉船八阪号内的金块,震惊了全世界。在第二次世界大战期间,开发了一种特殊军事用的"空气罩潜水器",采用的是密闭循环式,并有空气瓶的装置。第二次世界大战末期,法国开发了开放式"空气潜水器",1945 年前后这种潜水器在欧美非常流行。近几年来由于潜水器材的进步,带动了潜水运动的蓬勃发展,投身于潜水和喜欢潜水运动的人也越来越多。由于潜水运动日益流行,许多潜水组织应运而生。目前,世界上的潜水组织有好几百个,由于经营策略和方法的不同,其知名度、普及率、国际化等的程度有所差异。

二、潜水装备

(1)脚蹼。脚蹼一般呈鸭脚形,又称为鸭蹼。独特的鸭蹼增强了打水的效果,使人在水中的游速更快,特别适合追求速度的人使用。

(2)面镜。面镜是欣赏水底世界的"窗户"。

(3)呼吸管。呼吸管配合面镜使用,可以使游泳者不用抬头换气。增加了排水阀的设计,使排水更容易、简便。特别适合于潜游及不会换气的人使用。

(4)浮力调整背心。浮力调整背心在水中通过排气阀,能调整自身在水中的浮力,在水面可作救生衣使用。

(5)综合仪表。综合仪表将时间、深度、方向、温度及空气供应量综合在一起,起到一目了然的作用。有了它可以及时了解潜水时所处的深度、气瓶内所剩氧气、压力及方向,是潜水员必不可少的水下工具。

（6）潜水服。潜水服可以为潜水员保暖，保护潜水员避免水中礁石或其他动植物的伤害。它有特殊的防水、耐压设计，在水下的视角更大。它用硅胶材质制成，游泳、潜水都适用，特别是对害怕鼻子呛水的游泳初学者很有效果。

（7）水肺气瓶。供水中呼吸之用。

（8）呼吸调节器。它是潜水员在水下呼吸的工具，可将水肺气瓶内的气压减低到可用的程度。

三、潜水技术

（一）技术要领

（1）下海前的必要学习。包括学习呼吸管和调节器的使用方法、水面休息方法、紧急情况处理等。入水前的准备工作，非常重要。首先应亲自检查装备功能是否正常，同伴间再相互检查一遍。

（2）入水的姿势。入水的姿势有四种：①正面直立跳水：水深需在 1.5 m 以上，双脚前后开立，一手按住面罩，一手按空气筒背带；②背向坐姿入水：面向里坐于船舷上，向后仰面入水；③正面坐姿入水：供初学者使用；④侧身入水：在橡皮艇上俯卧滚身入水。

（3）潜降。借助调节器，配合配重带，头上脚下地潜降；也可不借助调节器头下脚上地潜降。

（4）上升。将上升速度控制在 18 m/min 以内，即不要超过自己呼出的气泡的上升速度；不要停止呼吸；上升时抬头看水面，可以伸出右手指定方向，注意背后，身体缓缓自转。

（二）浮潜和水肺潜水的差别

水肺潜水（Scuba diving）是指潜水者背负氧气筒，借筒内氧气呼吸，长时间潜水的方法。

浮潜（Skin diving）是指潜水者屏住呼吸在水中潜泳，直到无法再憋气时浮出水面的方法。

（三）水肺潜水的规则

（1）两人同行原则。两人从入水到上岸都必须在一起，教练不得允许其中任何一人自行上岸，两人应经常保持联系。

（2）落单时的应对。保持镇静，浮上几米，寻找同伴；找不到时就浮出水面，注意观察气泡。超过 10 min，仍无同伴的踪迹，应回到入水地点。每 10 m 检查气压计余量。

（四）几种通用手势

（1）我现在情况良好——"OK"。

（2）注意（物体）方向——"食指指示方向"。

（3）上浮——"右手握拳，拇指向上"。

（4）下潜——"右手握拳，拇指向下"。

（五）耳压的平衡

（1）一般潜水员潜到水深 3 ft 处，就会感受到耳朵疼痛，那是水压变大的因素所致。

（2）一般的耳压平衡法是从面罩上捏住鼻子，使鼻孔阻塞，然后用力吹气，就能将空气灌入耳管。

（3）潜水老手甚至只要做吞口水的动作或左右摆动下颚，就能使耳压平衡。

（4）做耳压平衡时，保持头部朝上较易实施。

（5）每往下潜一个深度，就应立即做耳压平衡。尤其是在深水处，做耳压平衡的次数应增多。

（6）向下潜时，如耳内疼痛难忍，应立刻上浮，别逞强。

（六）水中视觉与听觉的变化

（1）光线进入水中后，会有折射现象，导致在水中见到的物体是其实际体积的1.25倍。

（2）视觉上也会变近，视线距离会缩短为实际距离的3/4。

（3）在水中声音传播的速度比在空气中快4.2倍。

（4）声音来时，几乎是左右耳同时听见，所以很难分辨声音的方位。

（七）下列病患者不适合潜水

患有感冒、神经过敏、耳鼻疾病、心脏病、高（低）血压、糖尿病者及醉酒者等均不适合潜水。

第七节　滑翔运动项目

人类其实一直都在梦想能有一双翅膀，像鸟儿一样在天空中自由地翱翔。随着科技的进步和现代航空技术的发展，人类发明了各种飞行工具，滑翔伞就是其中一种。它因其新奇、刺激而且又没有太大的体力限制，在短短数年之间迅速风靡了世界各地。滑翔伞是自由飞行器，通常从高山斜坡起飞，也可以通过牵引方式起飞，用双脚起飞和着陆。在风和日丽的日子，张开五颜六色的滑翔伞，只需跑几步，就可以从几百米甚至几千米高的山顶起飞。清风拂面而来，掠过耳际，紧张的心情化作悠然自得。人与伞似乎融为一体，按个人的意愿上升、滑翔和盘旋，感受天地之间驾驭自我的刺激与满足。滑翔伞可以分为休闲滑翔、竞技滑翔和特技滑翔三个领域。

一、滑翔的历史

很少有一项运动像滑翔伞那样在短短数年内便风靡世界。在1984年前它还默默无闻，今天却在世界各地拥有数十万爱好者。关于谁最先发明滑翔伞一直众说纷纭。最权威的说法是大约在1978年，住在法国阿尔卑斯山麓沙木尼的法国登山家贝登用一顶高空方块伞从山腰起飞，成功地飞到山下。1984年法国登山家菲隆（Roter Fillon）从阿尔卑斯山的勃朗峰上成功地飞出，使滑翔伞名声大噪，一项结合冒险与休闲的户外运动产生了，并迅速在世界各地风行起来。也有人考证说早在20世纪60年代，一名德国人就曾用改良的高空伞飞越了瑞士冰河。

国内的第一次滑翔飞行出现在1987年，北京航校几位跳伞运动员用国产伞试飞成功。目前，我国专业选手已达800人以上，经常参加滑翔伞飞行的有几千人，至于参加过这项运动的爱好者和参与者更不计其数。

二、滑翔装备

（一）滑翔伞

滑翔伞有上、下两片伞衣，中间由类似机翼剖面的翼型隔间相连接，另外还有吊绳、操纵带和操纵绳。伞衣的翼幅长约9 ft，翼弦宽约3 ft，重约4~6 kg。滑翔伞是所有装备中最重要、最主要的投资。

（二）安全帽

安全帽或称头盔，是离地或着陆时保护脑部的必需品。尤其是练习时，一定要佩戴安全帽。它质轻坚固，溜冰、骑自行车、攀岩用的头盔均可。如选用摩托车安全帽则应选用比较轻巧的一类，且帽前的防风护目镜应当取下，以免受到撞击后碎裂而伤及脸部。为了能清晰地听到空中的风声和周围的声音及地面人员的引导，耳朵部分一定要开孔。

（三）套带

套带用以连接伞衣和飞行员。飞行员必须配合自己的体重慎重地选择。

（四）飞行鞋

飞行鞋的选择应以质轻坚固为原则（避免附有挂钩）。在有坡度的斜坡上使用时，以较易吸收冲击力且能预防挫伤的滑翔伞专用鞋为最佳选择。

（五）手套

为了避免手部受伤，在参加滑翔伞运动时，应佩戴手套。在夏季选择薄且耐用的手套即可，在冬天可用滑雪手套。注意：无论选择哪一种手套都不要有挂钩。

(六) 护目镜(太阳眼镜)

护目镜可以用来防风,另外还可以防止强烈阳光的刺激,防止被异物刺伤。护目镜要求轻、薄且不易碎裂。在参加滑翔伞运动最初的学习阶段可不用护目镜,但对于佩戴隐形眼镜的人,则应戴护目镜。

(七)仪表

滑翔伞运动所需的仪表包括风速计、高度计、升降仪等。在做高空飞行时,必须使用仪表。初学阶段只需配备风速仪即可。

(八)紧急伞(备用伞)

在做热气流盘旋或高空飞行时,有时会遇到一些特殊情况,因此,应携带紧急伞备用,以防不测。紧急伞的大小尺寸有所不同,滑翔者应根据自己的体重,选择合适的紧急伞。

(九)杂物袋

飞行伞、套带有一个专用的伞包,而仪器、杂物可收在另一个专用的袋子里,易收拾、耐用即可。

三、滑翔训练

滑翔伞飞行训练主要包括以下内容:
(1)学习滑翔理论与气象常识、飞行器材以及滑翔伞的结构。
(2)熟悉滑翔伞,在地面做抖伞操纵练习,并且观看高山滑翔飞行。
(3)在几十米的山坡练飞。
(4)在两三百米高的小山练飞。
(5)在五六百米的高山上试飞。
(6)在 1 000 m 以上的大山练飞。
滑翔训练共计 5 个飞行日,采取以上循序渐进的步骤,让滑翔者克服畏惧,真正能驾驭自己。

四、滑翔安全

(1)滑翔伞可分为动力伞和山坡伞两种。动力伞带人背的螺旋桨,可原地起飞。山坡伞是不带螺旋桨的滑翔伞,依靠斜坡借助气流起飞,目前国内滑翔者主要采用的正是这种伞。滑翔伞的寿命通常为 1 000 飞行小时,细心使用可保用 10 年以上。

(2)滑翔伞大都是进口伞。根据自身的技能水平,选购相应级别的滑翔伞,是一条重要原则。国外滑翔飞行员的等级一般分 A、B、NP、P 和 XC 五级(我国则分为 A、B、C、D、E 五级):A、B 为初级,NP(C)为中级,P、XC(D、E)为高级。滑翔俱乐部的初级培训班,在毕业时一般获得的是 A 级证书。A、B 级应选用初级伞、NP 或 P 级可以选用休闲娱乐伞,有 P、XC 级证书才可使用竞赛级滑翔伞。

(3)同一型号的滑翔伞通常按飞行员的体重分为 3～4 种规格。选购时,应对照"适应体重"选择,一般以其中间值为最佳。需提及的是,进口滑翔伞的伞衣和吊带系统是分开购买的,与国内滑翔伞不同。去购买吊带系统时,主要考虑其舒适和安全防护性能。

(4)有两名资深教练分别在起飞点和着陆点通过对讲机进行飞行指挥。

(5)每一个滑翔伞的座椅内都装有一顶备用伞,以防意外。当高空意外出现或对应急操作失去信心时,要双脚并拢,快速拉倒主伞,升起备用伞。不过一般的训练和休闲飞行都相当安全,只有在竞技飞行时才偶尔用到备用伞。

(6)滑翔运动者的基本条件:无心脏病、恐高症和高血压,发育良好,思维正常,且对自己的年龄充满信心。

(7)空中交通规则。飞行中,难免会有与其他飞行器共享空域的情形,为避免互相干扰,甚至意外相撞,飞行时必须对"空中交通规则"有所了解,并严格遵守。

①速度快的让速度慢的先行,有动力的须让无动力的先行。各种飞行器的空中优先程度依次为热气球、飞行伞、滑翔翼、滑翔机、动力滑翔翼、超轻机、一般飞机……但滑翔机在 6 000 ft 以下的高度对滑翔翼有优先权。

②同向飞行时,高度高的让高度低的先行;同向同高时,居右的一方先行(例外:左方是崖壁,靠崖壁的一方先行)。

③两方面对面时,各自向右转。

(8)飞行安全守则:

①不单独飞行。②不疲劳飞行。③饮酒或服药后禁止飞行。④潜水后 24 h 内禁止飞行。⑤起飞前检查装备:套带的穿着是否牢实,伞衣、伞绳有无异状,并戴上安全帽。⑥注意飞行区的天气变化。风速在 12 里/h 以上时,禁止飞行。风速变化超过 5 里/h 时禁止飞行。禁止在积雨云中飞行(积雨云本身说明上升气流太强,即使风速不大,也会充满乱流,令飞行伞难以操纵,还会有闪电等其他危险)。⑦需选定飞行线路,预算飞行时间及落点。⑧不可同时尝试两件以上不熟悉的事物(如在新场地用新伞或用新伞做新动作)。⑨遵守空中交通规则。⑩学员需服从教练指导。⑪飞行前做热身运动。⑫注意保暖。

第八节　户外运动项目的运作与管理

随着人们对运动、旅游理念的逐渐改变,户外运动项目越来越受到人们的青睐,人们以各种不同的方式积极地参与运动,有完全自助性质的背包客,有旅行社组织的探险团,更多的是参与俱乐部组织的户外运动。由于户外运动具有一定的风险,需要丰富的专业知识和相应的技术装备条件,这正是俱乐部的优势,因此大部分人都选择参与俱乐部组织的活动。所以,以俱乐部的形式来经营与管理户外康乐运动项目是一种比较成熟的选择。

一、俱乐部的种类

户外运动俱乐部主要分为两类:综合性俱乐部和专业性俱乐部。

(一)综合性俱乐部

综合性俱乐部的特点是其活动的内容广,涵盖了较多的户外运动,会员也较多,会员在同一个俱乐部就可以参与多种不同形式的户外运动。由于会员多,会员在活动时可以认识较多的朋友,可以得到更多的信息,在需要时可能得到更多的帮助。

综合性俱乐部的名称中一般不包含具体项目的名字,多以地名或者单位的名称开头,中间用一个很有户外特征的词,最后加上"户外运动俱乐部"的字样即可,如昆明莽原户外运动俱乐部、江之峡户外运动俱乐部等。

综合性俱乐部的缺点是在具体项目上的技术支持和装备条件不如专业性俱乐部。

(二)专业性俱乐部

专业性俱乐部的特点就在于它的"专业",一般专业性俱乐部都拥有具备很强专业知识的人员,同时拥有很好的专业装备。参加专业性俱乐部的活动可以获得最专业的体验,同时也有最好的安全保障。

专业性俱乐部的名称一般以地名或者单位名称开头,中间加上相应专业项目的名称,最后再加上"俱乐部"3个字即可,如云南登山俱乐部、广东潜水俱乐部等。当然,在地名与专业名称之间也可以加上具有自己的特征的词,如北京飞鹰滑翔俱乐部,昆明龙门攀岩俱乐部等。

专业性俱乐部的缺点是活动内容单一,会员相对不多。

二、俱乐部的管理

俱乐部一般实行会员制,主要对会员服务,非会员能否参与活动要看具体的俱乐部,在可以的情况下费用要比会员高。俱乐部的管理主要是通过俱乐部的章程来进行的。章程在制定的时候,一般要把握如下原则:

(1)俱乐部必须要有相关的规章制度。用来明确俱乐部的经营性质、经营宗旨、经营项目,以及会员的权利和责任等相关内容,积极推进企业发展,努力实现服务理念的提升和延续。

(2)俱乐部章程必须是符合法律规定的。俱乐部的规章制度是依法制定的经营管理用的规则,是国家法律、法规的具体落实和延伸,对于加强企业的自身经营管理是非常必要的。健全的、合法的俱乐部的规章制度能够切实保护消费者和经营者的合法权益,提高服务质量,促进经济效益与社会效益的双赢。

(3)章程的内容要完整。俱乐部章程的基本内容一般包括俱乐部性质、宗旨、地址、主要经营活动、经营模式、俱乐部成员的成员权利、义务、成员的分类以及加入俱乐部的程序和相关管理条例。通过规章条例,规范成员的组成和行为,为俱乐部的发展提供井然有序的保证。

三、会员制管理

现今在国内和国外某些很高水准与档次的康乐经营场所,均采取严格的会员制。如高尔夫球场所,采取的是一种较为封闭式的贵族化经营。而现代酒店的康乐场所采取的是半封闭式的会员制经营,即将会员制作为一种较为重要的促销经营手法,而非主要手法之一。会员在康乐场所中,享有优先的优惠待遇。

(一)会员制的目的与特点

会员制指的是以组织和管理会员的方式实现购销行为的一种经营方式。

1.会员制的目的

实际会员制经营管理的目的是通过利用会所的经营管理的部分以及附属设施,发展会员之间的友谊和睦关系,并发展国际友好关系,为会员休闲、保健、健身与商务活动服务。

2.会员制的特点

(1)能为会员提供特殊服务。不仅有价格优惠,而且在优先服务项目上,会员均享受优先待遇。

(2)具有严密合理的制度,包括入会条件、手续、会员资格、会员义务及权利等。

(3)能为会员提供详尽的综合服务。

(二)会员制的设计与运作

要能使会员制起到好的营销作用,并有利于日后会所的管理,在实施之处就有许多工作要做,如会员级别的划分、会员守则和会员章程的制定、会员卡的制作等。

1.设计会员卡

会员卡设计时一定要要求设计精美,考虑与酒店的档次相当。要设有档案资料和消费记录,附有会员专属编号和持卡人姓名。

2.确定积分制

会员在酒店的消费以积分的形式累计起来,达到不同的标准享受不同的待遇和优惠,这就是积分制。

(1)积分的计算。

①要设定积分的计算起点,一般是根据每次消费金额大小来设定相应的积分。如以 10 元为分值,每 10 元为 1 分。如消费 500 元,则积 50 分,消费满 500 元,送俱乐部免费服务项目或赠品一个。

②会员消费积分与服务卡相结合。如会员购买服务卡项目就可以享有九折或八折优惠,而积分不变。一个 1 000 元的服务卡项目,会员以八折购入,即 800 元,但会员当次积分将仍为 100 分。会员在这种情况下将真正实现物超所值,得到了最大的实惠。

③为会员设立一个会员存折。会员的每次消费积分均存在会员存折内。会员在积分达到一定量时,可以随时取出来进行消费。会员也可以累积积分,当存折内的积分达到康乐中心最高积分档次时,会员将享受康乐中心提供的相应丰厚礼品大奖。

④会员介绍会员加入,在介绍来的新会员首次消费时,会员可获得新会员消费金额的相应积分。而新会员积分不变。如新会员当次消费 1 000 元,介绍人可得 100 分,而新会员当次积分也为 100 分。介绍人的积分在新会员当天消费时将同时存入其本人的会员存折中。

⑤会员存折分为正副两本,正本由会员本人保管,副本由康乐连锁店保管。会员每次消费积分均由专卖店收银人员在正副本上分别填写并盖章确认。

⑥会员利用会员存折中的积分进行消费时,当次消费属于免费项目不计积分。而存折中的积分则根据当次消费的项目金额而进行相应减取。如当次消费的免费项目属于相应金额的 1 000 分,则从存折中减去 1 000 分。存折积分多少,消费多少,不允许超支透支或借支。

(2)积分计算日期。

积分计算的日期一般都是从消费之日起。当会员的积分累积达到一定数额以领取相应奖品或获取某种优惠通知会员。会员如果来领取奖品或享受本康乐中心提供的特殊优惠时,积分累积额归零。如果没有领取积分,则继续累积至更高一层的奖品或优惠。

【实例】

某酒店积分奖励计划

为您推出的会员消费积分奖励计划能深得您的喜爱,我们感到由衷的欣慰。您是"家庭之主",享受最尊贵的待遇是必然的。为了让您获得永久的体贴和乐趣,本酒店推出积分奖励计划。

凡是本酒店的正式会员都可以参加,并且可随时提出奖品兑换申请(可通过拨打酒店客户服务中心电话×××××××)。

申请奖品时间:每个月的任意一天均可提出申领。

兑奖时间:申请后的下一个月底前,由客户服务中心通知您领奖。

注:有关积分奖励的规则解释权归本酒店所有。

会员消费无人员限制,每张会员卡可多人使用,共同累计积分。

本次积分奖励方法及商品有效期为:200×年6月1日至200×年10月30日(以提出兑换申请日期为准)。

注:有效期后我们将对积分规则及商品等做相应的调整,但会员原有的积分不会改变。

积分达到兑奖值可兑取相应奖励,剩余积分可继续累计。积分奖励礼品价值会随市场价格变化而改变,为保障会员的权益不受损害,俱乐部将定期对礼品进行调整,请注意获取最新资料。积分扣除:如果您未通知俱乐部预订中心而取消预订或NOSHOW,会给俱乐部带来经济和名誉损害,所以俱乐部将相应从奖励积分中扣除与预订金额相等的积分,非常抱歉。单项奖品兑罄时,您可要求其他等值礼品。

3.制定会员守则

会员守则相当于会员与会所之间的一份合约,一旦申请成为会员就需遵守该守则。

4.制定会员章程

会员章程一般应介绍会所的经营宗旨、会籍规章、会员权益、服务须知及其他事项。

【小　结】

本章主要讲述了目前比较流行的户外康乐项目,如登山、攀岩、漂流、溯溪、徒步穿越、滑翔、潜水等的活动方法和注意事项。让学习者增加户外康乐运动项目的知识,并掌握一些基本的户外常识,并能运用会员俱乐部制度来对户外康乐项目进行运作和管理。

【思考题】

1.登山时需要哪些装备和技术?

2.如何防治高山病?

3.列举攀岩的比赛规则。

4.漂流时,在安全方面应注意什么问题?

5.徒步穿越的特点是什么?

6.野营应注意什么问题?

7.潜水的要领是什么?

8.如何利用会员俱乐部的形式来进行户外康乐项目的经营活动?

歌舞厅经营与管理

　　歌舞厅是集酒吧、歌厅、舞厅等项目于一体的综合性休闲场所,也是一个集个性化、灵活性和娱乐性为一体的场所,它通过对环境和歌舞节目的营造,为宾客提供了一个释放情感、加强交流和沟通的地方。歌舞类娱乐的历史悠久,从原始社会、奴隶社会、封建社会历经数千年发展,成为人们在盛大活动、节日庆典上不可缺少的娱乐项目。同时由于国际之间的交流,歌舞可供选择的种类日益丰富,能够满足不同年龄、不同性格、不同生活背景的消费者需求。

第一节　歌舞厅环境设计及布局

一、舞厅种类

　　改革开放初期,由于社会风气未开,舞厅曾被认为是活泼的年轻人玩乐的地方,另有一些排场豪华的舞厅,则以交际应酬的性质为主。就当时而言,舞厅意味着灯红酒绿的不良场所。随着我国经济的不断增长,人们休闲意识高涨,夜生活逐渐普及,舞厅、夜总会、新式的迪斯科舞厅一跃成为休闲生活的宠儿。歌舞厅成为青年和许多上班族主要的交际空间。欢乐奔放的舞厅不单单是年轻人之所爱,许多中老年人士,对舞厅亦有一份难得的情钟。现在,舞厅已成为大众性娱乐休闲场所。

　　舞厅可以说是排忧解闷的快乐天堂,在有限的空间里,配合各种创意兼科技的手法,使客人置身于热闹的氛围中,随着音乐翩翩起舞,对身心健康很有益处:可以消除紧张情绪、放松身心;有助于发展和谐、自然的人际关系,营造一个愉快的交际环境;能促进人体血液循环,调节呼吸,保持身体健康。

　　歌舞厅经营项目具有鲜明的特点:①主体参与性强。参与到歌舞类娱乐中的消费主体要具有一定的欣赏水平和消费能力,能够在歌厅舞场展现自己的歌喉和舞姿。②消费环境要求严格。首先要有一定的场地、设施和氛围,要有音乐伴奏,还要有灯光环境等气氛。这些条件的好坏,直接决定了经营单位的档次、收费水准,也影响着客人进行歌舞的心情和效果。

跳舞是都市极风靡的休闲方式,在休闲生活多样化的今天,五花八门的舞厅类型,更可让人择其所好。饭店经营的舞厅可分为迪斯科舞厅、交谊舞厅和卡拉 OK 舞厅,是康乐部的一个重要娱乐项目。

(一)迪斯科舞厅

迪斯科是英文"disco"的音译。它的动作特点是胯部、膝部带动全身随节奏摆动、扭动或转动,动作自由,活动量大;伴奏乐为摇滚曲,节奏鲜明强烈,速度快。迪斯科舞厅是年轻人流连忘返的乐园,和其他综合性舞厅相比,这种纯粹跳舞的迪斯科舞厅非常强调舞场的风格,除了聘请专业 DJ 主控全场气氛外,还聘请摇滚乐队领舞和现场表演,以鲜明的音乐风格吸引固定的消费群。开放式的舞池是所有迪斯科舞厅的共同点。迪斯科舞厅的规模有大有小,均附设有提供休闲吧台的闲座区。一些场地较大且具知名度的舞厅甚至设有 VIP 包房区,可以享有独立而不受干扰的空间。而一流的舞台设计配合动作感洋溢的 DJ,加上精心的灯光音响设施,迪斯科舞厅总能带给你一个心绪沸腾的夜晚。

进入迪斯科舞厅,门口即有服务人员带位,跳累了可以到吧台点一杯饮料解渴。大部分的迪斯科舞厅均凭门票入场,有时门票费中还包含一杯饮料。

(二)交际舞厅

这是一种有伴舞小姐坐台的正式舞厅,是所有舞厅中历史最久、最具特色的一种。这类舞厅多采用 U 形的坐台区,中间为开放式的舞池,灯光幽暗,舞曲则以抒情歌为主,舞步多为舒缓的交际舞,各种年龄层的消费群皆有,酬酢往来的场面亦属常见。

(三)卡拉 OK 舞厅

这是一种卡拉 OK 与舞厅相结合的经营形式,既能满足客人演唱卡拉 OK 的需要,又能让客人随着音乐起舞。舞池、灯光和音乐则经特殊设计,让消费者能随着舞曲热舞一番。这种有录像带的舞厅其最大的特色在于,在墙上设一大型投影银幕,给人全新的视觉及听觉享受,客人跳起舞来感觉既兴奋又刺激。

二、歌舞厅重点区域设计与布局

歌舞厅内外环境的营造有着很大的变迁性、多元性和流行性。随着时间的推移,人们审美意识和生活观念的变化,使得歌舞厅装饰往往在不断更新与变革。但无论怎样变化,都不能脱离功能和美感的统一、视觉和心理的统一、人文感和时代感的统一。以下就是一些歌舞厅环境设计的重点区域介绍：

(一)歌舞厅门面

(1)标牌醒目大方、美观实际、色彩鲜明,可采用可变霓虹灯装饰,安装位置合理,有书写规范的中英文对照。

(2)应设立字迹清楚的营业时间表、方向指示牌、促销海报、水牌等。

(3)"客人须知"经当地公安机关审核,符合安全要求。

(二)迎宾区

(1)迎宾区设在大门口处,负责检票、来客问询及小件寄存,并引领来客。

(2)服务台外观形态必须与歌舞厅规模、等级一致。材料应选择经久耐用、易于清洗的大理石或磨光花岗石及硬木等。

(3)可采用强度彩色照明,以加强区域过渡感,并带来热情迎宾之感。

(三)吧台

(1)歌舞厅吧台注重装饰的风情格调,气氛独特。设置吧台,可以直接向客人展示酒水和当面制作鸡尾酒,引起客人购买欲,也便利于酒水管理。

(2)酒吧的面积指标是 $1.8 \sim 2.0 \ m^2/$座。吧台是酒吧的中心,其形式有直线形、V 形、U 形和环形等。酒杯、酒瓶挂放应给人以精美感。

(3)吧台设计应符合歌舞厅的风格氛围,达成一致协调情调。

(四)舞池

1. 舞池环境

(1)舞池地面采用硬木质地板或花岗岩地板,休息区内铺满阻燃地毯。

(2)舞池天花板、墙壁采用吸音材料,耐磨、防污、防刮损。其色彩应自然、雅致、大方。

(3)舞池灯光是重中之重,运用灯光的明暗、色彩或光线的分布创造可组合出多种光线,能增强舞池的效果,还可以通过灯光的特殊气氛与音乐的和谐搭配,达到理想的效果。总之,舞池灯光风格各异,应根据舞台大小及功能需要来选择。

2. 舞池设计

舞池设计既要能增强娱乐效果,制造气氛,又要能吸引客人,同时应当遵循方便客人跳舞娱乐的原则。

舞池设计要与接待人数的能力相一致。因舞厅的空间有限,舞池设计可采用以下两种方法：

(1)概念性舞池,即在地面装修时,采用特定的方法制成概念性方形和圆形舞池,如用特殊的色彩或地板下面装有可变化的彩灯。概念性舞池采用同一平面,可大可小有伸缩性。

(2)专用舞池,采用特殊的材料设计成专用的舞池。这种舞池或高于或低于舞厅平面,舞池的地面常采用铜地板或玻璃地板。

总之,舞池的设计要达到顾客能相互直接交流并创造共同娱乐气氛的目的。另外,舞池设计要求面积应与舞厅大小相协调,与接待人数的能力相一致。

(五)舞台

(1)舞台主要是供伴奏乐队和演员使用,也是客人注意力的集中点,故应当遵循既方便表演又方便观看的原则,也应当达到演员和宾客能相互直接交流,共创娱乐气氛的目的。

(2)为了提高娱乐效果,提供表演的舞厅,可设立华丽的巨型舞台空间、立体豪华的灯光设备,并用电脑自动操控,以期演出精彩、吸引顾客。

(3)舞台设计可采用延伸式、阶梯式或一侧式。室内设计以舞台为中心,座位呈半圆扇状式排列。全部面向舞台,座位前应设有桌子供餐饮用。

(六)卡拉 OK 包间

(1)较规范的卡拉 OK 厅一般都有一个较大的主厅,另外还有若干中小型副厅,业内人士习惯称其为包厢。主厅是歌厅的公共活动区,其使用面积一般在 80 m² 以上,大的可达几百平方米。副厅的面积从十几平方米到几十平方米不等。歌厅内部墙面要有较强的吸音功能,歌厅之间要隔音,室内要有良好的通风设施和消防设施。装修副厅要注意突出不同意境和颜色。依据治安管理的有关规定,副厅上应设有便于检查管理的透明玻璃窗。

(2)豪华卡拉 OK 包间应设置一个较矮的演唱舞台。考虑到周末或节假日可能请乐队现场伴奏,舞台上应留出安置乐队的空间。面对舞台的方向设置观众席。观众席可以是敞开的,也可以是半封闭的,一般应摆放沙发和茶几。沙发不可摆放得太紧凑,要留出通道,以便服务员端送酒水和传递点歌单。在面对观众席的两侧,应设置大屏幕彩电显示器或投影仪显示器,舞台上安放可移动彩色显示器。

(3)卡拉 OK 歌厅应特别注意隔音问题,墙壁应选用厚重的材料,有条件的可建双层墙,绝不可用薄木板建墙壁,那样的隔音效果会很差。

天花板的处理也应慎重,一般歌厅均有吊顶天花板,如果天花板不隔音,声音就会通过天花板传到其他房间。

空调管道串音也是一个常被忽视的问题。很多歌厅使用集中空调系统,用管道将冷气或暖气送往主厅和各个包厢,如不对其进行消声处理,各包间之间就会互相串音。

(七)洗手间

(1)歌舞厅客人集中密度较大,娱乐时间长,运动量的增加会导致新陈代谢加快,故洗手间设置应考虑方便性,平均每 100 个台位应设 5 个厕位。装修干净明亮,公共通道和洗手间前应设衣帽间作为缓冲区域。

（2）应设置与环境相协调的穿衣镜、面盆、烘手机等。

（八）服务准备区

（1）餐间因存放各种杯盘瓷器、消毒器具及小型机器,应注意隔断清楚、简洁大方,多以透明材料较好,一目了然,方便取存。

（2）仓库可依歌舞厅规模及消费档次设定,不宜过多储备。

（九）其他设计

歌舞厅在设计时,除上述空间设计外,还要注意空气质量、照明质量等。按照娱乐业管理规则,要求歌舞厅的通风良好,空气新鲜,换气量不低于 30 m^3/h 。室内温度保持在 21 ~ 22 ℃,相对湿度为 50% ~ 60% 。安全门的标志灯应清晰可见,并备有应急照明设备、消防逃生设备等必备的安全设备。

三、歌舞厅总体环境及卫生要求

（1）歌舞厅设计高雅、美观大方。

（2）天花板、墙面装饰高档、舒适。

（3）舞池上空设变幻彩灯,五光十色。

（4）天花板、墙壁采用吸音材料,耐磨、防污、防刮损。

（5）厅内灯光采用可控开关控制。

（6）休息区设咖啡桌、座椅,适当位置设酒吧台,提供小吃、饮料服务。

（7）室内舞厅装饰独具风格,建筑物、家具、用具相互协调。

（8）花草、盆栽、盆景摆放适当位置,调节小气候。

（9）整个舞厅各种设施设备整体布局协调、美观。

（10）舞厅室内外过道整洁。

（11）天花板、墙面及装饰物光洁明亮,无蛛网、灰尘、污迹、印迹。

（12）地面整洁,无废纸、杂物、垃圾和卫生死角。

（13）各种机械设备摆放整齐,擦拭干净。

（14）无灰尘、污渍。

（15）客用杯具、餐具每餐消毒,未经消毒不得重复使用。

四、歌舞厅装饰设计美学法则

歌舞厅装饰布置是以视觉为主要内容、以经营方便为理念的室内环境艺术,在运用中需掌握 3 个法则:

（1）合理地调查、组织空间和使用空间。如舞台与舞池的过渡自然,休闲区与娱乐区相互渗入,不应浪费空间。

（2）合理地运用色彩的特性和规律,使宾客产生不同的情感,营造出歌舞厅环境所需要的各种功能和气氛。

（3）合理地选择照明。在照度、光质和照明方式上配合歌舞厅不同区域场合的需求，为歌舞厅的使用功能和环境气氛注入生机。

第二节 歌舞厅节目设计编配

歌舞厅的节目设计内容与形式、风格与层次，是衡量整个歌舞厅经营方向及理念和品味的一道浓墨重彩的风景线，不仅是一个重要的环节，也是经营的关键。参加歌舞类娱乐项目的客人，性格属于外向型的居多，具有热情、活跃、乐观的性格特征。歌舞厅在进行节目设计时，应该灵活多变地针对客人来源、风俗、信仰、喜好及特点，有针对性地展现，以期达到节目的设计与歌舞厅档次、类型相适应，具有独特民族和地方特色并能反映时代特征及流行趋势，且引导、提倡高品位的趣味。同时客人来歌舞厅消费，就是为了唱歌跳舞看表演。对音响效果、DJ、乐队伴奏、表演队伍、舞池设计和制作要求非常严格，经营者在购买音响设备，选择乐队、DJ、表演队伍时，要选择专业的、热情奔放的、表演效果好的专业团体或个人来为客人提供娱乐服务。

歌舞厅节目设计大约有以下几种形式：

（1）歌舞表演。这是较为流行的节目，专业或业余歌舞团队带来的风格各异的歌舞表演，给客人耳目一新的艺术享受。

（2）歌曲演唱。一般以演唱内地及港台流行歌曲及少量欧美流行音乐为主。目前国内有许多大中城市的歌舞厅根据顾客不同层次的需求，大都设有高雅音乐欣赏室（厅），以独唱、重唱、合唱等表现形式演唱中外民歌、中外艺术歌曲。倡导高雅文化，塑造企业形象。

（3）民族戏曲。我国民族戏曲丰富多彩，它们来自于广大劳动人民世代的生活积累。今天，经过提炼和艺术加工的民族戏曲不仅受国人而且深受外国友人的青睐。

（4）器乐演奏。多种组合形式的器乐演奏与民族乐器演奏，给客人带来了视觉与听觉的享受。充分利用好歌舞厅，可有计划、有步骤地引进中外古今的佳作，把高雅文化艺术推向歌舞厅。同时也让各地客人了解当地风土人情，展示各地特色。

一、中国传统文艺表演类

中国传统表演类节目，趣味高雅，丰富多彩，属于"阳春白雪"，它在层次较高的歌舞厅里深受国外友人、归国华侨和文化品味较高的客人欢迎。它是中国文化形象的传播媒介，通过优美、高尚的情调，能够培养听者丰富而高尚的感情，使歌舞厅表演趣味趋于高雅，并象征整个中华民族社会生活、心理素质、审美情趣的浓缩，直接和西方来宾交流,搭起一座穿越时空的桥梁。

(一)传统中国器乐表演

这里所称的民乐,特指中国的民族乐器表演。它是我国民族民间音乐体裁的一种,指用我国传统乐器独奏、合奏等形式的民间传统音乐。它历史悠久,清新悦丽,典雅平和,睿智理性,不仅深受国内人士喜爱,还特别深受外宾青睐。

根据演奏方法的不同,民乐乐器可分为拉弦乐器、拨弹乐器、吹管乐器和打击乐器四种。演奏形式可分为独奏乐、鼓吹乐(管乐合奏)、锣鼓乐(打击乐合奏)、弦管乐(弦乐合奏)、丝竹乐、吹打乐几种。

在中国音乐发展的数千年里,民间音乐始终是滋养其他音乐的源泉。由于中国地域辽阔,因而民间音乐带有明显的地方特色。从民族器乐的地方特色看,就有江南丝竹、广东音乐、福建南管等。

(1)江南丝竹。江南丝竹是一种流行于江南地区的民间器乐演奏形式,用弦乐器与竹制管乐器进行合奏,乐队的构成灵活多变,从小曲到大型套曲都可以演奏。演奏过程中采用"渐变"手法,充分发挥每件乐器的特长,但在总体上看有层次、有设计,有一定的统一音乐的结构手法。整体音乐风格清晰流畅,欢快活泼。著名乐曲有《三六》《柳青娘》《云庆》《行街四合》《欢乐歌》《春江花月夜》等。

(2)广东音乐。广东音乐形成的历史并不长,原是流行于珠江三角洲一带的粤剧过场音乐,以粗弦硬弓、发音响亮的"二弦"为主要乐器。因受丝竹乐影响,先后增加扬琴、秦琴、洞箫、椰胡,发展成为独立的民乐合奏形式,成为全国影响很大的乐种,也是深受海外华侨喜爱的一种地方音乐。乐器组合有鲜明的特色,音乐风格具有流畅、自然、活泼的特点。代表作品有《旱天雷》《平湖秋月》《雨打芭蕉》《饿马摇铃》等。

(3)福建南管。福建南管又叫南音,流行于闽南、台湾及南洋一带,演奏姿势古朴,可追溯至南唐时代。分为"上四管"和"下四管"两种,前者适合室内细乐演奏,后者适合室外演奏。

在中国传统音乐中,体现的是和谐、高雅的审美情趣。描绘大自然的题材不少,如《高山流水》《阳春白雪》等,一曲曲对大自然的颂歌,诱发出人与大自然交融的无比愉悦。古琴是中国最古老的弹拨乐器,许多古琴音乐充满了浪漫主义气息,如《广陵散》《平沙落雁》《梅花三弄》《夕阳箫鼓》《渔樵问答》《胡笳十八拍》《汉宫秋月》等。

在中国传统乐曲中,还有许多琵琶曲,琵琶的演奏技艺在唐朝已达到很高的水平,如《十面埋伏》和《霸王卸甲》等。

(二)传统歌舞表演

1. 中国民歌

中国民歌风格多样,特色鲜明,风情浓郁,融合着久远的历史传统和本身的地域特色,令闻者沉醉,不能忘怀。在歌舞厅的表演中,可直接引起客人的兴趣,产生共鸣感。按照中国民歌的地方特色,大致可区分为高原山地、草原牧区与江南水乡三大类。

(1)高原山地民歌。我国是一个山区面积广大的国家,高原、山地、丘陵占全国总面积的2/3左右。地域差异较大,不同地域山区的民歌,在总的地域特色中,又会有一些差异。云贵高原地区的民歌曲调,高亢明快,变化丰富,优美多情,其中,情歌的比重较大,歌词内容多以山水等地理事物作比兴。黄土高原的民歌与云贵高原的民歌相比,常有悠扬、辽阔的拖腔,恰到好处地表现着黄土高原辽阔无际的意境与气势。大多民歌的首尾有自由的吆喝,好像是站在黄土高坡上放声高唱。如流传很广的《信天游》《陕北小调》等。青藏高原民歌的重要特点,是歌声激越嘹亮,音区很高。歌词内容以赞美雪山、雪莲、雄鹰和太阳较多。特别是太阳,是藏族同胞经常讴歌的对象。

(2)草原牧区民歌。该地区流行的民歌,自由舒展,辽阔奔放,具有浓郁的草原气息。内蒙古地区的民歌歌词内容与地理环境的关系也比较密切,大多描写蓝天、白云、草原、牛群、骏马等。吟唱内蒙民歌,颇有置身于茫茫草原的亲切之感。新疆的民歌与内蒙古民歌相比,除了具有自由奔放的共性以外,还有节奏感强烈的特点,好似那大漠中起伏的沙丘,大起大落;又如那大陆性气候,早晚变化剧烈。歌词内容多描写天山、吐鲁番、伊犁河、戈壁滩、大草原、骏马及骆驼等。

(3)江南水乡民歌。江南水乡人口稠密,其民歌的总特色是优雅秀丽,清新流畅,委婉缠绵,柔美细腻,像河渠中的静静流水柔情脉脉。这与碧水荡漾,风光秀丽的地理环境有着密切关系。江南水乡名歌的歌词内容,以歌咏河湖、田园、花卉、麦田、油菜、稻谷等景物的内容较多,如《江南小调》等,表现的特色尤为鲜明。

2. 中国民族舞蹈

中国舞蹈艺术源远流长,地域宽广,形式多样,风格独特,自成体系,在世界舞蹈艺术中占有重要地位。从旅游资源上着眼,这是最能体现中国民族特色的娱乐旅游资源之一。近年来,各地旅游部门结合本地的优势,对此做了大量的开发,都取得了可喜的成绩。如昆明南苑饭店艺术团演出的舞蹈《傣族风情》《白族婚礼》,昆明饭店艺术团演出的《瑶族花帽舞》,新疆巴音郭楞宾馆艺术团推出的蒙族舞蹈《黎族打竹舞》《苗岭古风》,浙江旅游艺术表演队演出的《碧荷连连》,厦门悦华酒店艺术团演出的《高山青》《惠安女》等,都受到了国内外旅游者的一致赞扬和热烈欢迎。

(三)传统曲艺表演

1. 说唱

说唱是我国民间一项历史悠久的传统艺术,主要是以简单的乐器伴奏,交叉采用说话和歌唱两种形式来讲故事。说唱是一种十分灵活,不受太多限制的艺术,只凭少数演员富有变化的唱、白、手势、身段及步法,就可以表现出复杂的场景和情景,惟妙惟肖地塑造出各种人物。

说唱艺术主要是由歌唱和说话两者交错组成,一般以叙述为主,以唱为辅。我国现存的说唱艺术,种类达二三百种,但目前流行的有三十多种。根据这些曲种的来源与特征,可归纳为:鼓词类、弹词类、渔鼓类、牌子曲、琴书类、杂曲类、走唱类、板诵类。

2. 相声

相声是极受欢迎的大众化娱乐,是以语言为工具,以惹笑为目的,在笑声背后引人深思的民俗艺术形式。相声是一种讽刺小品,又是一种语言游戏。相声是说唱艺术的一种,相声可以自得其乐,也时常关心国计民生。我国的相声艺术深受外国人的欢迎与喜爱。

3. 杂技

杂技艺术是中国历史悠久的民间表演艺术之一,其精湛的技艺,绚丽多姿的节目,朴实无华的表演风格,充分显示了中华民族勤劳、勇敢、智慧、乐观的民族性格。几千年来,深受中国人民喜爱。它在中国文化史上有着重要的地位,是艺术宝库中别具一格的艺术之花。

中华民族十分欣赏那些善于以巧胜力,把力量、灵巧和内功、智慧结合起来的技艺。正是由于这种风尚和兴趣,形成了中国杂技艺术的民族特点。中国杂技艺术是一种古老而青春焕发的艺术,不仅为中国人民所喜爱,而且还受到世界各国人民的普遍赞赏。来华旅游的外国游客,在白天观赏自然景观、人文景观之后,晚上安排欣赏中国杂技艺术,无不心满意足,表演场中总是闪光灯不断,欢呼声不绝于耳。

二、西方文艺表演类

西方表演类节目,由于秉承"写实"的真实主义美学原则,在歌舞厅的节目表演中独树一帜,风格独特,强调娱乐性和参与性,洋溢着动感,现场感极强。在一个短的时间、小的空间里淋漓尽致地抒发出艺术情绪,传达给观众,无疑有着很强的感染力,使客人能放松精神,使身心轻松愉悦。

(一)古典音乐表演

西方古典音乐最早来自于为宗教仪式和庆典而写的音乐,可以分为狭义古典音乐和广义古典音乐。狭义的是指古典时期的音乐;广义的是指古典乐派、浪漫乐派、印象乐派、民族乐派等乐派统称为古典音乐。西方古典音乐演奏形式有:独奏乐表演、室内乐表演、西洋管弦乐队合奏表演等。

1. 独奏乐表演

西方比较重视和普及独奏乐,独奏乐在顾客层次较高的歌舞厅最常见。这类演奏音乐能陶冶人们情趣,人们可随音乐的节奏翩翩起舞。独奏音乐中,规模较大的是协奏曲。协奏曲是独奏乐器和管弦乐队协同演奏的大型乐曲,如"钢琴协奏曲"、"小提琴协奏曲",还有"声乐协奏曲"等。在协奏曲中,管弦乐队不是处在伴奏的地位。

协奏曲在 17 世纪时指独奏乐器和乐队的竞奏,到了近代发展成独奏乐器与乐队共同演奏的协奏曲。

2. 室内乐表演

室内乐(Chamber Music)通常指少数演奏者演奏的重奏曲,盛行于 17—18 世纪的宫廷和贵族沙龙。室内乐气氛甜美华贵,优雅细腻,给来宾带来无尽的享受。室内乐主要分二重奏、三重奏、四重奏和五重奏等。

3. 西洋管弦乐队合奏表演

"西洋管弦乐队"又称"交响乐队",是现代大型乐队,由四五十人至一百多人组成,主要分为双管编制与三管编制两种。常用乐器通常分弦乐组、木管组、铜管组、打击乐组等。交响乐队的表现形式有:独奏、重奏、齐奏、协奏等。如小提琴独奏、钢琴三重奏、弦乐四重奏、管乐五重奏等。

(二)流行乐表演

20 世纪初,音乐就形成了两大类——严肃音乐和流行音乐。严肃音乐亦称艺术音乐,像古典、浪漫、民族、印象乐派作曲家及现代派作曲家的一部分器乐和声乐作品,都包括在内;而流行音乐指的是大众音乐和通俗音乐,像民歌、民间音乐、爵士乐、摇摆乐、迪斯科、摇滚乐、乡村音乐及各种现代舞曲,都属于此范畴。从发展历史上讲,严肃音乐比流行音乐时间长,且有发展的连续性。但从当代来讲,喜欢流行音乐的人数大大超过了喜欢严肃音乐的人数。为此,流行音乐也成为歌舞厅表演节目必选内容之一。

1. 爵士乐(Jazz)

在众多流行音乐中,爵士乐是出现最早,并且是在世界上影响最广的一个乐种。爵士乐起源于美国的黑人,是美国最有代表性的民间音乐。美国黑人的祖先自非洲被贩卖到美洲后,因思念家乡,常常演唱悲哀的歌曲,逐渐形成了"蓝调"(Blues)。

在爵士乐发展中,杜克·埃林顿(Duke Ellington),又名爱德华·肯尼迪(Edward Kendedy,1898—1974),是将爵士乐领向摇摆乐的一个关键人物。埃林顿把乐队编制变大,把乐器形成了乐器组,加上众多的小提琴和其他乐器,组成了庞大的舞坛乐队。其音响更大,音色更美,表现力也更加丰富了,因此吸引了许多受过正规音乐教育的演奏家、作曲家纷纷加入他的乐队。于是,爵士乐从单纯的伴舞音乐发展成像严肃音乐那样,供人们静下来欣赏的音乐,甚至进了音乐厅。

2. 摇摆乐(Swing)

从 20 世纪 30—40 年代,大型爵士乐队风行美国。由于它们演奏的舞曲曲调动听,节奏活泼鲜明,又有很强的艺术性和挑逗性,听到这种音乐,人们不禁会随着它的节奏和韵律,扭摆着身子翩翩起舞,故人们称之为"Swing"。"Swing"这个词的意思是"摇摆",在我国称之为摇摆乐。由于爵士乐队很多,风格各异,因而产生不少新的流派。其中最著名的有比-波普爵士、甜美爵士和冷漠爵士。

3. 摇滚乐(Rock'n'roll)

从 20 世纪 50 年代起,摇摆乐逐渐衰落,这时,开始出现了摇滚乐。它和爵士乐、摇摆乐有着很近的血缘关系。不同的是,爵士乐和摇摆乐多以演奏为主,只是少部分加有歌唱;而摇滚乐以演唱为主,伴奏乐器只起到辅助作用。爵士乐和摇摆乐都产生在美国,而摇滚乐在美国和英国几乎是同时兴起的。摇滚乐也形成了众多的流派,有滚石(Rock & Roll)、重金属(硬摇滚,Hard Rock)、慢摇滚(Slow Rock)、中康摇滚(Middle of the Road Rock)、浪荡摇滚(庞克摇滚,Punk Rock)、爵士摇滚(Jazz Rock)、拉西摇滚(Latin Rock)等。它们的性质和内容各异,有的歌词关注人们的生活,反对现实中某些坏的和怪的现象;有的歌词文学性很强,诗意很浓;有的用音乐配带韵脚的朗诵词;有的采用声光相配合的手段,给舞台上造成扑朔迷离的虚幻效果。

4. 迪斯科(Disco)

20 世纪 70 年代,美国出现了一种唱片夜总会。这里伴舞用的音乐既不是爵士,也不是摇摆乐和摇滚乐,而是一种节奏强烈、单一为"砰-砰-砰"的流行乐唱片,它的名字叫迪斯科。迪斯科不应算是流行音乐中的一个流派,而是对乐曲进行特殊的改编,不管是现代还是经典曲目,都可以编成迪斯科舞曲,它的重点放在了节奏和打击乐上。奇异、节奏强烈的音响给舞者尤其是青年人以极大的感官刺激,常常使他们产生不可抑制的狂热情绪。由于迪斯科曲调过于简单,节奏单一不变,时兴一个阶段之后,人们对它大感厌倦。

5. 乡村音乐(Country Music)

"乡村音乐"这个名字是 20 世纪 20 年代在美国出现的,歌曲的内容,除了表现劳动生活之外,厌恶孤寂的流浪生活,向往温暖、安宁的家园,歌唱甜蜜的爱情以及失恋的痛苦等都有。美国乡村音乐的性质和我国各地区的民歌、小调很相似。乡村音乐成为美国劳动人民最喜爱的音乐形式之一。在美国,"蓝领"指的是下层人,故这种音乐又称"蓝领音乐"。乡村音乐的曲调,一般都很流畅、动听,曲式结构也比较简单。在服饰上也比较随意,即使是参加大赛及音乐厅重要场合演出,也不必穿演出服,牛仔裤、休闲装、皮草帽、旅游鞋都可以。

(三)西方歌舞类

西方歌舞类表演以自由为主,热情奔放,充满令人目不暇接的光彩,有很强的视听冲击和无限参与感,让人身临其中。目前流行的歌舞表演有以下几种:

1. 爵士舞

爵士舞的最大特征在于可以自由自在地跳,不必按照既定的舞步行事。是在自由的气氛中,保持某种程度的规律性。如基本动作及舞姿有一定的规则,但可以自由组合。爵士舞采用的乐曲是爵士乐,故而得名。基本拍数为 2/4 拍或 4/4 拍,具有自由、奔放、热烈、兴奋的特色,而且节奏相当快,与爵士舞搭配起来相得益彰、水乳交融。许多演奏爵士乐的表演者都能一边演奏,又一边舞出精彩的爵士舞步。

2. 现代舞

现代舞是 20 世纪初,由美国舞蹈家邓肯创造的一种舞蹈。后来的许多舞蹈家继承了邓肯的主张,又各自发展、创造,形成了许多不同风格的现代舞流派。其共同特征是摆脱古典芭蕾的程式和束缚,以自然的舞蹈动作,自由表现思想感情和生活。

3. 土风舞

土风舞是一种富有乡土风味的舞蹈,也是民族风俗习惯与传统的一部分,具有强烈的地方特性。由舞蹈的发展过程来看,土风舞的历史比宗教舞蹈或其他舞蹈的历史都古老。土风舞是一种充分表现群体的活动,不但自己能陶醉其中,同时还能感染别人,在心灵上产生共鸣。除健美强身外,跳土风舞也是熟悉各国风土民情与民族文化的一个良机,对缺乏音乐细胞的人而言,土风舞是最佳选择。土风舞是最容易学习、也最容易被推广的一种舞蹈。

4. 交谊舞

交谊舞不仅有表演性质,还有社交性质。它娱乐性较强,在社交舞厅进行,拥有各年龄层、各消费档次的消费群体。常见的包括:布鲁斯、福克斯、华尔兹、探戈、快三步、吉特巴和伦巴。

(四)时装表演

歌舞厅经营者为了吸引顾客,经常会邀请一些演艺公司进行时装表演。时装表演源于法国,发起人是英国人沃思(Charies Frederick Worth)。通过表演把时装信息传达给公众以期引导潮流,时装表演讲究时装气氛与舞台效果的配合。其类型可以分为流行趋势型表演、销售引导型表演和欣赏性表演。

时装表演带给人们综合性的美感享受。观赏者在欣赏服装的同时,也体味了体态的动作美,音乐的节奏美,雕塑的造型美和色彩的视觉美。

第三节　歌舞厅服务与管理

一、歌舞厅经营特点

(一)歌舞厅经营管理要有灵活性

歌舞厅是提供综合性娱乐的场所,经营管理要有灵活性,要根据客人的需求灵活变换经营方式。如在周末和节假日生意较兴隆的时候,安排较好的节目,并配备较多的服务员。由于歌舞厅中既有餐饮服务,又有娱乐服务,在经营管理上,一方面要随时掌握客流量,根据客流量备餐和配备服务人员;另一方面要灵活调整舞台文艺节目。如果外国客人多，就应适当安排具有民族特色的节目；如果中国客人多，则可适当安排外国节目，例如芭蕾舞等。如果歌舞厅自己经营艺术团，则更应采用灵活多样的管理办法。

（二）歌舞厅的服务要有组织和控制

客人参加娱乐活动，总是为了达到满足其某些需要的目的。表演性娱乐项目主要是给客人感官和心理上的满足，因此在服务中应做好全场的组织和控制工作。具体而言，要做好以下几方面的工作：

（1）提供良好的环境。从设备来说，环境要优美，室内装饰要华丽，要讲究舒适。要根据节目的要求，布置好演出舞台的音响、灯光、扩音器、照明设备，使室内清洁、整齐、舒适，气氛和谐。

（2）组织好节目。管理人员事先应同演出团体签好协议，认真选择、审查好节目，做好组织工作，制订好节目单，以保证演出有条不紊地进行，使客人能始终保持良好的情绪。

（3）热情提供现场服务。客人到来后，服务人员要热情接待，引领客人到适当的座位。客人欣赏音乐、歌舞时，要做好小吃、饮料的服务工作。要细心观察客人动态，及时询问要求，及时呈递客人需求的节目，做好销售服务，满足客人受尊重的心理。

（4）做好告别服务。节目结束时，演出人员要站在舞台上向客人告别，表示谢意。营业时间结束后，全体服务人员要站在门口欢送客人，并欢迎再次光临。对中途进场或退场的客人，也要做好迎送服务，给客人留下美好回忆。

（三）歌舞厅的经营开发要注意风险性

歌舞厅的经营活动很容易受消费客人需求变化的影响。最早的舞厅内只跳交谊舞，后来随着迪斯科热的兴起，许多舞厅开始在交谊舞曲中穿插迪斯科舞曲，使交谊舞厅成为综合舞厅。以后出现了专门的迪斯科舞厅，再后来又出现了冰上迪斯科舞厅。消费客人对舞厅需求变化之快使经营者难以适应。在歌舞厅热尚未减退之时，上海、北京、深圳等地出现了专门的"迪厅"，在短短的 1 年时间中，全国迪厅数量剧增。然而，还没等这些迪厅的经营者们从火暴经营的兴奋中清醒过来，迪厅热又明显降温。康乐经营的风险由此可见一斑。

二、歌舞厅专业演出人员配备与管理

（一）节目主持

主持人几乎等于舞厅节目的灵魂。其串场的灵活、临场的反映和机智，使整个节目得以顺畅进行。此外，为了配合节目，节目主持人还必须具备良好的口才、唱歌、演戏等才能，甚至还参与节目的设计。无论在何种场合，节目主持需要有较高的音乐素质，具备歌、舞、谈技能于一身，并有丰富的实践经验。为使节目热闹，表演场有时设有两个以上的节目主持人搭配合作。

由于主持人在活动中的地位和作用很重大,对活动有很大的影响,所以应具备以下几个条件:

(1)仪表端正,热情好客,性格开朗,具有社交技巧。

(2)要知识面广,对自己职责范围内的情况了如指掌,对所用设备、歌手演唱特点和来宾大体情况有较全面的了解。

(3)有较强的语言表达能力和处理意外情况的能力,能主动协调和解决歌手、服务员和客人之间的矛盾。

(4)懂得舞台常识,并有一定的实际工作经验,懂得并能把握顾客的心理变化。

(5)较熟悉娱乐界的情况,自身具有一定的表演特长。

(二)DJ 和乐队

DJ 是音乐休闲中心的灵魂人物,是负责点播歌曲及控制灯光的专职人员,其具有以下职责:

(1)熟悉一切灯光、音响设备的性能和使用技巧。

(2)能处理一些设备方面的技术问题。

(3)动作迅速,头脑敏捷,能正确使用、保管和妥善维护各种设施设备。

乐队是现代伴唱音响无法替代的,乐队在伴舞伴唱及表演中有现场感,使乐队与顾客直接交流,能活跃现场气氛,能使客人的情绪与乐曲的起伏融为一体。聘请乐队时,应聘请经国家批准成立的、有营业执照和演出经营许可证的乐队。

(三)领舞和伴舞

领舞和伴舞是歌舞厅经营中不可缺少的岗位,领舞在迪斯科舞厅能带动全场客人跳舞,营造良好的舞厅气氛。伴舞,即陪舞,是指坐台小姐作为客人舞伴陪客人跳舞,能引导客人消费。这里需要特别提及的是,陪舞是舞厅经营的基本服务项目,应严格与卖淫嫖娼行为区分开来。

(四)演出队伍

在歌舞厅,表演性娱乐项目的服务员或表演队,一般有两种形式:一种是专门聘请有这方面特长的艺术家来做客增加影响力;另一种则是由歌舞厅自己组织一支专业演出队伍,以更好地进行节目的组织和流程的控制。前者由于演员要跑好几个场,在时间和人员安排上隐藏着很大的风险性,若出现空场情况,则须主持人灵巧、机智地掌握,安排替代的节目,进行很好的衔接。后者虽然能保持演出顺利,但由于演员固定,时间一长,其节目使客人特别是常客感到厌倦、乏味而更换娱乐场所。因此歌舞厅的专业演出队伍必须具备以下的业务素质:

(1)灵活性强,能迅速适应客人的需求,及时更换客人喜欢的节目。

(2)能充分发挥自己的潜质,编排一些有创造性和吸引力的节目。

（3）应多才多艺，"吹拉弹唱"，无所不能，能在特殊情况下及时"救场"。

（4）经常参加训练，不断加强、提高自身的业务水平，减少演出中的失误。

（5）认真、投入地进行高质量的演出，能以自身技术来感染带动全场客人的情绪。

总之，两种服务方式，各有利弊，歌舞厅应在可能的条件下，两者兼而有之。既有自己扎实的演出队伍，又可聘请一些有特殊技艺的艺术家做客串表演，以增加其知名度，使节目丰富多彩，很好地控制全场气氛，满足客人需求，增加客源。

三、歌舞厅优质服务的基本特征

歌舞厅的优质服务是指消费客人对歌舞厅的管理者和服务者所提供服务的期望值和满意度的相对统一。它的基本特征是建立在规范化服务基础上的个性化服务。

规范化服务即标准化服务，一般可以满足大多数客人的要求。个性化服务则有所不同，它包括情感服务、特色服务、超常服务等特殊内容。

（一）情感服务

情感服务，顾名思义是歌舞厅的管理者或服务员在为消费客人提供服务的过程中倾注情感的行为。例如，许多歌舞厅都建有客人档案，要求服务员熟悉回头客的一般情况，对第二次来消费的客人能以姓氏或者姓氏加职务称呼。如×经理、×小姐等，这种称谓可以使客人产生亲近感，易于拉近企业与客人的关系。此外，歌舞厅在重大节日向客人赠送礼品（如新年赠挂历，圣诞节赠小玩具等），可以使客人时时刻刻都能感到被关注的喜悦，有助于增进客人与企业管理者及服务员之间的感情，使客人的期望更容易得到满足。

（二）特色服务

特色服务是指向客人提供的具有本歌舞厅特点的服务内容和服务行为。

服务内容特色多与服务项目密切联系。例如歌舞厅的项目特色就非常鲜明：如巴西国家综艺歌舞团在某歌舞厅驻场长达半年，为客人奉献了火暴热辣的异国风情歌舞；某酒店推出宫廷盛会，给客人带来古代帝王般的享受，这些服务内容都有其典型的风格和鲜明的特色。

（三）超常服务

超常服务是指歌舞厅在经营过程中向客人提供的超过常规服务标准和服务范围的服务。它能够满足一些客人的特殊需求，对提高歌舞厅的声誉有良好的作用。超常服务是根据"尽量满足客人的一切正当需求的原则"而提出的。提供超常服务除需要歌舞厅管理者授权外，还要求服务员具有良好的素质和能力，要求服务员服务要有灵活性。例如，在某酒店举行的结婚典礼上，新人向服务员提出把喝交杯酒的酒杯拿走留作纪念的要求。按照常规，这种要求一般是会被拒绝的，但经请示，酒店将酒杯赠给了客人,使客人满意而归。

四、歌舞厅的服务程序

(一)班前准备

(1)检查仪容仪表,要求着装整齐,精神饱满。

(2)参加班前会,明确当日的工作安排和具体的工作分工;了解当日客人的预定情况。

(3)完成责任区域的清洁卫生工作;将台面按规定标准依次摆放台卡、花瓶、烟缸等物品。

(4)营业前5 min,侍立于指定的工作位置,恭候客人的到来。

(二)预订服务

(1)客人预约时,预订员应热情接待,详细询问客人的预订要求。

(2)当确定能满足客人订台要求后,应准确记录预订信息,并向客人复述预订内容,进行核实确认,填写预订表格。

(3)礼貌向对方致谢、道别,完成预定。

(4)将预订信息及时通知相关服务人员,提前做好准备工作,恭候客人的光临。

(三)热情迎宾

(1)面带微笑,主动问候。要求迎宾员按标准服务站姿站立于大厅门口,并使用专业礼貌服务语言问候客人。

(2)如果需要凭门票入场,应由专门的服务人员负责检票,要求认真、礼貌、热情、大方。

(四)引领服务

(1)礼貌询问客人是否有预订,对已预订的客人,按其预定时的台号,引领客人入座;对没有预定的客人应为客人选择合适的位置,引领入座。

(2)在引领过程中,应注意照顾好客人,在拐角或台阶处应提醒客人小心。

(3)引领客人到位时,应伸手示意客人请坐,如需拉椅应主动及时;当客人脱下外衣或去掉帽子时,上前帮助客人挂好。

(4)引领员告谢告退,并预祝客人在此玩得愉快,度过一段美好的时光。

(五)台面服务

(1)客人入座后,台面服务员迅速为客人提供服务,首先点燃烛台。

(2)主动向客人介绍大厅所提供的娱乐活动项目,供客人选择。

(3)向客人呈送酒水牌。要求按先女后男,先宾后主的顺序呈递,呈递时应将酒水牌的第一页打开,双手礼貌地递送给客人。

（4）将酒水牌递送给客人后,应给客人一定的选择时间,然后再询问客人是否可以开单。

（5）为客人开单时,应主动向客人介绍酒水及佐餐小食;对特殊调制的酒水和果茶应向客人介绍其调制方法、配料、饮用方式及分量等;注意运用推销语言和技巧,争取客人最大限度内的消费。

（6）开列单子填写要求:①字迹工整、清楚,无错字别字;②填写台号、人数、时间、服务员姓名等;③准确填写品名、数量;④画掉多余的空行;⑤特殊要求应在备注栏内注明;⑥酒水和佐餐小食应分单填写。

（7）单子填写完毕后,应向客人复述一遍,保证准确无误。

（8）确认无误后,应收回酒水牌,并向客人表示感谢:"非常感谢,请稍后。"

（9）服务员迅速将填好的酒水单,一份送往吧台交给调酒员,一分交收银员记账。

（10）服务酒水和佐餐小食:①准备好洁净的托盘、餐具和服务用具;②将出品的酒水和小食,立即为客人服务上桌。注意在递送时不要挡住客人的视线(为此,有的歌舞厅要求服务员采用半蹲式或跪式服务);③报出酒水和小食的名称,请客人慢用。

（六）巡台服务

（1）服务员要注意观察自己服务区内客人的需求动向,留意客人的手势,随时上前为客人提供服务。

（2）及时为客人添加冰水,斟倒饮料。

（3）当客人抽烟时,要迅速掏出打火机为客人点燃香烟。

（4）勤清理台面,勤换烟灰缸(烟灰缸内的烟蒂不得超过两个),及时撤掉喝完的酒瓶、饮品杯,并主动询问客人是否再点新酒水。

（5）如客人不小心将酒水瓶碰落在地上摔碎时,服务员应迅速用扫帚清理干净,切忌用手去拾;再用干拖布或抹布将地面弄干,保证地面清洁不滑。

（6）服务员应同保安一起维护好大厅内的秩序,在节目演出期间,保证场内的安静。

（七）结账服务

（1）客人示意结账时,服务员应认真核对客人的消费账单是否准确。

（2）将账单面呈客人,如果客人对账单有疑问,应耐心认真为其进行解释。

（3）接过客人递来的现金,应仔细进行核对,收银员应使用服务用语向客人道谢。若需找回零钱,应及时找回,当面点清。

（4）若客人递来的信用卡,应先确认客人使用的信用卡是可以接纳的,然后检查持卡人的姓名、持卡人身份证等,并向客人表示感谢。确认无误后,刷卡办理结账手续,请客人确认金额,请客人签名并与信用卡背后签名核对,最后将客人的信用卡、身份证交还客人,并表示感谢。

(5)若客人签单结账,应请客人出示有关证明,服务员进行核对后,请客人在账单上正楷签名,签完名后,须将账单的第一联、第二联交给收银员核对。

(6)如果遇上拒签或无理取闹的客人,要及时报告保安部处理。

(八)送客服务

(1)客人结账后,起身离座,服务员应主动上前拉椅,协助客人穿好外套。

(2)提醒客人带好随身物品,送客人至大厅门口,并礼貌地向客人道谢道别。

(3)门口的迎宾员,应主动为客人拉门,欢送客人,礼貌地向客人道别,并欢迎客人下次再次光临本歌舞厅。

(九)收尾工作

(1)客人走后,服务员应迅速清理台面,整理桌椅,并再次检查是否有客人的遗留物品,如有立即交还给客人或交经理处理。

(2)按要求重新摆好台面,等候迎接下一桌客人。

(3)营业时间结束后,全体服务人员要站在门口欢送客人离开。

五、歌舞厅的安全防范

(一)歌舞厅安全的特点

(1)歌舞厅的内部装饰材料和陈设大多是易燃或可燃物,如沙发、家具、地毯等。一旦发生火灾,这些材料会助燃,而且会产生毒气,直接给顾客生命财产造成危险。

(2)歌舞厅是一个封闭空间,尤其是在夜间消费,客人对歌舞厅环境往往不熟悉,一旦发生火灾,就会惊慌失措,迷失方向,拥塞在通道上造成混乱,给疏散和救火工作带来困难,也会直接危及顾客的生命安全。

(二)歌舞厅安全操作原则

1. 建立安全操作的程序

歌舞厅为客人提供餐饮及娱乐服务时应保证顾客的人身安全。餐娱企业经理应建立起对客人安全负责的工作态度。具体而言,应做好以下几方面的工作:

(1)应建立安全工作程序。

(2)训练职工使其遵循安全的工作程序。

(3)定期检查并保证生产设备和工具的安全可靠,使用具有安全保护装置的设备。

(4)对发生的事故要进行检查研究,必须保证很快处理导致事故的问题。对于任何事故苗头,无论多少,都要尽快引起注意,并提出维修和保养报告。

(5)召开实施安全计划的会议,并进行其他形式的安全教育活动,保证顾客的安全。

2. 歌舞厅安全操作规程

（1）保持过道和楼梯干净、无障碍物，有溅洒物要立即清扫；盐可洒在较滑的地面上防滑，应始终保持地面干净，无油滑处。刚拖完地面水未干之前，有必要提醒客人小心防滑。

（2）碎玻璃等只能用扫帚去清扫，不要用手捡。要用特殊容器来装碎碟，不要扔在普通垃圾袋里。如果玻璃器皿碎在水池内，应先放水再清扫，易碎品不要放入水池内。

（3）盘、碟、碗不能盛得太满以防止热食物和热饮溅出。端热饮品要用托盘并提醒前后人注意。有必要的话一定要说："打扰你，先生。"

（4）按标明的出入口进出歌舞厅。

（5）所有工作区都必须有充足的光线。

（6）服务时步子要稳，不要跑。在任何方式的服务中，无论是顺时针还是逆时针服务，始终保持向前行走。

（7）手潮湿或人站在水中时不要去接触电源开关。

（8）设备按使用要求开启和关上，机器工作时不要试图接触里面食品。

（9）所有工具只能按专门用途使用，如不应用刀来开启瓶盖。

（10）当火警铃响时，如有时间应关掉所有煤气、电源开关。

（11）灭火用的盐、苏打放在煤气灶头附近，灭火用布放在油锅附近，以防万一。

（12）安全门要畅通无阻、无障碍物。

（13）其他服务项目也要按操作要求进行。

【小　结】

当前歌舞厅作为自娱休闲生活的代表媒介，为宾客提供了一个在娱乐和消遣过程中陶冶情操，愉悦身心，增添生活情趣，发掘个性，进行公共交际的重要空间。本章通过对歌舞厅经营与管理的介绍，可为歌舞厅的经营服务提供良性、优质、丰富多彩的娱乐服务方法。本章重点和难点是歌舞厅的节目设计，节目设计的质量和特色是歌舞厅生存的根本所在，同时适宜的环境设计及特色管理服务也必不可缺。通过对本章的掌握，将更好地为歌舞厅经营与管理做出正规指导及规范操作。

【思考题】

1. 歌舞厅的种类有哪些？有何特点？

2.歌舞厅的环境设计与布局的要求是什么？

3.西方流行乐表演有哪些？

4.在歌舞厅节目设计中怎样有计划、有步骤地引进中外古今的佳作，把高雅艺术推向歌舞厅？

5.一个好的主持人应具备什么样的条件？

6.结合实际谈谈，怎样做好歌舞厅的管理与服务？

【案例与思考】

2006年12月24日，某地某四星级酒店夜总会迎来了一年一度的圣诞狂欢夜，除了准备精美的装饰和礼物外，酒店还聘请了当地颇有名气的演出队登台献艺，一切正如火如茶地展开。正当全场气氛达到高潮时，突然意外发生，一位酒店常住客人，56岁的台商林先生突然手捂胸口倒于舞池中，引起周围一片惊呼声。据其朋友提供，他曾有心脏病，可能是剧烈的活动引发所致。此时，作为离他最近的服务员，该怎么做？并说明理由？

(1)急忙跑去报告领班。

(2)立即对病人实施人工呼吸及胸外心脏挤压等急救措施。

(3)迅速拨打"120"，并讲清病人性别、年龄、目前状况及发病时间、过程及夜总会详细地址、电话号码及等待救护车的确切地点。

(4)请病人的朋友将其送去医院，照常进行服务工作。

卡拉 OK 厅的经营与管理

卡拉 OK 源自日本的小酒馆,本意为"空乐队"。"卡拉"是日语"空"的译音,"OK"是英文"orchestra"(管弦乐队)的译音。卡拉 OK 早期是民谣歌手用的伴唱机,后来餐饮店为了招揽顾客,就以此作为娱乐设备。卡拉 OK 的原曲伴奏将原本仅供自娱自乐的声音包装得煞有介事,使演唱者令人难以置信地沉醉起来,于是从业者也就投其所好纷纷增设。后来专业的卡拉 OK 店出现,以电影院似的大屏幕和提示歌词的伴唱影带,掀起人们尽情欢唱的热潮。如今,不仅日本、中国台湾地区及中国香港、新加坡、韩国、英国、美国甚至澳洲,卡拉 OK 都以所向披靡的魅力大肆风行,在商人的求新求变下,卡拉 OK 与多种经营消费形式相结合,成为现今消闲生活最热门的舞台。

第一节　卡拉 OK 厅的空间规划和布置

一、卡拉 OK 厅的空间规划

卡拉 OK 的主要功能是为客人提供伴唱服务,以此来吸引客人,并作为营业收入的主要来源之一,所以应尽可能地使各项设施布置合理,使散座区和包房区协调,达到最大的接待能力。此外,还要为客人提供跳舞、酒水等方面的服务,这些服务也是卡拉 OK 厅营业收入的重要来源,这就需要配套齐全的设施和服务。因此,卡拉 OK 厅的空间规划可从以下几方面来考虑:

(一)舞池

舞池是卡拉 OK 厅不可缺少的空间,是客人活动的中心。不仅演唱者在演唱时可以在舞池中来回地表演,而且为其他客人提供了随音乐起舞的空间。卡拉OK厅的舞池作为一种辅助场地,其面积应根据实际需要来确定。舞池在整个卡拉OK厅中所占面积应为1/6~1/5。

(二)座位区

卡拉OK的座位区,主要是用来接待散客的,也称散座区。散座区的空间规划要处理好两方面的关系:一是要散座区与舞池相配套,座位数是卡拉OK接待能力最直接的衡量尺度,一般要尽量有效地扩大散座区。相应的散座区座位数越多,舞池相应就越大。二是要处理好散座区与KTV的关系。KTV成为卡拉OK厅的重要消费场所,被越来越多的团体客人所接受,可以根据当地人的消费习惯来确定KTV的多少以及KTV的大小,总之要合理规划最大限度的接待能力。散客区的座位有火车座式、圆桌式或"U"形沙发式。不管怎样的座位形式都是围绕并面向舞池来布置的,而且以能观看到大的银屏为要求,否则应在各座位区附近上方悬挂电视。散座区以台号来确定坐席,便于服务和管理。

(三)KTV包房

KTV是具有卡拉OK功能的包房,用来满足那些不愿被打扰的团体客人或友人聚会而提供的场所。KTV可根据接待人数需要设立小、中、大型。KTV包房内设有隔音墙、高级沙发、高级环绕音响、大屏幕电视机、电视点歌台,有条件的应内设电话、舞池和卫生间。KTV包房一般以最低消费额方式来出租,或以小时数来出租。

(四)音控室

音控室是卡拉OK厅灯光、音响的控制中心。音控室不仅为卡拉OK散座区、KTV包房播放所点歌曲,而且对舞池的灯光、音量加以调节和控制,以满足客人的视听需要。音控室一般设在舞池区附近较为隐蔽的地方,一般能从音控室观察到舞池的情况。

(五)吧台

吧台是整个卡拉OK厅服务活动的中心,包括提供酒水、小食品果盘,送点歌单,为客人提供其他服务等。

(六)卫生间

卫生间是卡拉OK厅不可缺少的辅助设施。卫生间的卫生洁净程度、通风状况必须符合卡拉OK厅的档次,至少要符合卫生防疫部门规定的标准。

二、卡拉OK厅的布置

(一)卡拉OK厅布置原则

(1)在视觉方面,要使卡拉OK大厅每一个角落都能看到舞台上的节目表演和屏幕上的字幕、图像。

（2）在听觉方面，要求音响清晰柔和，音量调节适中，避免出现尖锐、嘈杂的声音。

（3）在果品饮料服务方面，桌椅摆放应留有足够的空隙，以方便客人的进出和供餐的服务。

（4）在桌椅摆放方面要求优质服务。

（二）卡拉 OK 厅的布置

1.卡拉 OK 大厅的布置

（1）大厅门口设有服务台，负责接待预订和迎送宾客。大厅设有散座区和包厢区。

（2）大厅配有大的投影屏幕，不同角度、位置配有电视屏幕，方便客人观赏。

（3）大中型卡拉 OK 厅演歌台配移动或无线麦克风 3 ~ 5 个。音控室与 KTV 包房和歌台保持一定距离。控制设备、线路齐全完好、隐蔽。整个卡拉 OK 厅各种设施设备配套。

（4）卡拉 OK 厅附设有为客人提供服务的酒吧和水吧。

2.卡拉 OK 厅的环境布置

（1）卡拉 OK 厅门面装饰美观、大方，名称标志醒目，设施设备完好。

（2）门前设营业时间、价目表、当地公安部门公告和客人须知等标志、标牌。设计美观，有中英文对照，字迹清楚，位置明显。

（3）包房内部装修风格各具特色，色彩、气氛、灯光宜人，协调美观，具有艺术性、时代感。墙面、天花板采用吸音材料，隔音效果良好。灯光柔和，可调节控制。

（4）卡拉 OK 厅室温 24 ℃左右。相对湿度 50% ~ 55%。通风良好，空气新鲜，无异味。

3.卡拉 OK 厅卫生质量的要求

（1）卡拉 OK 厅内外过道整洁。天花板、墙面及装饰物光洁明亮，无蛛网、灰尘、污迹、印迹。地面整洁，无废纸、杂物、垃圾和卫生死角。

（2）各种机械设备摆放整齐，擦拭干净。客用杯具、餐具每次使用后应消毒，未经消毒不得重复使用。

第二节　歌单设计与歌曲推销

点歌服务是卡拉 OK 厅的基本经营内容之一，歌曲的种类、数量及视盘的质量都关系到卡拉 OK 厅的营业收入。所以，卡拉 OK 厅的歌曲首先要求种类齐全，能满足不同客人的点歌需要;其次,歌单信息齐全,能最大限度地方便客人点歌。

一、歌单设计

(一)歌单包括的基本信息

目前,在卡拉 OK 厅使用的歌曲有几千首之多。同一首歌可能会因唱片出版商的不同,在歌的词、曲方面会有所差异,同一首歌曲也会有不同语种的版本。为方便客人点歌,提供的点歌单曲目必须有一个非常清晰明了的信息。歌单包括的基本信息有:

(1)歌曲的编号,方便客人按数字输入点歌信息。一般来说前三位是盘号,第四位表示 A、B 面,后二位表示歌曲号。

(2)歌曲的名称,即客人所要点的歌曲名称。

(3)歌曲的语种,如在歌曲后面标明国语、粤语、英语、日语、韩语等。

(4)歌曲的出版商。在歌曲后面标明的是歌曲的出版商,如宝丽金、飞图、至尊、滚石等,便于客人点歌时选择。

(5)歌曲的原唱者。歌曲的原唱者是引起客人点歌愿望的关键所在,应特别标明。

(二)歌曲的编排方法

歌曲的编排方法是决定点歌服务速度快慢的重要因素,客人都希望能够以最快的速度来点歌。然而,由于歌曲编排的原因在很大程度上影响客人的点歌速度和消费水平,所以歌曲的编排方法应遵循一定的规律:

1. 按影碟或出版商的唱片排列

这是一种最为简单的设计方法。首先将出版商的影碟或 VCD、CD 按顺序排号,然后对歌曲按 A、B 面顺序排列。例如宝丽金(国语)四 A 面编排如下:编号歌名原唱者——375101 青花瓷 周杰伦

2. 按字数设计

首先将不同的语种如国语、粤语等分类,然后按歌名的字数排列,如一字歌、二字歌、三字歌、四字歌等,每字歌都按编号、歌名、出版商、原唱者的顺序排列。这种设计方式打破了碟的限制,同一首歌曲会因不同的出版商有多个编号,这时,歌曲的编号就显得特别重要。例如四字歌编排如下:编号歌名出版商原唱者——122108 北京欢迎你 群星

3. 按歌星排列

这里主要是指将各歌星的专辑影带多出现在歌单分类上。另一种是电脑贮存播放设施中具有按歌星分类的功能,但不一定出现在点歌单上,只是显示在屏幕上。例如蔡依林"舞娘"专辑——421010 舞娘

4.按字母顺序排列

对于引进英语、日语原版歌曲较多的卡拉 OK 厅,可将原歌曲按字母顺序进行排列。

如英语按 26 个字母顺序排列,如以"A"编排如下:编号歌名出版商——516203A Certuin Smile 宝丽金

(三)歌单的装帧设计

歌单的安排和装帧要体现卡拉 OK 厅的经营风格、管理水平。好的歌单往往能给客人留下深刻的印象,促成客人再次光临,甚至成为有些客人的收藏品。歌单的装帧设计应做到以下要求:

(1)歌单的规格一般都采用大 16 开本,即 23 cm × 30 cm。但不同类型的卡拉 OK 厅可根据歌曲的多少采用个性化设计。

(2)歌单的封面应设计精良,色彩丰富得体,并包括卡拉 OK 厅的标志、名称以及电话号码等告示性信息。

(3)歌曲的字体应让客人在卡拉 OK 厅的灯光下能清楚辨认。忌用小字,行距要大,以增加清晰度。

(4)纸张选择应合适,如纸质太薄会使字体显落背面,造成辨认模糊,太厚又增加了歌单的重量。

二、点歌服务和歌曲推销

点歌服务是一项比较烦琐的服务,服务技巧性强,服务程序要求严格。点歌服务的好坏直接对整个卡拉 OK 厅的形象有重大影响。点歌服务是卡拉 OK 厅经营的核心,也是歌曲推销的关键。这就要求点歌服务员具有较高的服务技能,掌握歌曲推销的技巧。具体要求如下:

(1)在客人入座后,服务员应及时递上点歌单、点歌纸与笔,并在一旁等待客人点歌;当客人点完歌后,服务员应上前双手接过歌单,送至音控中心。

(2)点歌单传送应及时,并排好先后顺序,避免点歌曲目和顺序发生冲突,延误播放时间。若客人要求优先点唱,则与客人解释本卡拉 OK 厅的优先点唱收费制度,经客人同意后给客人办理歌曲的优先点唱。

(3)在无客人点歌时,要避免冷场,除播放歌曲外,服务员应礼貌地提醒客人点歌。服务员对歌单上的歌曲应有一定的了解,并对歌曲进行推销。

(4)服务员应当具备一定的音乐知识和良好的音乐细胞,在客人需要帮助的时候,能提供伴唱服务。来卡拉 OK 厅消费的客人不一定都有很好的音乐细胞,当客人想唱某首歌而又有困难,或想唱男女声对唱而无合作者时,服务员的伴唱服务则是至关重要的。但要注意,伴唱一定是在客人提出邀请之后。

(5)点歌服务要求服务员具有一定的应变能力,能活跃气氛,使客人的积极性调

动起来。客人不根据歌单点歌而是口头点出某歌名时,服务员应立即判断出是否有此歌,大约在哪个唱片上,其编号是多少,并迅速查找到歌曲为客人点歌。

(6)在客人演唱时,服务员应礼貌地站在一旁并给客人适时的赞美和鼓掌,以提高客人再次演唱的兴趣。

(7)对于客人点唱的歌曲或点歌记录要保存好,并与音控中心保持联系,以便核对和最终结账。

(8)服务员在点歌服务时不应急躁,催促客人或在客人没有做出决定时一直等在客人身边,而应具有正确的判断力和一定的应变能力,能够在需要的时候协调气氛,推销出更多的歌曲。

三、卡拉 OK 厅的点歌方法

(一)填写点歌单

填写点歌单是初创时期较为原始的点歌方法。点歌单一般包含有厅室、台号、点歌人、歌曲编号、第几盘、第几首歌、歌名等内容,如表 11-1 所示。进入卡拉 OK 厅中,客人依据歌本上的曲目,选择自己爱听爱唱或者想听想唱的歌曲,将歌名编号填写于点歌单后(一张点歌单通常可写 5~10 首歌曲),服务员送到音控中心交给 DJ。

表 11-1

点歌(曲)单
台 号_____ 姓 名_____先生/女士
歌(曲)编号_____
歌 名_____
赠 言_____

(二)光笔点歌

光笔点歌是高科技的结晶,是比较先进的点歌方法。在有些卡拉 OK 的点歌本内,每首歌的后面均有记忆磁片,客人只要在喜欢的歌曲后面以光笔一一刷过,就会有"滴"的一声,表示这些歌曲已传输到电脑之中。中央主控室的列表机把客人所选歌曲打印出来,工作人员再依列表顺序,取出音乐片,插入放映机,把歌曲播出。由于光笔点歌成本较高,一般是在卡拉 OK 厅的 KTV 包房内用得比较广泛。

第三节　卡拉 OK 厅的运营与管理

一、卡拉 OK 厅的日常运作程序

(一)卡拉 OK 厅的预订

1. 电话预订

接到预订电话后,服务员要主动介绍卡拉 OK 及各种包房的特色和价格,询问客人的要求、人数、到来时间、姓名等。若客人需要的座位或房间已用或已订,要主动介绍其他类似的房间和座位。确定后要清楚地向客人说明留房的时间,并立即在订房登记簿上做记录。

2. 客人亲自来订房

客人亲自前来订房,要主动带客人参观各种未预订的卡拉 OK 房。当客人确定所需的房间和座位后,应迅速通知有关人员做好准备,迎接客人到来。

(二)卡拉 OK 厅的接待准备

(1)提前换好工作服,整理好服务台卫生专用品。

(2)每日营业前整理好卡拉 OK 厅、休息区与卫生间的清洁卫生,包括走廊、地面、沙发、台面、音响屏幕设备。

(3)认真细致地检查卡拉 OK 厅的设备设施,开业前 DJ 应做好调试安装、试唱。

(4)保持各种设备完好。

(5)正式营业前准备好为客人服务的各种用品,包括烟灰缸、点歌单、歌簿、酒水牌等。

(三)卡拉 OK 厅的接待程序

(1)客人来到卡拉 OK 厅后,应主动迎接问候客人,询问是否有预订,如有则带客人入座或进包房。咨客(引宾员)应在前面引路,然后通知 DJ 开机。

(2)客人入座后,1 min 内开始服务,递送歌单、酒水牌、点歌卡、铅笔。介绍歌单内容应主动及时,服务应周到、细致。快速递送酒水饮料,送饮料入 KTV 包房时应先敲门。

(3)在大中型卡拉 OK 厅,客人点歌后,点歌卡应在 1 min 内送到音控室。告知客人大致等候时间。客人演唱歌曲,音量应调整适当,保证音质优美、图像清晰。在单间歌厅客人点歌,电脑检索控制与传送设备完好,音像传送快捷。

(4)在歌厅服务过程中,根据客人需要,及时补充酒水、小吃。服务员加强歌厅巡视,维护歌厅秩序。

(5)结账服务。客人要求结账时,服务员将计算好的账单夹在收款夹中入房给客人,并清楚地报出金额。收取款项后要言谢,并迅速将款项送给收银台结算并把零头找还给客人。

(6)客人离座,应主动告别,欢迎再次光临。客人离座后的桌椅,2 min 内清查完毕,准备迎接下一批客人。

二、音控中心的操作和气氛的营造

卡拉 OK 厅的音响系统及影带播放通常是由音控室控制的。音控室接收到点歌信息并安排播放,由卡拉 OK 厅中的电视或投影屏及音响设备接收,这样,客人就可以随着音乐尽情地唱歌和跳舞。音控室还负责卡拉 OK 厅的音响效果的调试,一般都是通过一个控制中心来控制,因此需要一名调音师来使音响设备达到最佳效果。

1. 音控中心服务准备

(1)在每次工作之前,应检查所有设备,以保证其正常工作。要每周对光盘进行一次整理与检查,发现损坏光盘应及时更换,发现歌单上的歌与 CD 盘上的歌名不符或顺序有错应及时更改歌单,以免客人点歌时造成误会。音控中心内的盘要排放有序,这样利于 DJ 根据点歌信息查找光盘,能节约一定的时间。

(2)音控室的音控师必须是具有高超技能和良好素质的人员,能根据歌曲的不同把音响调到最好的位置,使歌声能发挥到最优美的境界,从而创造出最好的营业气氛。

(3)必须事先设计编制好方便易行的点歌等音响服务系统,这样便于有条理、正确操作及服务项目到位。

(4)卡拉 OK 厅主要是以歌曲伴奏为服务内容,所以应具备主要客源国或地区语言的音响唱片及各种风格、流派流行歌曲的歌曲唱片。

(5)唱片存放应用专用的存放架,统一分类编号后放置在固定位置,便于迅速查找。

(6)歌单中文与原文对照,客人点歌检索,传递快速,能够适应客人多种歌曲欣赏和演唱的需要。

2. 与卡拉 OK 厅的信息沟通和氛围营造

卡拉 OK 厅的氛围不仅能使客人增加点歌、酒水等消费,而且能烘托经营气氛,突出卡拉 OK 厅的经营特色。卡拉 OK 厅的氛围是通过灯光、音响以及服务活动来营造的,而灯光、音响是氛围营造的主要手段。调音台、灯光调节器主要是由音控室来操作的。现代灯光设备一般都装有声控装置,随音量的大小而变化。

(1)卡拉 OK 厅需及时、准确地将点歌信息传递给音控中心的 DJ,由 DJ 负责播放所点歌曲,并配以良好的灯光效果等。客人来卡拉 OK 厅,大部分是抱着花钱买快乐的想法而来此消遣的。当客人想一展歌喉时，倘若麦克风出现故障，或是画面不清晰，音响效果不佳等情况，客人的情绪一定会受影响，进而影响客人的消费，给卡拉OK厅的收益带来损失。

（2）卡拉OK厅与音控中心之间应进行及时、准确的信息交流。卡拉OK厅主要提供的是狂欢、劲舞、欢唱，这些都是吸引客人的主要项目，这些需要音控中心的密切配合。为了让客人快乐、满意，卡拉OK厅为客人提供了舒适的座位、绝好的隔音设备、高级环绕音响设备、大型电视机等。为了满足不同客人的需求，将信息提供给音控中心，由音控中心负责播放并调整灯光效果，让客人一展风采，觉得自己仿佛有大明星的临场感。若音控中心出现某些故障，如某歌带的音质有些差、画面不清晰，会影响播放效果，应及时更换曲目，婉转地表达歉意。

（3）卡拉OK厅是采用轮桌点歌，并由服务员将点歌单送交音控中心，点歌单上有详尽的桌号、歌名等信息。大厅式点唱主要是令客人处于一个融入大众的环境中交谈或倾听别人歌唱，有时即兴一首。同时大厅是一个开阔的环境，在转碟播放的间歇会令客人觉得单调无聊，所以对放碟的速度也颇为注意，过长的换碟时间会导致客人的不满情绪产生。因而音控中心应尽量提高换碟的速度，缩短让客人等待的时间。

3. 音控中心操作时的注意事项

（1）适度调节话筒音量，调节混响（Echo）控制旋钮使混响适度。使用时，话筒必须远离扬声器，以防声音反馈产生啸叫。如果由电视机重放声音，若声音不清或音量大时画面跳动，可将影碟机后面板上的衰减器（ATT）开关置于"ON"处或关小话筒音量。演唱卡拉OK时，如果话筒声比原歌声小时，其一，因话筒音量旋钮太小，应增大话筒音量；其二，是持话筒人的演唱声太小或人与话筒距离太远，要求演唱者对准话筒并靠近演唱。

（2）不要使混响调节过度，变成极为难听的回声。一般的高频（高音）混响时间可略长，低频（低音）则称作衰减，女声长些，男声短些。

（3）不要使伴奏音乐过响，几乎掩盖了歌声。通常歌唱音量与伴奏音量的比例为5：3。若伴舞时，二者音量相当，或者歌唱音量略小。

（4）不要使歌唱者嘴离话筒过近，致使近讲效应突出，低频响应过度，音色混浊失真。

【小　结】

本章通过对卡拉OK厅的设计与布局、歌单的设计与歌曲的安排以及卡拉OK厅的服务与运作等方面的阐述，让学生了解卡拉OK厅的经营管理知识，掌握卡拉OK厅的服务程序和日常运作，具备熟练推销歌曲的能力，并能设计和制作歌单。

【思考题】

1. 卡拉 OK 厅中对客服务应注意哪些问题?
2. 卡拉 OK 厅的空间规划包括哪些方面?
3. 列举卡拉 OK 厅的日常运作程序。
4. 如何进行歌曲的推销?
5. 歌单设计中应注意哪些问题?

【案例与思考】

案例 11-1

一名卡拉 OK 营业厅的服务员自认为自己的歌唱得非常好,并有经常在客人面前表现的习惯(如经常代替不是很会唱歌的客人演唱)。营业厅经理认为此举也可以在一定程度上活跃卡拉 OK 包房的气氛,且也属于该卡拉 OK 营业厅的一项服务特色。一直以来,该服务员的此种服务习惯为许多性格内向的客人所接受,并确实在一定程度上活跃了卡拉 OK 厅的气氛。但是有一次,几位客人在卡拉 OK 包房内商谈一项重要的商务合同,但该服务员并未对此有所察觉,仍然像以往一样在包房内热情地为客人唱歌并不断打断客人之间的谈话,结果招致客人反感并向营业厅经理投诉。

问题:

如果你是营业厅经理,将如何应对客人投诉? 同时从这一事件中将得到哪些启发?

案例 11-2

2007 年 5 月,广州某歌厅正在营业,一位周姓男士突然对服务员大发雷霆,究其原因是服务员送饮料时将饮料溅出,弄脏了客人的衣服,未能及时道歉并主动提出解决问题的办法;且另一名服务员在传递歌单时不巧又搞错了前后顺序,致使客人点歌等候时间过长且被告知无此歌曲。客人对歌厅服务员的服务态度不认真提出投诉,并且言词激烈甚至威胁漫骂。此时,作为值班经理该如何处理? 从下面的选项中找出正确答案,并说明理由。

(1)维护服务员,责怪客人无理取闹。

(2)通知歌厅保安前来处理。

(3)态度诚恳,虚心接受,本着尽量把投诉大事化小、小事化了的原则行事,并与服务员向客人致歉,灵活给予客人适当优惠和赔偿,事后对当事服务员批评处理。

(4)不以理会,任事态发展。

KTV 经营与管理

KTV（Karaoke Television）即配有电视的卡拉 OK，现多指一组客人在一个配备有良好的音响设备、高清晰度的画面显示屏幕以及有着舒适的客人活动区域的独立空间里进行卡拉 OK 的消费活动。随着生活水平和消费水平的提高，人们的消费习惯比以前有了变化，在外出娱乐时，不仅仅重视娱乐的内容，往往更重视娱乐活动的休闲性、自主性和隐私性。这就使得传统的娱乐业在经营的过程中，除了要保持优质的娱乐服务质量外，还必须注意更新营销观念，发现客人的需求，创造满足客人需求的营业项目和经营氛围。在建筑形式上较为独立封闭的 KTV 包房，正是在这样的需求下逐渐兴起的。

第一节　KTV 概述与布局设计

一、KTV 的分类

KTV 是随着人们消费习惯的转变，而创造出的满足客人需求的营业项目。曾经有专业人士指出，目前我国专门经营卡拉 OK 的歌厅都配备有大屏幕投影作为图像媒体，就 KTV 字面意思而言，应是指所有歌厅。可是 KTV 和传统的卡拉 OK 大厅相比，在经营特色上是存在着差别的。首先在空间设计上，卡拉 OK 大厅类似于餐饮经营中的厅面，而 KTV 则类似于餐厅的雅间。无论是装潢设计还是家具配备和灯光选用，KTV 包房都比卡拉 OK 大厅更能突出设计主题，使前来消费的客人感受到更多的文化气氛，并能为客人提供较为隐蔽的自主活动空间。其次，KTV 的空间独立性避免了不同的消费者在娱乐时的相互干扰,使得消费者在心理上觉得轻松、自在、安全。第三,KTV 使消费者在点歌时的随意性增加,不需要再进行无谓的等候。第四,KTV 的独立设计和包房的费用,为采用高新技术提供了便利的条件和经济基础。如现场录音录像功能,既增加了客人消费的娱乐性和纪念性,又增加了饭店的收入。第五,KTV 因其所需活动面积有限,更容易与饭店里的其他消费活动相结合,形成新的消费形式。饭店经营者在经营时,将 KTV 与饭店内的其他消费项目相结合,既保持了 KTV 较为独立隔绝的特性,还为消费者提供了其他相应的娱乐设施和消费项目,如舞池、棋牌、桑拿、餐饮等,创造出充满个性和情趣的独特消费环境,满足了现在客人日益增多的需求。现在的 KTV 已不是简单的唱歌娱乐场所,而已经成为促销饭店消费项目的有力的工具,并为饭店客人提供了一个可享受到多种服务项目的理想聚会场所。

从饭店经营 KTV 的形式可把其分为以下若干种:

(一)普通卡拉 OK 包房

该种 KTV 包房多是与饭店的歌舞厅或夜总会相结合,内在的设施设备较为简单,主要将包间分割为卡拉 OK 演唱区域、供客人休息的沙发区域、储物区和小舞池区域。采用这种经营形式的主要目的是为了避免客人之间的相互干扰,减少客人点歌的等待时间,以及为客人创造出闹中取静的氛围,并通过收取额外的包房费用提高营业利润。

(二)餐饮 KTV 包房

餐饮 KTV 包房是与餐厅服务相结合的产物,多出现在餐厅雅间。主要是为前来消费的客人提供餐饮和 KTV 服务。消费者可在餐前、餐后或餐中利用卡拉 OK 的设施设备进行娱乐活动,烘托用餐气氛,为整个进餐过程增加娱乐性。使就餐者不仅享用了美食,还获得了精神上的放松和享受。

(三)酒吧 KTV

酒吧 KTV 是在酒吧中设置独立的小包房,既能使客人享受到主题酒吧独特的风情和酒水,又能使客人在相对安静的场合随意歌唱,自由活动,享受生活。

(四)自助式 KTV

自助式 KTV 包房主要采用高科技的设备,客人根据自己的喜好和需要,使用遥控器等工具自主选曲,选点食物和饮料,整个消费过程自动化程度较高。该种形式的 KTV 所需服务人员较少,便于饭店降低人工成本,且在更大限度上给予客人自由的消费空间。

(五)量贩式 KTV

"量贩"一词源于日语,即"大量批发的超市",由此引出的量贩式经营实际体现的就是透明、自助和平价的消费方式。这种经营方式直接面向广大的工薪消费阶层。针对目前 KTV 的主要花费在酒水和小食上,量贩式 KTV 对待前来一展歌喉的消费者,仅仅只按小时收取"包间费",价格根据每日时段、节假日的不同,从几十元到两百多元不等。消费者在店内设的超市里买到只比市场价格上浮 10% 左右的饮料食品。自量贩式 KTV 出现以来,新一轮大众卡拉 OK 热再度掀起,薄利多销、物超所值的价位,"安全、健康"的经营方式,尤其是其成熟的商业模式,契合了现代人的娱乐观念。

(六)茶室 KTV

茶室 KTV,即在茶艺室包房内,配备 KTV 设施,供前来品茶的客人进行唱歌消费。但茶艺师对此类型的消费颇有异议,认为其破坏了茶艺那种静逸的境界。

(七)洗浴 KTV

洗浴 KTV,即在洗浴项目(桑拿、浴足、水疗等)的休息包房里,设立 KTV 设施,供前来的客人洗浴休息放松时进行唱歌娱乐。

(八)异型 KTV

此种 KTV 是经营者根据自己饭店的经营项目和经营目标设计而成的,主要目的是延长客人在经营领域的停留时间,创造销售机会,并通过使用 KTV 设施赚取额外的利润。

二、KTV 的布局与设计

KTV 的布局与设计主要是利用墙面、灯光、顶棚、地面等装饰,通过外在装潢、内在装饰的统一布置来塑造 KTV 独特的风格,营造鲜明的主题,为顾客提供愉快的休闲环境。

(一)KTV 包房的主题确定

确定 KTV 包房经营主题的目的是要塑造与众不同的经营环境,突出独有的经营特色,形成别具一格的娱乐文化氛围,来吸引自己稳固的目标顾客群进行消费。如果KTV 包房的经营主题和装饰主题不明确或者缺乏主题,就会给客人以"千店一面"、缺乏个性的印象,难以吸引稳定的客源在此进行重复消费。

在确定 KTV 的设计主题之前,首先要确定饭店 KTV 的主要客源,对其消费档次,消费心理以及消费习惯进行分析,只有这样才能做到有的放矢,明确设计主题。其次,还要结合饭店 KTV 的具体经营内容来进行设计。要紧紧围绕经营项目的特点,对包房的色彩、灯光、空间布局等方面进行综合考虑,既要注意成本的节省,又要营造出具有吸引力的特殊风格。第三,KTV 包房的主题设计必须具有时代感和特殊的意境。从 KTV 目前的发展经历来看,它已不仅仅是一种简单的休闲方式,还是一种代表最新时代要求的新潮的娱乐方式,无论是在视听设备、娱乐内容还是在主题装修上,都要能够突出这种潮流。这种潮流在内在装修上集中表现在主体色彩的运用、家具风格的确定、灯光照明设备的采用以及主题装饰画的选择等方面。

(二)KTV的环境布置

KTV的环境布置必须突出包房的设计主题和设计风格。KTV的设计风格是紧紧围绕KTV的经营主题来塑造的,它主要是通过经营空间的外在建筑形式、内部软装潢以及员工的工装等装饰因素来形成KTV独特的文化氛围和娱乐气氛,给客人留下深刻的、和其他KTV不同的印象。

KTV包房的环境布置都是用来为消费者服务的,各个饭店的KTV由于经营项目的侧重点不同,在装潢布置上也各有特色。一般来讲,KTV包房在外部设计上强调的主要是豪华、热烈,在视觉上有很强的吸引力;而在内部装饰方面,主要是利用墙面、灯光、顶棚、地面以及其他软装饰来为客人创造出别有洞天的消费环境和休闲环境。

在进行环境布置时,要注意不同类型的顾客群体具有不同的消费主题,不同的消费主题对包房的布置要求也就不同。所以,KTV包房的布置要突出某一特定的消费主题氛围。

1.KTV的空间布局要合理

KTV包房是为了满足客人的需要,而为客人提供的一种相对独立、无拘无束的、畅饮畅叙的消费场所。由于包房空间较为封闭狭小,在进行包房布置时,应尽量为客人提供一个以围为主,围中有透的消费空间;要根据经营内容和经营设施确定KTV空间;要根据接待顾客的人数确定包房空间。

KTV的布局设计要以实用为主,方便客人进行消费和娱乐活动,便于服务人员进行服务操作,既可以充分利用包房的每一寸空间,又要给客人以宽敞、方便的感觉。

在进行包房布局时,最主要的就是家具的摆放。人们往往通过家具的摆放,来对包房内的空间进行分割,使包房内的狭小空间发挥不同的功能,方便客人的活动。KTV包房的家具既然是为方便客人消费而提供的,就要求其选择必须体现出客人的消费规格、消费需求;要求配置的家具与包房的经营环境、经营文化气氛相适应;使用的家具要符合KTV包房装饰的主题风格,能够从材料、颜色等方面来烘托包房气氛。KTV包房的家具因提供服务内容的不同存在着差异,一般来讲,KTV最常见的家具包括:音像设备摆放台、沙发、工作台和储物柜、衣帽架等有关设施。

(1)KTV的沙发和茶几摆放。无论何种KTV都必须布置与接待能力相一致的沙发座位。KTV的沙发摆放一般是在电视屏幕的对面沿墙布置的,有一字形、L形,还有U形。如此摆放的主要目的是方便客人坐在沙发上进行娱乐,减少沙发对有限空间的占用。KTV包房的茶几一般放置于沙发的前方,方便客人坐在沙发上享用酒水和食品。当然,具体情况具体分析,要根据KTV房间的具体结构等客观情况灵活布置。茶几的台面上通常放置装饰插花、烟缸、饮料单、歌单等。

（2）工作台和储物柜的设置。工作台又称服务台，是 KTV 包房服务员提供配兑酒水、制作小食服务时的工作平台，同时又是储存服务用具和客用物品的储物柜。其设置的位置一般摆在进门一方的墙边，与音像设备并排或对称摆放在门的两侧。

（3）衣帽架的设置。普通 KTV 包房通常设衣帽架或衣帽钩，较高级的 KTV 包房还设有单独的衣帽间。衣帽钩通常安装在 KTV 包房四周的墙壁上，一般设在有沙发一面的墙上。

2. KTV 包房的装饰摆设要典雅

KTV 包房的一切装饰和设备布置都是用来为娱乐服务的。KTV 的装饰物一般多以绘画作品、小型雕塑以及植物为主，再辅以灯光照明，塑造出别有洞天的情趣。

包房使用的装饰物，要能够突出 KTV 的风格，突出包房的消费档次，还要有较高的艺术性，能使不同的客人从相同的装饰物中获得不同的感受，给客人的消费过程带来一种欣赏、舒适、愉快、耐人寻味的感觉。

灯光设计作为包房设计的一部分，是用来描绘、渲染包房娱乐气氛的，它主要是运用灯光的明暗、色彩或光线的分布创造出种种组合，增强包房空间的变化感。在利用灯光营造效果时，要避免使客人眼花缭乱，首先要考虑的是 KTV 内的基本照明，再考虑 KTV 特有的气氛以及与音乐的和谐配合，以期达到理想的效果。在 KTV 内设有舞池时，会在舞池上方安装一小型动感灯，使客人能随着灯光的旋转而翩然起舞。舞池的灯光也要相对集中于舞池内，尽量减少对其他娱乐空间的影响。而其他娱乐空间的灯光应符合娱乐项目的要求，采用不同的照明手段来突出经营项目的气氛。

3. KTV 包房的装饰色彩要协调

KTV 包房的整个装修色调和软装饰色调，必须搭配协调，色调与环境要能够相互衬托。由于 KTV 包房强调包房的隔音性，采光通常不是很好，所以在进行装饰时，适宜用浅色调和暖色调，以减轻包房的空间压抑感，给人以明快、温馨之感。在 KTV 发展的初期，包房在装修时，为保证色彩的统一，常常将沙发、茶几等家具和窗帘等软装饰使用同一色泽，显得死板乏味。现在 KTV 包房在装修时，多采用色彩相近的不同色调，以色泽的跳跃和差异来活跃包房气氛。

4. KTV 包房的内在装饰要新颖

KTV 作为一种休闲、时尚的娱乐方式，在室内环境的塑造上，必须强调新颖感和时尚感。特别是在以吸引回头客为销售策略的情况下，更要通过家具的摆设、装饰物品的更新，来塑造 KTV 新颖大方的时代感，给客人以常换常新的感觉。

5. KTV 包房的设施配备要精良

包房内的设施设备主要由音像视听设备和空调设备组成。在摆放时，KTV 包房的音像设备和空调设施应尽可能不占用空间。

KTV 包房内的音像设备是吸引客人到此聚会的关键设施，应保证其时刻处于最佳状态，随时可供客人消费使用，满足客人的需求。音像设备是 KTV 包房根据营业的需要向客人提供的电视接收器、卡拉 OK 音响娱乐系统以及现场录音录像设备。视听设备的布置首先要考虑音响效果,其次要考虑顾客观看电视荧屏的最佳位置。视听系统主要由 3 部分组成:一是节目源设备,主要包括激光视盘机、高保真录像机、电视接收机等;二是 AV 放大机;三是视听输出设备。

　　KTV 包房为了使客人不受外界干扰,又要使客人娱乐的声音不外泄影响他人,在装修时常看重包房的隔音性,使得 KTV 包房成为一个空间相对封闭的地方,空气的流通和新鲜成为急需解决的重要问题。为了正常开展各项业务活动,保证宾客有一个舒适的消费环境,KTV 的包房设计中,一般都装备有空调设备,强调的是空调的换气功能。

第二节　KTV 的服务程序和服务技巧

一、KTV 服务程序与标准

　　KTV 服务程序和标准包括 KTV 包房和音响室两个部分,它们服务的程序和标准各有特点,了解和掌握服务程序和标准是搞好 KTV 服务的基础。

(一)KTV 包房服务程序与标准

1. 服务程序

(1)客人来到主动迎接问好,引领客人到包房或广场就座。

(2)如果是住店客人,请其出示房卡,并登记姓名、房号。

(3)及时为客人服务酒水及饮料。

(4)服务中注意客人的一举一动,及时领会客人的意思,并适时补充小吃、酒水。

(5)及时处理客人的意见,帮助解决问题。

(6)将客人点歌及时送音响室。

(7)对客人的酒水、饮料、小吃等使用情况准确记录。

(8)协助客人结账,请客人查看记录,住店客人请其签字。

(9)客人离座主动道别并把客人送至电梯口处。如时间允许,为客人叫电梯。

2. 服务标准

(1)熟悉本岗位工作内容、工作程序。

(2)用准确规范的语言迎接客人并提供高质量服务。

(3)客人入座后,即开始为客人递送酒单、歌单、点歌单、笔并介绍酒单、歌单的内容,及时推销。

(4)服务动作规范。

（5）协助音响师将音响调到最佳状态，所点歌单及时递送。

（6）据客人所需随时为其补充小吃、酒水，并尽力满足客人的合理要求。

（7）客人离座，向客人道别并欢迎再次光临。

（8）及时清理桌、椅、台面，不得超过 3 min，为接其他客人做好准备。

（二）音响室服务程序与标准

1. 工作程序

（1）正常的包房、KTV 营业的音响播放服务。

（2）大型宴会、会议的音响设备服务。

（3）大型活动结束后，做好设备的清点、收回工作。

（4）定期对设备进行检查。

（5）日常工作中随时解决设备出现的故障。

2. 工作标准

（1）当音响室人员接到宴会单后，根据订单要求做好准备。

（2）在宴会之前查验设备正常与否，以保证宴会正常进行。

（3）在宴会进行过程中，应有值班人员坚守岗位，并做到能够迅速排除突发故障。

（4）宴会过程中，如有客人要求 KTV 服务，应及时地播放客人所需歌曲。

（5）宴会结束后清点、查检设备。

（6）保证每日中餐厅包房、KTV 包房音响设备正常工作，并定期进行检查。

二、KTV 包房服务步骤

客人到 KTV 消费是为了享受 KTV 包房提供的系列服务，包房服务质量直接关系到 KTV 的经营效益。因此，许多 KTV 业主制定了严格周密的服务程序，明确了 KTV 各服务岗位的责任，使每一服务环节既紧密相关又各有侧重，使客人在享受尽善尽美的服务中对 KTV 产生认可。

（一）班前准备工作

（1）召开班前会，分配工作任务。

（2）自查仪容仪表，按饭店要求统一着装，佩带工号牌。

（3）整理服务区、接待区等区域卫生。

（4）按照服务规则和要求，摆放桌椅和用具，布置客用消费区域。

（5）检查 KTV 设施设备能否正常使用，照明灯具、电路等是否正常。

（6）准备好各种服务用具，精神饱满地准备迎接客人。

（二）咨客迎宾工作

所有的顾客都应是"朋友"，争取他们的光顾，并使他们真正感受到尊重和欢迎。

1. 迎宾原则

(1)微笑。

(2)使用恰当的礼貌用语打招呼,用"晚上好"、"欢迎光临"等礼貌语言迎接客人。

(3)接过客人的外衣,为客人服务。

2. 迎宾

有些 KTV 为客人提供预订服务,在这种情况下,服务员应了解客人是否有预订。

(1)有预订客人的接待。如有预订,应查阅预订单或预订记录,将客人引到其所订的 KTV 包房。如果预订的包房因客观原因不能提供,应首先向客人道歉,并说明情况。取得客人的谅解后,为客人更换包房。

(2)无预订客人的接待。如果客人没有预订,应根据客人人数的多少、客人喜好、年龄及身份等向客人介绍 KTV 包房类型,向客人建议或推荐 KTV 包房。

(3)引领。当选定 KTV 包房后,就该引客人进入。此时咨客要持开房卡到收银处开房登记,并通知 DJ 服务人员迅速上岗。

(三)开房服务工作

1. 引客进入

(1)当咨客登记后,领班或部长随咨客引领客人到达所需开的 KTV 包房。

(2)咨客退出迅速通知 DJ 小姐。

2. 安排客人就座

(1)KTV 内主要是沙发,应将客人安排在面向 KTV 屏幕的位置。

(2)请客人中的女士或最年长的女士先入座。

(3)安排客人就座时,最关键的是安排好座次的位置,即合理安排相邻的客人。

3. 协助开机

(1)领班或部长帮助客人开电视、调节音响或通知音控室开机。

(2)服务人员迅速提供免费供应的水果、小吃或茶水(一般含在最低消费里)。

(3)询问是否需要专门服务员,如需要则迅速给予安排。

(四)呈递酒水单

客人就座后,服务人员应迅速把酒水单递给客人。酒水单一般是放在茶几上的,服务员应主动、机灵地将酒水单从客人的左边递给客人。递上酒水单后,应在点菜单上记录客人进入 KTV 包房的时间、年月日、星期,并写清楚 KTV 包房的名称及客人人数,然后及时向客人推荐酒水。

(五)解释酒水单的饮品内容

服务员应对酒水单上客人有可能问及到的问题有所准备。对每一种酒的特点要能予以准确的答复和描述:哪些是季节性的,哪些是特制的,每种饮品要准备的时间及其装饰等。酒水单上的小食品、果盘、饮品对客人来说都比较陌生,服务人员应将涉及的有关内容向客人解释。酒水单是 KTV 的服务指南,服务员必须准确了解酒水单中每一个词语的含义,才能形象而准确地向客人解释。

(六)DJ 服务

(1)DJ 服务人员接到通知后,迅速到 DJ 房领话筒、遥控器,登记后进入 KTV 包房。

(2)向客人介绍歌单内容,推荐最新流行的歌曲。

(3)向客人介绍点歌器、遥控器的使用方法。

(4)为客人点歌,活跃 KTV 包房气氛。

(5)如客人需要则提供伴歌服务。

(七)桌面服务

一般桌面服务由 KTV 包房服务员完成,当不设服务员时,由 DJ 来完成。因此 DJ 除为客人点歌外,还要求能为 KTV 包房客人的桌面进行服务。

(1)为客人服务酒水时,应向客人明确说明哪些是赠送或哪部分是配送的。

(2)在 KTV 的服务过程中,为客人斟倒酒水时,一定要明确客人的意思。如是要求"续水",就不是点新酒水。

(3)清理桌面,将客人用完的盘、碟、杯等随时撤走。

(4)给客人点烟,更换烟灰缸。一般情况下,两个烟头就应给予更换。

(5)协助客人做好生日等场合的桌面服务。

(6)酒品的斟倒服务。

(八)结账工作

当客人需要结账时,DJ 服务人员将开房卡带出送给领班或部长,并汇报需要打折的情况,或找有权限打折的主任或经理签字。领班或部长带着开房卡到收银处核账,将客人消费清单用电脑打出,部长将清单送给客人核实、签字。客人将款、账单交给部长回到收银处结算。收银处将所收款额、找零,打印单据后交部长送给客人。客人最后在账单上签字认可。

(九)送客出门

(1)客人结账后,起身离座,服务员应主动上前协助客人穿好外套。

(2)提醒客人带好随身物品,送客人至大厅门口,并礼貌地向客人道谢道别。

(3)领班或部长、DJ 送客至门口,及时了解客人对服务是否满意以及相关建议。向客人表示竭诚感谢,以建立与客人之间的感情。

(4)门口的迎宾员,应主动为客人拉门,欢送客人,礼貌地向客人道别,并欢迎客人再次光临。

(十)结束工作

客人走后,服务员应迅速清理包房,整理桌椅,并再次检查是否有客人的遗留物品,如有立即交还给客人或交经理处理。

KTV包房服务规程要求服务员热情、及时、周到地提供服务。热情招待客人,使客人有宾至如归之感,使每一位新客人就像老朋友一样自然;及时服务,环环紧扣,不能因延误而让客人有被冷落之感,也不能让客人觉得有被催促之嫌;周到照顾,给客人以最大方便,要尽量少打扰客人,根据客人的不同习惯来满足其不同需要。只有服务员具备良好的基本素质,才能使服务达到完善的境界。

三、KTV服务技巧

在KTV服务过程中恰当使用技巧往往可以事半功倍,这些服务技巧一方面是服务人员掌握的人际关系学、消费心理学的应用,另一方面是服务人员工作经验的总结和积累。

(一)宾客投诉的处理

KTV包房的服务无论怎样好,总会有使宾客感到不满意或处理不当的地方,因此宾客投诉是正常现象。在服务中要使每一位宾客每时每刻都感到愉快也是有难度的,因此服务人员应随时准备接待投诉。正确地接受投诉可以提高服务质量和KTV的声誉,对KTV的经营起到推动作用。

宾客的投诉,意味着其对康乐企业存在友好的愿望,并不表示投诉的人是有恶意的,因为多数投诉是为了让康乐企业去改善工作。如果一个宾客不满意服务,又不投诉,那表示该康乐企业将会失去一位顾客。实际上,不只是失去一位宾客,因为这个宾客会将他的不满对朋友讲,一传十、十传百,会影响更多的人,因此对投诉要特别重视。

客人投诉是经常发生的事,处理投诉最基本的出发点就是尊重客人,为客人着想,尽力帮助客人解决问题。

(1)不能和客人辩论,即使是客人错了,你也要尽量运用自己的语言技巧,使客人感到对他是尊重的,否则客人以后不会再来。即使客人的意见不正确,也要注意礼貌,说"对不起"。要知道,客人来到KTV是为了享受娱乐和得到良好的服务,他所以要提意见总是有一些使他不满意的地方,向客人表示歉意是必要的。

(2)注意看问题要客观,要有同情心,要站在客人的角度上来考虑、分析问题。要冷静不要激动,并注意说话时的语气、声音和措辞,避免向客人发号施令。注意聆听客人所提的意见。

(3)要友好、热情地帮助客人,自始至终保持温和的态度。做好记录,留下客人的姓名、单位及电话号码并保持联系。

（4）与客人共同协商，诚心诚意地解决问题，要向客人表示感谢。切忌在公共场合处理投诉问题，要勇于承担责任，向客人解释问题要耐心，说话要简短并注意分寸。避免第三者介入。

（5）向上级汇报，出主意帮助 KTV 包房服务人员和客人解决问题。总结、分析问题实质，以便改善管理、服务与设施。

（二）醉酒客人的处理

1. 观察和了解客人喝醉的程度

（1）稍醉。酒精在血液中的浓度为 0.05% 以下，大约为 1 瓶啤酒，表现为话多。

（2）醉酒。酒精在血液中的浓度为 0.05%～0.1%，大约为 3 瓶啤酒，表现为反应迟钝，说话出现语言障碍。

（3）大醉。酒精在血液中的浓度为 0.1%～0.3%，通常为 4～6 瓶啤酒，表现为东倒西歪，重复同一句话。

（4）烂醉。酒精在血液中的浓度为 0.4%，大约为 8 瓶啤酒，步行困难。

2. 对醉酒顾客的处理

为了保持 KTV 正常有序的经营，对顾客醉酒的处理应按以下几个原则来执行：

（1）服务人员应对顾客的行为负责，不可用暴力和言词来侮辱、责骂客人。

（2）当客人稍醉时，应有技巧地建议客人多点无酒精饮料，如茶水、碳酸饮料等。

（3）当客人醉酒时，应马上停止供应酒类饮料，并为客人提供凉毛巾放在额头，或送上热饮帮助解酒。

（4）当客人大醉或开始骚扰其他客人时，应在不影响其他客人消费、不影响 KTV 正常程序情况下，请醉酒客人的同伴将其带到其他地方（如住店客人房间）休息，或者用出租车送醉酒的客人离开。应记下客人所带物品、出租车牌号及其所属公司，以保证客人安全。

（5）如果客人烂醉，应提供力所能及的帮助，请医生或送医院直到客人恢复知觉。

（三）客人行为的处理

一些客人因教育程度、文化背景、价值观念上的差别，在 KTV 消费中常出现一些偏离大众消费的正常行为。对这类问题的处理要依具体情况而定。

1. 客人故意侵扰

如客人大声喧闹，干扰他人，对服务人员无理骚扰，强占或破坏设施这类行为，不仅影响 KTV 的正常营业，干扰他人正常消费，而且会对 KTV 的声誉造成很坏的影响。对这类行为，服务人员应通知 KTV 主管或保安人员迅速果断劝阻。

2. 客人的不雅行为

对于客人并非故意肇事，而是由于个人修养素质不够而随地吐痰、嚼口香糖等影响他人消费情绪的行为,服务人员应礼貌地加以劝止。

3.客人提出陪舞等要求

当客人提出陪舞等要求时,服务人员应向客人说明 KTV 有关政策和制度不允许,并向客人表示歉意。如根据客人意图的具体情况,在合情、合理的情况下,可以为客人伴唱一首歌,或象征性地陪客人喝一杯酒等,为客人助兴。对于有其他任何不合理要求的顾客,服务人员应机智地找借口离开,并通知其他服务人员带班。

(四)对账单异议的处理

在 KTV 消费过程中,在消费额度大、项目多的情况下,会造成顾客对账单的异议。对此,应做到以下两点:

1.要了解客人对账单的异议心态

客人对账单的异议心态有以下几种:

(1)消费过程中,客人实际消费超过其承受的心理,想通过争执、挑剔来获取打折。

(2)消费过程中,客人对诸如最低消费、服务费、点歌费等附加费用不是很了解,产生异议。

(3)可能由于工作失误错算或多算,或者在消费之前,对一些费用未向客人交代清楚,客人容易产生被欺骗感。

(4)客人喝酒过多,或不知晓他的同行的额外消费而产生争执。

此时,买单的服务员应心平气和地站立一旁,聆听客人的意见,判断其意图。

2.对客人有账单异议的处理

(1)服务人员应加强业务训练,尽量防止和减少客人对相关服务方法、内容提出异议的机会或可能。

(2)如客人对账单提出异议,应由领班来一一核实并解释账单,并注意观察客人的态度,不要让客人下不了台。如经核实,客人消费金额高,就可以通过一定的折扣来满足客人的心理需要。对这类问题要尽量处理,不要把问题上交。

(3)如果遇上拒签或无理取闹的顾客,要及时报告保安部来处理。

在处理这类问题时,要注意讲话的语气和处理问题的技巧,给客人面子。

第三节　KTV 的经营与管理

一、KTV 的经营特征

饭店作为所在地的消费娱乐中心,其 KTV 的经营形式要比社会上独立的 KTV

经营场所丰富很多,KTV 的经营风格和经营特点也各不相同。但不论 KTV 的经营形式如何多变,总的说来,KTV 包房在经营方面存在以下特点:

(一)独立性

独立性,也可称为隐蔽性,这可以说是 KTV 最显著的一个特点。KTV 作为卡拉OK 的一种发展形式,之所以能够后来居上,是因为现在的人们在消费时,往往希望能够彻底放松,在外来约束较小的情况下进行消费。包房作为独立的一种建筑形式,本身在结构上就具有一定的独立性,且由于 KTV 在经营时通常需要采用隔音效果较好的现代装修材料,以减少客人在消费时受到的外界干扰,故可使得客人尽兴进行消费娱乐活动。

(二)自主性

自主性,即客人自主使用包房。现在的 KTV 经营通常采用客人租用包房的形式。客人租用 KTV 包房后,就获得了包房的使用权,KTV 包房的设施设备供包房客人独立使用,减少了客人在点歌时的等待。客人可以在租用期间凭借包房内的设施用具自主决定自己的娱乐活动和活动方式,拥有自己的一方活动天地,免受外界打扰。

(三)依附性和综合性

在社会上很少有独立经营 KTV 包房的企业,它往往依附于一定的歌舞厅或餐饮娱乐等消费设施而存在。如常见的餐饮 KTV,除提供基本饮食服务外,还在餐厅包间里提供 KTV 服务。

(四)参与性

KTV 之所以在当前的康乐业中占有一席之地,主要是因为它是一项具有很强的参与性的活动,满足了客人的心理需求,为消费者提供了一个表演的场所。

(五)高科技性

KTV 作为新近出现的娱乐方式,采用了大量的高科技手段和新兴技术。如利用电脑系统点歌、点小食;在 KTV 包房装备同期录音录像设备,为前来消费的客人留下音像纪念等技术的采用,既减少了服务员对客人的干扰,又让客人的整个消费活动更加轻松、自然。

二、KTV 经营策略的制定

当今饭店业和娱乐业是市场化程度最高的行业之一,竞争的激烈性是不言而喻的。娱乐业中最受欢迎的 KTV 为保证经营目标的实现,必须要有明确的市场定位,在竞争的压力下,了解市场、适应市场、占领市场、创造市场,不断丰富 KTV 经营内容,革新 KTV 经营模式,提高服务质量,开拓新型市场,制定正确的经营策略,在激烈的竞争中处于不败之地。

经营策略的制定,可以使企业树立自己的战略性长期计划,把企业经营过程在时间上联系起来,把整个企业的经营思想、经营目标、经营战略等统一起来,对自己的现状和未来进行深入且系统的策划,时刻在经营管理中保持清晰的头脑,用战略性的发展眼光去看待自己的经营。因此,KTV 的经营策略一旦确定,就具有相对稳定性、持久性和整体性,成为在一段较长时期内 KTV 的经营指导纲领,KTV 经营过程中的每一个具体活动都要围绕经营策略来完成。除非是在企业经营活动中的客观条件和影响因素发生了重大的变化,才会对 KTV 的经营策略产生根本的影响。

(一)KTV 的经营环境分析

在分析与研究 KTV 的经营策略时,最先需要研究的是 KTV 的经营环境,即加强市场调查,明确目标市场。根据系统论的有关理论,KTV 的经营同任何一家企业一样与周围的环境密切相关,面临着复杂多变的市场环境。这些环境因素,直接或间接地影响着 KTV 的经营。直接影响 KTV 经营的环境因素包括 KTV 经营者的素质、KTV 客源定位等经营者可控制调整的因素;间接影响 KTV 经营的环境因素包括 KTV 所处的社会环境、经济环境、政治环境、文化环境以及 KTV 行业市场的竞争状态等,即经营者无法左右的外部环境因素。间接影响因素反映了 KTV 所在地区的娱乐业的整体经营水平,决定了 KTV 的发展方向和前景。在客观条件一定的情况下,直接影响因素对 KTV 经营的成败影响是最大的。

饭店作为 KTV 的经营者,在投资初期,就应对当地 KTV 市场的经营环境进行分析和判断,寻找商机,根据自己饭店的经营情况和客源情况,决定 KTV 的目标市场,确定 KTV 的经营主题和风格。

1. 对 KTV 可进入的市场进行分析

在这里所讲的可进入市场是指在市场分析的基础上,对市场客源的增长速度、客源结构、消费水平和消费喜好等进行预测分析,寻找理想的目标客源;并对企业自身的经营条件进行仔细的研究,找出本企业的优势和弱点。在此基础上,确定自己在市场上所占据的位置,选定自己将要进入的目标市场。

根据经济学的供求原理,KTV 的供给增加,会使 KTV 市场的竞争加剧,提高整个行业的服务水平、装修水准以及投资费用,减少 KTV 的利润空间,降低该市场的进入吸引力。从目前市场的经营现状来看,各星级饭店、独立餐馆、娱乐场所以及洗浴广场等服务场所都先后增加了一定的 KTV 包房经营。出现这种情况的原因主要在于,这些经营者是在经营过程中将 KTV 作为一种附加的消费项目而向客人提供的,主要目的是希望通过 KTV 的提供来增加其主营项目的附加值,获得额外的经济利润。这种独辟蹊径的做法,增加了饭店 KTV 可进入市场的多样化,也使得 KTV 的竞争更加复杂和激烈。

2. 对 KTV 市场的竞争因素进行分析

竞争是市场经济的必然产物,有竞争才能够促进行业的发展。但是如何在竞争中获胜,自己在竞争中处于什么样的地位,谁是竞争伙伴？这些都是 KTV 经营者所关心的问题。目前从事 KTV 经营的企业很多,竞争也很激烈,各企业为了改善自己的竞争地位,纷纷在经营主题、经营形式、提供服务的内容等方面下工夫,希望得到稳定而忠诚的目标客源。台湾 KTV 的龙头老大"钱柜"正是在竞争的压力下,通过对经营形式的变革,在中国 KTV 市场上掀起了新一轮 KTV 的消费热潮。作为 KTV 的经营企业只有关注竞争,时刻保持清醒的头脑,对市场竞争情况进行分析,分析客源市场需求的变化;发挥首创精神,寻找客源市场的断档,实行产品差异化竞争策略,创造新的竞争优势,积极应对挑战,企业才能保持不竭的活力,在激烈的竞争中保持领先的地位。

(二)KTV 企业经营能力的分析

在分析了 KTV 的经营环境后,企业在制定经营策略时,还要关注企业本身的经营能力。经营能力指的是一个企业在经营中拥有的各项资源和能力,如人力资源、物力资源、财力资源、信息资源、形象资源等,以及企业的管理能力、经营能力、营销能力等。

企业的经营能力主要表现为:

1. 拥有健全、高效、精简的劳动组织体系

成功的企业管理是以高效率为标志的。科学地设置 KTV 的管理机构,拥有健全、高效、精简的劳动组织体系,把 KTV 企业经营活动的各个环节、各要素紧密结合起来,是实现高效率管理的必由之路,是衡量 KTV 经营能力的主要标志之一。

组织是企业得以正常运转的保证,它对企业的管理和经营有重要影响,是企业为了实现经营管理目标,在时间、空间上指挥命令、协调人们劳动分工、协作和有效决策的有机体。它包括组织结构和管理制度两个方面的内容。

企业进行组织管理的主要任务有:

(1)针对本企业具体经营情况,进行部门机构设置和权力层次划分。

(2)形成上传下达,符合等级链原则的业务指挥系统。

(3)因人施配,因事设职,合理配置企业的人力资源。

(4)明确各职位的权力与责任,做到权责对等。

(5)建立起适合本企业的管理规章制度体系,并做到赏罚分明。

2. 能够有效地实施各种管理职能,实现管理目标

管理学家们将企业管理者在进行管理时所采用的工作方法总结归纳为决策、计划、组织、协调、指挥、控制、激励等 7 种管理职能,并认为这 7 种管理职能包括了企业管理的所有活动,只要能够正确、有效地行使管理职能,就能够达到管理目的,实现经营目标。这是现代管理的要求,也是管理者和一般员工、管理与操作的根本区别所

在。在实际管理过程中,管理者应把管理职能恰当地糅合起来,成为一个和谐的统一体来作用于业务过程,以实现企业的管理目标。

3. 能够对企业拥有的人、财、物等资源进行高效的配置和使用

饭店管理者最基本的管理任务,是在了解市场的前提下,通过执行管理职能,对饭店拥有的各项资源进行高效的配置和使用,形成最大接待能力,实现饭店的经济效益和社会效益。社会效益是指饭店对社会需求的满足程度。KTV 作为大众娱乐业的一种,占有和消耗社会劳动,理应为社会作出贡献。再加上 KTV 本身的经营特点,会对周围所在地产生噪音或治安方面的影响,更应在获取社会效益方面多下工夫。KTV 的终极目的追求经济效益,只有合理地对企业所拥有的各种资源进行计划使用、合理开发、调动员工的主动性与积极性,才能做到降低成本、提高利润。

4. 能够结合本企业的实际情况进行有效的市场营销

KTV 作为可进入性较高的行业,竞争激烈。市场营销是 KTV 经营活动的重要组成部分,它涉及将满足客人需要的产品提供给客人的一切业务活动,是在管理者的一定经营观念指导下进行的,最终目的是实现企业的经营目标。市场营销不是简单的推销,也没有一套适合所有企业的万能营销方法。市场营销是企业立足于自身特点,从市场调查开始,分析调查信息,进行产品设计、开发和定价,推向市场,促使企业在市场竞争中获胜。

5. 市场适应性强,并能在一定程度上引导市场

娱乐业作为第三产业,属于休闲经济类型,随社会局势、经济形势的变动而变动,波动性强,前来消费的客人受流行趋势和广告宣传影响大,勇于尝试新鲜事物的人居多。KTV 作为一种娱乐行业,需要适应市场的发展,跟上市场涌现的新潮流,甚至要发挥首创精神创造潮流,带领当地整个市场的消费。首创精神在这里,并不代表一定要有世界第一的创举,而是指在 KTV 市场销售中,巧妙地利用时间差来获取利润。世界上康乐业最发达的是欧美国家,每 2~4 个月就会有新的经营方式出现。根据产品传播的滞后性,新的娱乐项目在向我国传播的过程中往往有半年至一年的滞后期,只要在平日的经营中密切关注欧美康乐业发展的新动态,就可有选择性地进行引进和改良,做引导市场的企业。

6. 能够提供优质的服务

KTV 主要是向客人提供卡拉 OK 等有形设施以及其他无形服务的企业。作为一个休闲消费的娱乐企业,KTV 在经营时的服务质量是客人所关注的,服务质量的好坏直接影响到客人的回头率。服务质量是 KTV 以设施设备为依托,以满足客人需求为基础,向客人提供劳务,给客人带来的满足感。KTV 的服务质量从根本上来说,是要求服务员以高超的服务技能、熟练的服务技巧、强烈的服务意识带给客人轻松、快乐、休闲的消费方式,使客人在消费过程中实现娱乐、休闲的目的。

(三)KTV 企业经营策略的制定

经营策略是 KTV 管理者在激烈的市场环境下必须考虑的问题,它涉及从 KTV 发展方向到 KTV 经营技巧的一系列问题。作为管理者,首先要重视企业经营策略,明确自身企业的发展方向;其次在制定策略时,要通过执行激励管理职能,调动员工的积极性、主动性,集思广益,获取新的创意,获取员工的配合;再次要在策略的指导下开展营销、经营和服务等一系列工作,贯彻执行有关计划,实现经营目的。KTV 企业在制定企业经营策略时,要做到以下几方面:

1.进行市场调研,搜集信息,分析信息

在制定策略前,KTV 经营者必须通过市场调研来获取大量的、真实的资料、建议、数据和报告,分析这些资料,认识影响企业未来经营的环境和因素。市场调研应该包括企业所处市场的情况和发展趋势,企业竞争伙伴的发展现状和趋势,社会上可与 KTV 互补的其他娱乐方式的发展等内容。

2.立足企业现状,明确经营目标

制定经营策略的目的是为了实现经营目标,因此确定目标是制定经营策略的前提。一个好的经营目标必须具备几个条件:可用文字进行描述,具有可衡量性,具有可实现性,能得到员工的支持和理解。在制定目标时,管理者要立足现实,根据企业拥有的各项资源来全面考虑,综合评判。经营目标一旦确定,就不能轻易地进行更改,一定要慎重。

3.围绕企业经营目标,制定经营策略

确定企业经营目标后,KTV 管理者的经营策略必须围绕经营目标来制定。首先,利用 ABC 分类法,确定要实现的经营目标、管理者所应该做的最迫切的事情;其次,利用掌握的市场信息和企业管理信息,制定有关经营策略;再次,将制定好的经营策略初稿交有关管理者或专业人士进行探讨;最后,定稿,并在本企业的管理者中进行传达,要求管理者们按照经营策略开展各项工作。

4.对经营策略的实施进行监控

在 KTV 的管理工作中,管理者还必须对经营策略的实施进行控制,将策略的完成情况与预计的目标进行比较,纠正偏差或更改经营策略。

三、KTV 经营应注意的问题

(一)经营项目综合化

KTV 作为一种依附性强的娱乐方式,在经营中所处的地位极其微妙。一方面,KTV 发展迅速,具体表现为:①视听设备的更新速度加快,高新技术频繁采用;②视听内容不断向多品味、多层次发展,满足了客人日益丰富的需求;③KTV 的经营风格、主题设计多样化、个性化、潮流化。另一方面,KTV 经营趋势综合化日益明显,客

人往往不再满足于单纯的 KTV 娱乐。目前常见的娱乐方式是把 KTV 与其他经营项目结合起来,使客人在一定时间和空间里能够享受到更多的消费项目。经营项目综合化虽然是 KTV 的经营趋势,但在进行决策时必须立足于现实,根据自己的特定条件来进行。在某些时候企业经营项目的"专"和"精"也会给企业带来独特的经营效果。

(二)经营定位精确化

现在中国的娱乐市场是做两种人的生意:一种是高额消费者,另一种是普通的大众消费者。KTV 的经营者在确定经营策略时,必须找准自己的市场定位。高额消费者和大众消费者在 KTV 包房的装潢设计、酒水供给和服务提供等方面的要求是截然不同的。如定位不精确,将会使 KTV 处于高不成低不就的尴尬局面,影响到企业的投资回报率。

(三)强化经营安全性

KTV 包房经营空间的封闭性,为它带来了生意,也为它带来了不安全的隐患。经营安全性一是指消防安全,二是指治安安全。

目前 KTV 使用的建筑装饰材料多为易燃材质,且部分材料在遇火时还会产生剧毒气体。包房良好的封闭性、隔绝性在发生火灾时恰恰会成为致命的关键,故 KTV 在经营时不仅要做好防火工作,还要做好安排客人逃生的安全准备。

KTV 为客人提供了自由的不受打扰的消费空间,方便了客人,但也为部分素质低下的客人提供了进行色情交易等不良行为的场所。更有部分 KTV 经营者为了获取超额经济利润,鼓励或组织"三陪女"在店中招徕客人,这些都给企业和当地社会治安带来了巨大的问题。作为享用社会劳动的饭店、KTV 等经营娱乐场所有着维护社会治安和社会公众形象的责任和义务,管理者在进行管理时要密切关注这一问题,避免损害企业的自身形象。

【小　结】

本章通过对 KTV 包房的种类、KTV 包房的设计与布局、KTV 的服务程序与标准以及 KTV 经营与管理的阐述,让学生对 KTV 有一个感性的认识,了解 KTV 的经营策略,并能掌握 KTV 的服务程序和技巧,有解决各种疑难问题的能力。

【思考题】

1. 什么叫 KTV？KTV 有哪些种类？
2. KTV 的布局与设计要注意哪些方面的问题？

3. 列举 KTV 的服务标准和程序。

4. 对醉酒客人如何处理？

5. KTV 的经营特征是什么？如何制定 KTV 的经营策略？

6. KTV 在经营中应注意哪些方面的问题？

【案例与思考题】

　　小王在某星级酒店 KTV 包房工作，她虽然是一位刚参加工作不久的小姑娘，工作经验还很欠缺，但在平时的工作中都能够做到对客人热情、周到服务，并能在每次工作中对客人积极、主动地介绍 KTV 包房的各项服务及特色。有一次，一对年轻情侣到 KTV 包房来消费。当两位客人入座包房后，小王仍然像以往一样向客人进行了热情的介绍，并在客人唱歌的过程中尽力以闲聊的方式拉近与客人的关系。由于男客人刚好离小王比较近一些，因此自然的小王就与该男客人多聊了几句。平时小王以这样的方式往往都能够博得客人的好感，但此次这位女客人却明显地表示出不高兴。刚开始时小王还没有察觉，直到女客人表示要立即结账并大发脾气时，小王才感觉到事态的严重。

　　问题：

　　如果你是该 KTV 的当班管理人员，将如何挽留客人并该如何对小王进行进一步的服务培训？

棋牌室与酒吧的经营与管理

棋牌类活动是参与者通过使用棋或牌,遵从棋牌游戏约定俗成的惯例或有关棋牌权威机构颁布的竞赛规则,通过布局或组合的方式进行的一种智力对抗性游戏。棋牌活动是一项世界性的娱乐项目,无论是东、西方的人们都视玩牌下棋是空闲时候的一大乐趣。而基于人们饮用酒水饮料的习惯和喜爱,也使得酒吧在康乐场所中如雨后春笋般涌现,人们已经习惯在康乐场所中举杯畅饮,酒吧已经成为康乐场所中不可缺少的一部分。

第一节 棋牌类活动综述

一、概述

作为棋牌活动场所的棋牌室在中国有着广泛的群众基础,各个档次的棋牌室遍布大小城镇,以各种形式存在着。对于要成为客人"家外之家"的旅游饭店业来讲,棋牌室成为一个必备的康乐项目,不管饭店的客源目标市场是什么,也不管饭店的经营理念是什么,只要该饭店设有康乐部,就肯定有棋牌室,首要原因就是棋牌活动的盛行。

棋牌活动的盛行,主要是因为棋牌类娱乐项目种类繁多,玩法多变,娱乐性强;棋牌类活动对参与者的体能要求很低,不论任何年龄段的人都可参与。再有作为饭店方,投资建立棋牌室所需花费比其他任一娱乐活动的投资都要低;并且由于棋牌室对于室内空间的装饰没有硬性要求,饭店可以根据自身的实际情况灵活地进行设计,完全体现饭店经营者的特色和风格。

二、棋牌游戏的分类和发展

棋牌游戏按照起源地域分为两大类：中式棋牌和西式棋牌。中式棋牌主要指起源于我国的如围棋、中国象棋、麻将等，西式棋牌主要指起源于欧洲各国如国际象棋、桥牌等。目前，在我国较为流行的棋牌游戏仍以中式棋牌游戏为主，西式棋牌游戏虽然远远比不上中式棋牌的影响力，可是对于旅游饭店来说，中、西式棋牌类都应经营。在这样的投资项目面前，饭店应从为客人提供方便的角度出发，为客人准备尽可能齐全的游戏用具，以便满足客人特殊的棋牌游戏要求。

（一）中式棋牌简介

1. 围棋

围棋，简而言之，就是一种由两个人进行对抗的棋类游戏，游戏者使用自己的棋子在棋盘上围歼对方的棋子，围点棋盘有限的区域，最后以各自棋子所占区域的多少来辨别胜负。围棋运动是我国传统的棋类游戏，我国古代的四大雅事"琴棋书画"中的"棋"指的正是围棋。围棋在对弈时，千变万化，紧张激烈，富有战斗性。在严阵交锋，运智逐鹿之际，寓有丰富的辩证理意。工作之余，促膝手谈，既有利于锻炼提高人们的思维能力，又能陶冶性情，培养人们顽强、坚毅和冷静沉着的性格。初学入门之后，就会深刻感到趣味无穷，确是人们在劳动之余的一种极为有益的健康娱乐活动。

2. 麻将

麻将是我国民间比较普遍流行的一种游戏，搓麻将几乎是国人都有兴趣的娱乐。胡适曾因它与英国人爱板球、美国人爱棒球和日本人爱相扑一样，为国人所特殊爱好，故而称麻将为中国的"国戏"。

麻将是由唐宋盛行的色子、叶子，明末盛行的马吊发展、演变而来的。麻将总张数为 136 张，具体游戏方法灵活多变，并在地域上形成了北京麻将、上海麻将、四川麻将、东北麻将以及十六张玩法的台湾麻将等不同的麻将规则。麻将活动虽然毁誉参半，但作为休闲，它可以"健身益志，陶冶情操"。麻将的特点：①有着极大的社会参与人群；②具有很强的趣味性、娱乐性和益智性，深受人们的喜爱，流行面广，影响面大。

3. 中国象棋

中国象棋是我国人民创造的文化遗产之一，是中国传统的棋类项目，同样来源于古老的"博戏"。象棋在棋具设计上与围棋和麻将相比，更具有中国特色，它以"楚河汉界"分割敌我双方区域，黑红两种棋子各有 16 子，帅（将）、仕（士）、相（象）各一个，车、马、炮各两个及 5 个兵（卒），在棋盘上扮演敌我双方，代表两军对垒，直至将对方将死或对方认输为止。象棋是一种科学与艺术相结合的运动。下象棋能锻炼思维能力，培养顽强意志，有益于人们的身心健康。中国象棋自古有之，现在传遍世界各地。

4. 四国军棋

四国军旗的棋盘由行走路线和落点组成,行走路线包括公路线和铁路线,棋子落点包括结点、行营、两个司令部。四国军棋这一棋种在我国的影响远比不上围棋、象棋和麻将,但在我国也有一定的群众基础,特别为青少年所喜爱。它容易上手,锻炼思维能力,颇让人有种运筹帷幄的成就感,同时也具备类似象棋一样的"以军队对垒"的智力竞技特色,而且可以支持两国对拼及四国大战。尤其是4人游戏时,相对的两家联盟与另外两家对抗,可以充分展现配合进攻防御的魅力,这种联手作战的乐趣、默契的配合、周密的作战计划都是其他棋类运动所没有的。

5. 纸牌

纸牌,又被称为扑克,产生的历史明显短于上述几种游戏。但由于可数副纸牌合玩,组合方式多样,游戏方式多变,因此后来居上,在棋牌游戏中占据了半壁江山。现在我国较为流行的纸牌玩法有:"拖拉机"、"锄大地"、"拱猪"、"五十 K"、"跑得快"等。甚至同一种纸牌游戏因为地域的不同,具体的游戏规则也有着这样或那样的区别,形成了独特的纸牌世界。

(二)西式棋牌简介

1. 桥牌

严格来说,桥牌应该属于纸牌游戏的一种,可是由于桥牌游戏规则严谨,有自己的世界性组织,拥有种类繁多的杂志和网站,使人不得不将其单独列出,以视重视。

桥牌使用的工具是普通纸牌,共 52 张,分黑桃、红心、方块、梅花 4 组花色,各 13 张牌,由 4 人分两组进行游戏对抗。

桥牌的前身是 16 世纪出现在英国的惠斯特牌。1857 年,在卡文狄许的指导下在英国伦敦进行了第一次复式惠斯特比赛,技术成为决定胜负的主要因素。纸牌游戏从此开始摆脱以往作为赌博工具的不良形象,成为上流社会中的高雅性社交活动和比赛项目。

桥牌的发展经历了印度三人惠斯特、俄罗斯比里奇游戏和印度竞叫桥牌(Auction Bridge)3 个发展时期。直到 1925 年 11 月 1 日,范德比尔特(Vanderbilt)最终制定了"定约桥牌"规则,从此桥牌除了无将的牌墩分值有了变化,内容几乎没有改变。

桥牌是一项高雅的益智性纸牌游戏,是一种数字性概念很强的游戏,充满了哲理性和科学性。打桥牌时,必须考虑到许多偶然因素,运用数学中概率论的一些知识和逻辑推理,对牌的分配和位置做出估计。在打桥牌时两个同伴合成一组,要互相配合,协同作战,发扬紧密协作、团结一致的精神,才能够最终得以胜利。因此,打桥牌可以增强人们独立思考、独立工作的能力,既能够锻炼游戏者的逻辑思维和判断能力,还能够帮助游戏者陶冶情操。

2. 国际象棋

国际象棋是在我国为了区别于中国象棋,而冠以"国际"两字的。它是一种世界性的棋牌游戏,是一种比智力、斗战法、赛意志的运动项目。国际象棋棋盘是正方形,由黑白交错的小方格组成,棋子共 32 个,同样分为黑白两组,由王、后、车、马、兵等组成。

国际象棋是将科学、文化、艺术、竞技融为一体的智力体育项目。它有助于游戏者开发智力,培养逻辑思维和想象能力,增强分析能力和记忆力,提高思维的敏捷性和严密性;培养人们的全局观点,加强人们在工作中的计划性和灵活性。

棋牌游戏是一种较量智力水平,提高智力的游戏活动,具有国际性。简单的一个棋盘、几个棋子,甚至一副纸牌就能吸引大量的爱好者。作为娱乐中心、接待中心、旅游饭店,棋牌室是绝对不能缺少的。当然,在棋牌项目的开设上可以有所侧重,体现本饭店目标客源的娱乐特色。如日本人偏爱围棋、麻将牌,美国人偏爱扑克牌和国际象棋,而对于大部分中国客源来讲,麻将、中国象棋、围棋、纸牌都是具有强烈吸引力的游戏。

第二节　棋牌室的服务与管理

棋牌室是饭店为客人提供棋牌类活动的娱乐场所,任何一个经营者都希望顾客盈门,创造出较高的经济利润。而作为棋牌室的消费者,客人最初的消费决定总是从商品的认识过程开始的。假如客人事先对棋牌室毫无所知,就不可能产生消费行为,因此客人对饭店棋牌室的认知程度决定了其是否去棋牌室进行娱乐消费。康乐部的经营者,只有对自己的目标客源进行分析、调查,研究目标客源对康乐棋牌室的认知程度,才能决定自己的经营步骤,通过经营策略引导客人的消费。

一、棋牌室的设计与布局

棋牌游戏和其他康乐活动不同,游戏参与者对空间的要求不是很高。“松下对弈”一直是名人雅士追求的境界,而凡夫俗子在街头摆摊设局也另有一番情趣。饭店棋牌室要追求的境界是和饭店的整体经营方针相适应的。一般来讲,在进行棋牌室装修布置时,要遵循下列几个原则:

(一)整体环境的宁静性

棋牌活动均以脑力劳动为主,属于智力对抗性游戏。参与者在游戏时要全神贯注,保持注意力的集中,通过进行综合逻辑分析、全盘考虑才能在游戏中获胜。因此,棋牌室在设计时,若客观条件许可,最好设计成单独的房间,防止客人之间的干扰。另外也要在装潢时注意隔音效果。虽然棋牌游戏是一种安静的智力游戏,但游戏者往往会制造出各种声音,特别是麻将牌的洗牌声,声声入耳。现今报纸上关于“棋牌室扰民"一事多有报道,严重时,甚至被诉诸法律。饭店作为客人休息的场所,需要维护饭店的安静环境,棋牌室的设计应该从总体上考虑这一问题。

(二)棋牌室要具有空间感

饭店的可用经营面积对于饭店管理者来讲是生财的重要条件,在进行总体规划时,管理者往往容易在有限的空间内设置尽可能多的经营项目,造成饭店经营场所的狭窄,使客人在消费时感觉到视觉上、心理上的压力,从而影响客人的消费情绪。棋牌室在设计时,对于其空间大小不易把握:①棋牌活动本身不需过多的空间,只需要1张桌子、4把椅子和相应的棋牌用具;②为了防止不同客人群体之间的干扰,需要设置棋牌单间;③棋牌室的收费比同等经营面积的其他消费项目要低。在这3个原因的作用下,棋牌室的室内设计和装潢经常缺乏空间感,使客人感到不便,减少了客人的回头率。在棋牌室设计时,可以运用设计上的手法使有限的空间具有空间感。豪华型棋牌室的面积较大,在整个布局上可将其划分为几个区域:休息区、棋牌区、衣帽架、服务区,有些还会备有简单的卡拉 OK 设备。

(三)棋牌室色调和谐

作为智力活动的场所,棋牌室装修的色彩要具有安定客人情绪,使客人能够冷静思考的功用,因此整体色调要和谐统一。抽象感十足的撞色组合绝对不能够出现,强烈的色彩对比只会使棋牌游戏者心烦意乱,不能平心静气地思考,从而影响客人技能技巧的发挥。同样,过于沉闷的色彩也不适合棋牌室的装饰。

(四)棋牌室家具的配备

棋牌活动是围绕着一张棋牌桌而开展起来的,客人在整个游戏过程中始终保持坐姿,时间长了,会觉得疲劳不堪。这就使棋牌室在进行陈设时,家具的选择是重头戏。家具要选择质地好的,在设计上充分考虑人体构造。如最重要的椅子,一般为软椅,椅垫的高度为 45 cm,椅背成弧线向人体弯曲,正好符合人体曲线,可以有效减轻客人在游戏时身体上的不适。

(五)棋牌室在设计布局中需要注意的其他方面

1. 棋牌室的照明

棋牌室的整体照明要温馨、明亮、不耀眼。为了保证良好的照明条件,会在棋牌桌上方采用圆形灯罩的挂灯,用来聚光,方便客人活动。

2. 棋牌室的空气条件

饭店为了正常开展各项业务活动,保证客人有一个舒适的消费环境,一般棋牌室都配备有中央空调。棋牌室的服务人员在营业之前,将空调打开,使棋牌室的温度达到最佳状态,一般为 18 ~ 23 ℃,湿度为 40% ~ 60%,空气中的氧气含量达到 18%左右。

二、棋牌室的服务

随着旅游业的发展,新的饭店不断涌现,如何有效地吸引客源成为饭店管理者在经营时需要关心的问题。如今饭店之间的竞争,已从价格竞争向服务质量竞争转变。服务质量成为饭店生存的生命线。作为经营企业的饭店,顾客是饭店的衣食父母,"如何能使客人感受到饭店诚挚的服务",是管理者在制定有关服务程序和标准时所需要考虑的。

(一)棋牌室服务员的素质要求

(1)文化程度:高中以上毕业或职业学校饭店管理专业毕业。

(2)工作经验:要有 1 年左右的饭店实践经验。

(3)专业知识:熟悉各种棋牌的基本知识,熟悉棋牌室一整套服务程序,对客人提出的合理要求能够灵活处理,恰如其分地予以满足。

(4)业务能力:掌握各类棋牌的游戏规则和计分方法,必要时能陪同客人进行棋牌游戏。

(5)人际关系:能自然而和谐地与客人相处,保持良好的主客关系。

(6)身体素质:具有健康的体格,能够长时间站立服务。

(二)棋牌室工作人员的职责

1. 领班的工作职责

(1)督导棋牌室员工做好服务工作。

(2)具体负责所在班组的日常服务工作和对客服务的组织工作。

(3)召开班前会,布置工作。

(4)做好员工的考勤记录。

(5)培训所属员工按有关操作要求和服务规程提供主动、热情的服务。

(6)负责客人消费品和服务用品的领用。

(7)协调员工之间、上下级之间的关系,贯彻上级指令。

2. 服务员的工作职责

(1)负责进行棋牌室预订服务,负责棋牌室的日常卫生清洁工作。

(2)运用准确、规范的语言问候、接待客人,引导客人至预定的棋牌室。

(3)负责棋牌的发放、保管,提供棋牌活动进行中的酒水和小食服务,在领班的许可下,陪同客人进行棋牌游戏。

(4)提供结账服务,并检查有无宾客遗留的东西,微笑送别宾客;清洁棋牌室,做好迎接下一批客人的准备。

(5)客人如有突发事件发生,及时向领班或康乐部经理汇报。

3. 棋牌室的服务程序

(1)班前准备工作。服务人员应比营业时间提前 30 min 到岗,做好必要的班前准备工作。具体包括:①检查仪容仪表。饭店服务人员的工装要求统一,突出饭店的经营特色。在工作时间,仪容仪表要符合饭店的要求。②召开班前会。由领班检查服务人员的仪容仪表,分配预定接待任务,提出接待要求。③清洁棋牌室,吸扫地面,打扫责任区域。调节中央空调的温度,打开换气功能。清洁卫生是饭店重要的一条服务质量标准,要求做到"十无六净"。④全面检查。各岗位工作人员检查服务用品和客用物品的准备情况,核对用品状态,对不合格的客用品要予以更换,提前为客人的娱乐消费创造便利条件。正式营业前5 min,服务人员抵达工作岗位准备迎接客人的到来。

(2)预订迎宾工作,具体包括:①棋牌室的预订。客人一般采用电话预订的居多,接待员要在电话中使用规范语言,热情地接待客人,准确记录客人姓名、房号(酒店住客)、使用时间,并复述清楚经客人确认。对已确定的客人预订,要通知有关服务人员提前做好安排。②当客人来到棋牌室时,接待员应面带微笑向客人问好,问清客人所需提供的棋牌种类,尽快为客人办理登记手续。③询问客人是否预订。有预订的客人按照预订要求为客人办理接待手续;对无预订的客人,如果场地已经满员,应礼貌地提示客人需要提前预订,并向客人表示一旦有空棋牌室立刻安排。④为客人办理登记手续。在《记录册》上,记录客人的姓名、房号、活动时间并做出相应安排。⑤请客人确认付费方式。要求签单的客人请出示房卡,要求使用信用卡的客人请出示有效证件。⑥通知相关服务员做好服务准备。

(3)游戏中的服务工作,具体包括:①得到接待员的通知后,服务员引导客人到指定棋牌室,为客人简单介绍棋牌室使用规则。②请客人点取酒水饮料和小食,去康乐酒吧取拿客人所点酒水、小食。③在客人消费过程中提供有关的续杯服务。④客人预定时间即将用完时,应及时询问客人是否需要续时。

(4)结账送宾工作,具体包括:①客人结束游戏,服务员目送客人离开棋牌室。②检查有无客人遗留的物品,同时负责清点、检查客人所用棋牌设备是否有损坏。若有损坏,应及时通知接待员。③接待员为客人办理结账手续,向客人致以谢意,并欢迎客人再来消费。

(5)结束收尾工作,具体包括:①客人离去后,立即清洁棋牌室卫生,撤换客人用品,将一切恢复原状,为下一批客人的到来做好准备。②营业时间结束,服务员要做好下一班次的营业准备工作。③关闭电源、空调、锁好门窗。

三、棋牌室的管理

棋牌室在人力资源、财力资源、物力资源上都与其他康乐部门相似,最大的不同就在于对客人消费过程中的赌博现象进行管理。棋牌活动自诞生之日,就与赌博紧密地联系在一起,甚至它的传播和发展都和赌博这一因素密不可分。

在我国赌博自古就被列为"四恶"之一,使多少家庭流离失所。新中国成立以后,更是以法律条文的形式明确规定"不允许聚众赌博"。作为精神文明窗口的饭店业在为客人提供娱乐休闲场所的同时,不能使自己的棋牌室成为藏污纳垢的赌博场所。

一般来讲,饭店在对棋牌室进行管理时,会采用两种方法进行预防:

(1)采用张贴明示的方法。在棋牌室入口处,以明示的方法,提醒客人不要赌博,建议客人玩健康棋牌。在明示时,要注意口气的婉转,以防引起部分客人的反感。

(2)棋牌室服务员在进行服务时,要注意客人是否有赌博行为或异样举动。若有,应向领班及时反映,请有关管理者出面进行劝阻。

第三节　康乐场所酒吧的种类和设计布局

在世界公认的几个人类文明发源地的历史中,酒的历史统统早于文字的历史。中外历史上,多次发生下令禁酒的历史事件。但是,酒这种不能解渴的饮料却屡禁不止,经过近代科学的研究,发现摄入少量乙醇可以起到活血、提神、消除疲劳的作用。我国涉外旅游饭店作为与西方发达的工业社会国家接轨最早的一项产业,在中国消费者心目中塑造出了高档、先进、休闲、享受的社会形象,饭店内的康乐部更是在饭店所在地区起着新型康乐运动方式领头人的作用。酒在饭店中的供应则体现为酒吧的形式。酒吧(Bar)原意为"栅栏或障碍物"。相传早期的酒吧经营者为了防止醉酒客人惹是生非对酒吧进行破坏,通常在吧台外设一横栏,一是可以起到阻碍醉酒客人的作用,二是供骑马来的客人拴马或供客人踏脚。日子久了,人们就将"Bar"这个词用来专指为客人提供酒水服务的休闲场所。无论是过去还是现在,在酒吧中较多供应的均为混合酒品即鸡尾酒。在过去主要是由于各酒品供应欠缺,酒水储量不多,为了使客人能够喝上含酒精的饮料,酒吧则发明了鸡尾酒。现在酒吧则是因为客人日常保健、要求摄入低酒精含量的饮品,而使得酒精含量低的鸡尾酒、红酒、啤酒、各式鲜榨果汁等大为流行。

一、酒吧的分类

随着现代旅游业的兴起,饭店业蓬勃发展。酒吧作为一项特殊的服务项目,随着近代饭店的产生也随之进入饭店服务业,并在饭店特色经营中显示出越来越重要的地位。在目前的旅游饭店中,通常都会配备若干个不同经营风格的酒吧。各个酒吧的调酒设备、室内装潢、主题设计越来越个性鲜明,酒吧的供应品种也从单纯的酒水供应向多元化发展。概括而言,酒吧可以分为以下几种:

（一）立式酒吧（The Stand up Bar）

传统立式酒吧是酒吧经营中常见的、最普遍的一种形式。随着社会的发展，立式酒吧的客人并不再像以前那样，站着饮酒，而是坐在吧台前的高脚凳上。同时，在酒吧经营区域还设有散座和圆桌供客人逗留，为了帮助客人打发时间，酒吧还开辟了各种娱乐项目（如飞镖、骰子、歌唱表演等）。立式酒吧的吧台通常采用的形状是两端封闭的直线式吧台，这种吧台的布局较为灵活，可利用室内建筑结构进行构思布置。另外它还有一个好处，就是在任何时候，酒吧服务人员的背部都不会朝向客人，可以对客人的消费情况进行有效的控制。此种酒吧形式的经营特点是酒吧客流量大，在营业高峰期间的周转率很高，而服务和操作的工作区较为狭窄，酒吧的服务员需要长时间地在客人面前工作。

（二）酒廊（The Cocktail Lounge）

酒廊一般是用来称呼饭店中的主酒吧。酒廊供应的酒水种类齐全，尤以调制鸡尾酒等混合饮料为主。酒廊的装潢考究，常常参照饭店的经营主题树立自己独特的风格，成为饭店等级和品位的象征。酒廊存在的形式主要有大堂酒吧、歌舞厅酒吧两种。酒廊的工作人员除调酒师以外，还设有酒廊服务员。酒廊服务人员的主要职责是清洁、洗涤玻璃杯和端送酒水。

（三）服务酒吧（The Service Bar）

服务酒吧在饭店里占有一定的比例，主要是为了方便来店消费的客人，为客人提供简单的酒水服务。它实行"视野外经营"的方法，也就是说，酒吧服务员和客人之间没有直接接触，而是像厨房服务一样，由餐厅或康乐服务员接受客人的点酒，送至服务吧，待吧台服务人员取出客人点用饮料后，再送回客人消费区域。

服务性酒吧比其他类型酒吧所提供的饮料品种要多，因此酒吧服务员在服务时必须熟悉各种酒类和自己的任务。与立式酒吧相比，服务性酒吧提供的混合饮料少而简单，葡萄酒与啤酒则要多一些，存货储量也大。服务酒吧对调酒师的技术要求相对较低，通常是初级调酒师的工作起点。调酒师必须按照餐厅服务员所持的酒单提供各种酒水，由收银员收款。

服务酒吧又因其所设位置不同，可分为以下几类：

1. 餐厅酒吧

餐厅酒吧通常设在饭店客厅，调酒师根据服务员填写的宾客酒水订单提供酒水服务，而不与宾客发生直接的接触。

2. 宴会酒吧

宴会酒吧多为临时性的餐饮酒吧，一般没有完整的后吧台，酒瓶等物只放在储存板或架子上。它通常在大型综合宴会、鸡尾酒会和冷餐酒会上出现。

3. 绅士酒吧

绅士酒吧即为酒店中所指的暗吧,消费者多以男士为主。在此酒吧里多设有掷镖和掷骰场等娱乐项目。

4. 客房小酒吧

客房小酒吧也是服务吧的一种,是饭店为方便住店客人在客房饮用酒水饮料而设立的。它以客人自我服务形式存在,提供的酒类以洋酒为主,配有听装啤酒和碳酸饮料及小袋佐酒食品。

5. 空中酒吧

空中酒吧主要是指位于高层饭店顶层的观光酒吧。客人可登上顶楼浏览市容,并进行酒水消费。

6. 康乐酒吧

康乐酒吧是指设在康乐部的服务酒吧,它一般为进行康乐活动的客人提供简单的酒水服务。由于前来饭店进行康乐活动的客人,一般都是出于休闲健身的目的,所以康乐酒吧提供酒品的酒精含量都不高,有些与新近流行的水吧、果汁吧相像。

7. 泳池酒吧

泳池酒吧设在游泳池附近,主要是考虑到游泳活动的具体特点来设立的。它方便游泳客人消费,能提高饭店收益。

二、酒吧的设计与装配

酒吧设计布置是否合理将直接关系到调酒师的工作效率,以及能否吸引宾客到此进行酒水消费。因此,设计布置酒吧时,不仅注重其情调与气氛,更需要从酒吧日常工作的方便性出发,注重每件设施设备的合理摆放与布局。要以方便调酒师取用为前提,以宾客舒适、悦目为基本,方能设计布置出能充分满足宾客休闲与社交需要的酒吧。

(一)常见酒吧的设计

所有吧台的结构都是相似的,分为前吧台和后吧台。前吧台是工作台,包括吧台面和操作台。吧台面是供客人和调酒师放饮料的地方,操作台是调酒师工作的地方。后吧台是储存区。

1. 前吧台的设计

吧台面的高度应在 110～200 cm,宽度应在 500～750 cm,台面厚度为 40～50 cm,脚踏杆高度为 300～400 cm。为了便于清洁台面的酒渍,吧台面应以耐污性强、便于清洁的硬质材料制成。

2. 后吧台的设计

后吧台具有展示酒水和储存服务用品的双重功能,吧台顶层用来陈列瓶酒、玻璃杯等,下层通常是冰柜(用来存放啤酒和白葡萄酒)以及可锁的小柜(用来存放酒品、

第十三章 棋牌室与酒吧的经营与管理

233

服务用品和备用品）。在通常情况下，后吧台还应有制冰机和冷藏柜。

酒吧的消费气氛营造主要体现在后吧台的酒水展示和酒具摆设上，让客人一看就知道这里是饮酒休闲享乐的场所。后吧台的展示柜在摆设时，必须注意遵循美观大方、有吸引力、可视效果强的原则。

一般说来，前吧台和后吧台的宽度，不应小于 1 m，中间不能放置杂物，以方便调酒师取拿物品，降低劳动强度，提高工作效率。

3. 操作台的设计

操作台位于吧台面内侧，是调酒师工作的重要区域，同时也是酒吧常用设备放置比较集中的区域。一般由不锈钢制成，有 3 个分隔的洗涤器，此外还有用来储存瓶子、冰桶和玻璃器皿的栅架，以及独立的调制混合饮料的区域。操作台的高度应在800～900 cm，宽度应在 450～600 cm。

4. 高座吧椅

高座吧椅分布在吧台前，最常见的就是低靠背立式圆面转型椅。在布置时要特别注意吧椅之间的距离，要方便客人进出。吧椅一般是依据吧台的整体长度均匀分布。

（二）康乐酒吧的设计

康乐酒吧在设计时通常采用直线形，结实耐用，结构与立式酒吧相似。但不需要酒类陈列柜，调酒师的工作区域也要大一些，通常设在康乐消费场所客人能看得到，又不影响康乐经营业务的地方。

1. 酒吧用品的配置

酒吧配置的用品除了必不可少的酒水饮料、小食外，大体可分为 3 类：第一类是酒吧用具；第二类是鸡尾酒所用装饰物；第三类是调制混合饮料用的配料。

（1）酒吧常见器具主要有：调酒壶、调酒匙、计量杯、食品搅拌机、量酒器、调酒杯、碎冰机、冰桶、开瓶器、隔冰器、冰锥、冰夹、调酒棒、酒针、酒嘴、吸管、杯垫、砧板、水果刀、长匙、酒篮、滤网等多种酒吧器皿。

（2）酒吧常见酒水装饰物。酒水装饰物是用来装饰酒水用的，可以使客人在饮用酒水的同时得到视觉上的享受。可以根据装饰物的规律和共同特点，将其归纳为3 大类：

①点缀型装饰物。大多数酒水的装饰多属于此类。点缀型装饰物多为水果，通过调酒师的精心制作，形成不同的造型来突出酒水的风格。常用的水果有车厘、柠檬、菠萝、草莓、脐橙、橘子等，此类装饰物要求体积较小，颜色与酒水相协调，同时要求与酒水的原味一致。

②调味型装饰物。主要是用有特殊口味的香料和水果来装饰酒水，同时影响酒水的口味。常见的有豆蔻粉、盐、糖粉、桂皮、柠檬、洋葱、西芹、薄荷叶等。

③实用型装饰物。主要是指以造型独特的吸管、酒签、调酒棒等作为装饰物。此

类装饰物除具有实用性以外,还具有一定的观赏价值。

(3)酒吧调制混合酒水的常见配料。主要有:苏打水、可乐、汤利水、青柠檬汁、辣酱油、苦酒、番茄汁、糖浆、牛奶等。

(4)酒吧常见杯具的配置。目前用于盛装酒水的杯子种类繁多,大小形状千差万别。酒吧为了让客人能够更好地品尝酒水,要准备与供应酒水相吻合的杯具。较为正规、高档的酒吧通常有十多种杯子供不同酒水配用。一般酒吧常见的杯具有:啤酒杯、鸡尾酒杯、葡萄酒杯、烈性酒杯、雪利酒杯、威士忌杯、水杯、果汁杯,等等。

第四节　康乐场所酒吧的经营与管理

一、康乐酒吧的经营特点

酒吧在饭店里属于高利润的服务部门。康乐酒吧随着人们消费时尚的变化与人们休闲生活水平的提高,在整个饭店经营中扮演着越来越重要的角色。康乐酒吧除了具备酒吧经营的一般特点外,还具有其自身的经营特点:

(1)康乐酒吧的目标客源明确,销售服务的针对性强。

(2)康乐酒吧规模小,对服务人员有一定的专业素质要求。

(3)康乐酒吧投资回报率高。

二、康乐酒吧的服务

(一)康乐酒吧服务员的素质要求

(1)文化要求:高中以上学历或职业学校饭店专业毕业。

(2)工作经验:有1年左右的饭店实践经验。

(3)专业知识:精通酒吧专业知识,熟悉各种酒水特性、饮用方式和服务方法。

(4)业务能力:①能够应用不同调酒技法,调制简单的酒水饮料;②掌握基本刀工技巧,制作水果拼盘;③能维护、保养酒吧各种服务器皿和用具;④能够熟练处理醉酒宾客闹事、投诉或其他意外情况。

(5)人际关系:具有较强的人际交往能力和语言技巧,能自然而和谐地与其他员工及客人相处。

(6)身体素质:具有健康的体格,能够长时间站立服务。

(二)康乐酒吧服务员的岗位职责

(1)与康乐部服务员协调配合,为客人提供优质、高效、标准的酒水服务。

(2)督促康乐部服务员向宾客推销特色酒水。

(3)负责控制日常酒水的领取、保管与销售。

(4)定期清点,掌握酒吧的财物、品种、质量和使用情况。

(三)康乐酒吧服务员的工作程序

1.班前准备工作

(1)检查仪容仪表,按饭店要求统一着装。

(2)根据销售情况从饭店酒库保管处提取工作所需要的酒水和配料。

(3)做好酒吧内的清洁卫生工作,清洁消毒所有客用品以及服务用具。

(4)检查酒吧内各种设备设施是否运转正常。

(5)检查小吃和酒水的质量情况。

(6)在冰池内加满冰块以备营业时使用。

(7)提前准备好各种酒水的装饰物。

2.营业时期的服务工作

(1)按照康乐部服务员递送的酒水单为客人供应酒水、小食。

(2)在营业期间保持酒吧区域的清洁、卫生。

(3)做好销售记录,严防酒水浪费和失窃。

(4)严格按照食品卫生法的要求进行卫生操作。

(5)同康乐部其他员工保持良好的协作关系。

(6)空闲时擦亮酒杯。

3.结束工作

(1)做好酒吧打烊后的工作,盘点剩余酒水。

(2)将剩余酒水按要求存入后吧台。

(3)清洁酒吧区域的卫生。

(4)切断电源,锁好储物柜,离开酒吧经营区域。

三、康乐酒吧的成本控制

任何一个企业的存在都是为了获取利润。要获得目标利润,作为饭店经营者就必须对整个饭店的经营进行通盘考虑。获得利润的方式可以用"开源节流"来形容,一是增加营业收入,二是控制成本。这两者相互配合,密不可分,忽略任何一方面都会减少饭店的应得利润。

康乐酒吧是依附于康乐部存在的,客源受到一定的限制。只有通过控制成本才能够有效地提高康乐酒吧的利润。酒吧成本的控制主要体现在酒水的控制上,要通过建立一系列的控制标准来实现对酒水的控制。控制标准由标准饮料单、标准配方、标准价格、标准牌号、标准操作程序构成。

(一)标准酒水单

标准酒水单,即酒吧酒水饮料配用单,规定了酒吧在经营时所须配备的酒水饮料。在制定标准酒水单时,首先要考虑酒吧的类型和目标顾客的需要。确定客源的消费习惯后,分析客人习惯消费何种酒水,再决定标准酒水单的内容。在确定了标准酒水单的内容后,还要根据酒吧的实际经营需要决定购买储存量,一般不应储存超过1个月用量的酒水。

(二)标准配方

酒吧建立标准配方的主要目的是为了使每种饮料都有着同样的质量。顾客希望无论何时到酒吧都能享受到品质、口感一致的酒水,这就要求酒吧提供的酒水在口味、酒精含量和配置方法上保持统一,不得擅自更改。酒水的标准配方是调酒员们在实际工作中经过多次试验,并经过顾客和专家的检验后,以文字形式确定下来的酒水配方表。酒吧服务人员可以在实际工作中,根据客人的不同口味对配方进行小的调整,但这种调整不宜过大。

(三)标准价格

标准价格的含义就是酒吧在销售过程中要以统一的价格出售。在制定标准价格之前,管理者要制定标准利润率,使酒水的价格随着成本的变动而变动。

(四)标准牌号

酒吧使用标准牌号的目的仍然是为了向客人提供品质如一、质量稳定的酒水饮料。不同牌号的酒水之间会因为原料的不同、生产方式的不同而在口味上有所差别。标准牌号的采用是酒水标准配方的基础,没有酒水采购时的标准牌号,酒吧制定的标准配方就没有任何意义。

(五)标准操作程序

标准操作程序是一种系统管理企业的手段,实施标准操作程序可以保证企业中服务与产品质量的一致性,减少酒吧服务过程中由人为原因带来的成本浪费和酒水质量的改变。要确保标准操作程序的贯彻执行,必须加强对酒吧工作人员的培训工作,使其理解并熟练掌握操作程序,并从思想上进行重视。

【小　结】

本章主要介绍了棋牌室与康乐场所酒吧的基础理论及其经营和管理方面的知识,要求学习者了解各类棋牌游戏的玩法、酒吧的种类及特点,掌握棋牌室和康乐场所酒吧的经营特点及它们的规范服务,最终提高其经营和管理的效率。

【思考题】

1.试列举中式棋牌和西式棋牌的种类及特点。
2.棋牌室在布局上应注意什么问题?
3.试析酒吧的种类及特点。
4.酒吧的设计应注意哪些方面的问题?
5.如何进行酒吧成本的控制?

【案例与思考】

案例 13-1

某酒吧热闹非凡,气氛正酣,只听一声尖叫,一客人醉酒倒地,只见他连连呕吐后不省人事。这时,满地的污物及令人作呕的气味都让其他客人侧目。更糟糕的是这位客人是单独一个人来此消费,身边无任何朋友。

问题:
(1)若你是当班服务员,应如何处理眼前的情况?
(2)通过这件事情给你什么启发?

案例 13-2

在棋牌室里,有客人在赌博,你作为服务员应如何处理? 若你是经理,又该如何处理?

桑拿保健室经营与管理

　　作为一种被动、消极参与型康乐项目,桑拿和按摩有着广阔的客源市场,从诞生至今短短 200 年,风靡全世界。桑拿浴通过蒸汽使人大量出汗,有极好的减肥功效,并且差别强烈的冷热刺激促进了全身皮肤的深呼吸,加速和促进了新陈代谢和血液循环,使体内的无用、有害物质随着皮肤的呼吸而排出体外,从而起到清除体内垃圾、保健身心的作用,对美容、养肤、防治风湿病和皮肤病有一定的作用。按摩和桑拿似乎有着天然的邻近关系,自从按摩的动机由医疗需求转为保健需求后,按摩也就自然而然地成为康乐的一部分而被大众所认可和接受。保健按摩的种类丰富,方法多样,它可以提高机体的免疫功能,加快新陈代谢,改善肌肉的弹性,振奋精神,消除疲劳。

第一节　桑拿按摩知识

一、桑拿

(一)桑拿浴

　　桑拿浴是英文"Sauna"的译音,是在特制的小木屋中通过特殊设备将室温迅速升至45 ℃以上,以使沐浴者身体受热充分排汗的特殊沐浴方式。这种沐浴方式有利于将体内垃圾充分排出体外,保持身体健康。

　　1.桑拿浴的洗浴方式

　　广义的桑拿浴有干蒸和湿蒸两种洗浴方式:

(1)干蒸。干蒸是狭义的桑拿浴,又称芬兰浴。干蒸房是一个面积不大的特制木结构房间,房间的四周有两层躺板,中间是一个通电加热矿石炉,旁边配有冷水桶。客人享受时,将冷水泼在烧红的矿石上,就会产生一种清淡的矿物质香味,这种香味对人体有益。其整个沐浴过程是将室内温度升高到45℃左右,使沐浴者犹如置身于骄阳之下或沙漠中,体内的水分被大量地蒸发,以达到排泄的目的。

(2)湿蒸。湿蒸是一种蒸汽浴,又称土耳其浴。在洗浴原理、方式、功效等方面与芬兰浴一样,它经常被桑拿室当做附加设备安装在干蒸桑拿房附近,以便为客人提供又一项选择。

湿蒸房和干蒸房的区别:

①材料及设施不同。湿蒸房通常用特种玻璃钢制造,一间简单的房间里沿四壁排满了固定的色彩淡雅的坐椅,地面由防滑材料做成;湿蒸房内设施简单,除有防蒸汽的墙灯之外,还有自动香精喷雾器和自动清洗器。

②容量不同,湿蒸房可容纳2~20人不等(而干蒸房一般较小巧)。

③蒸汽产生的途径不同。湿蒸房的蒸汽是由设置在室外的特制电动蒸汽炉产生后输入房内,蒸汽炉除带有电路和蒸汽压力的安全保障装置外,还有全自动衡温控制器。

④成本耗费不同。湿蒸房的相关辅助设施设备没有干蒸房的繁杂,因此其价格较低。

2.桑拿浴的"伙伴"——差别浴

桑拿浴通常都以"差别浴"方式进行,也就是说在沐浴过程中轮流进出3种不同温度(也称"三温暖")的水中。其过程如下:先用温水淋浴,将身体擦洗干净,在温水池里浸泡片刻;然后进入桑拿浴房中10~15 min;当感觉到全身排汗或感到太热时出来,进入冰水池中浸泡或用冰水淋浴。然后再进入桑拿房,出来后再入冷水,如此反复进行3次以上。对桑拿浴房感到不适时,也可在热水池中浸泡来代替桑拿房热蒸。最后进入淋浴间将全身洗净,或在温水池中浸泡一会儿后进入休息室休息。

3.桑拿浴的洗浴过程

(1)桑拿浴前要注意:①由于排汗量会增加,为补充体内水分,在洗桑拿浴前应多喝水;②患有高血压、心脏病、脑中风、肝肺功能不佳以及耳炎、皮肤病等患者,不宜洗桑拿浴;③在剧烈运动后以及饥饿、太饱、太累时,也不要洗桑拿浴。

(2)更衣寄物。桑拿中心设有更衣室和寄物柜,以供顾客换穿浴衣并寄放衣物。

(3)卸妆清洁。洗桑拿浴前,先要卸妆,并切忌在全身涂抹保护油,以防堵塞毛细孔,阻碍皮肤的散热功能。这对女性来说尤其要注意。

(4)淋浴净身。为保证安全,在进入桑拿浴室前,应先在淋浴室冲洗身上的汗渍与污垢。淋浴后能引发血管扩张,为享用其他服务做准备。

(5)干蒸或湿蒸出汗。温水淋浴后进入干蒸房或湿蒸房,温度大约在50℃时,开始出汗。蒸汽不仅可以补充皮肤的水分,也益于呼吸系统的保健,还可以护发。桑拿房的温度控制在55 ℃较好,一般不应超过65 ℃,因为人体的排汗量在65 ℃时,已达到极限。大量的出汗,有利于排除毒素,并促进血液循环。

(6)差别浴。进入不同水温的按摩浴缸泡洗,依次泡温水池、热水池(亦可进桑拿房)、冰水池,如此反复两三次。人体在这3 种不同温度状态下,使毛细孔达到扩张和收缩的目的。池中还有按摩设计,使人更易获得松弛的效果。

(7)洗完后小憩。洗完后在休息室小睡一觉,或者享受各式按摩、美容护肤、美发造型等服务项目,让疲劳全消,精神再现。

4. 桑拿浴的作用

(1)桑拿浴整个过程会消耗很多体力,通过蒸汽使人大量出汗,有极好的减肥功效。

(2)差别浴强烈的冷热刺激促进了全身皮肤的深呼吸,加速了人体血液循环和新陈代谢,使体内的无用、有害物质随着皮肤的呼吸而排出体外,从而起到了保健身心的作用,对运动后的体力恢复也十分有效。

(3)对美肤和防治风湿病也有一定的作用。

5. 桑拿浴的演变形式——再生浴

由于桑拿浴和蒸汽浴都是高温洗浴方式,许多人在浴房中很难长时间坚持,不能达到理想的健身效果。因此,1995 年后出现了一种浴房温度和湿度都介于桑拿浴和蒸汽浴之间的新型方式——再生浴。其主要设备是再生浴房,它与桑拿房十分相似,在白松木条装成的浴房中配有使墙身温暖的暖管或再生浴炉、温度湿度控制器。再生浴产生蒸汽与热量,使浴者坐于室内感觉十分舒适。再生浴分高温、低温两种:一是低温再生浴,温度介于37 ~ 39 ℃,浴者能长时间在房内享受宁静的环境,并松弛神经,比较适合年长者和妇女使用。二是高温再生浴,温度介于55 ~ 65 ℃,相对湿度为40% ~ 50% 。浴者进入房间后15 ~ 20 min 开始出汗,感觉比高温桑拿浴舒适。

6. 桑拿浴与古老中国式洗浴的结合——药浴

(1)现代药浴把洗浴和保健完美结合。现在药浴越来越多地与三温暖桑拿浴相结合,在有些高档洗浴地方出现了新型药浴。药浴是根据中医理论,依据某些中药如丹参、当归、首乌、石菖蒲等的药用价值和不同功效,按一定的比例加以精选、煎熬,配制成浓缩液,在有效期内投放一定比例于温水中,客人可根据自身的身体状况、偏好来选择的一种洗浴方式。由于在进行完桑拿浴后,人的表皮毛细血管扩张,促进了血液循环,因而更有利于吸收药剂成分,能比传统药浴更好地达到客人预期的功效。

(2)药浴的功效:疏风清热,祛风除湿,护肤增白,消疲提神,止痒止痛,通经活络,养颜驻容,香肌润肤,溢脂爽身,抑菌消毒。

(3)药浴服务的注意事项:①要标明配方和功效,以利于客人选择。②药方要科学,要由专业医院皮肤科或药剂科负责原料、配制、装瓶、发送。③药液要在有效期内使用。④保证浴池无菌,清洁干净。其方法是在浴池里铺上一层一次性薄膜,一客一换,并且每日都用混合消毒粉的活水冲洗浴池。

7.桑拿浴与现代科技的结合——光波浴

(1)光波浴的原理及作用。红外线是日光中热能最高的光线,是一种无害的自然光,它可以穿透人体40 mm的厚度。光波浴的最主要特点是"外静而内动"。采用红外线作用于人体组织细胞,在浴房中让裸露的肌肤接受红外线辐射,人体内细胞组织便会产生共振,从而在人体内部产生热量,体温升高。在体温慢慢达到40～60 ℃时,就会扩张毛孔,大量出汗,以此来达到活跃新陈代谢、强身健体、美容护肤的效果。在这个过程中,客人可以读书看报,听音乐,感到闷热时还可以打开换气窗让空气流通。同桑拿浴相比,光波浴不仅可以为人体解除疲劳,排泄人体垃圾,而且对许多病症有一定疗效。

(2)光波浴房的种类。光波浴在一个木质的小浴房内进行,有单人房和夫妻房两种。

(3)光波浴房的特点。光波浴房重量轻,安装简单,移动方便,因此对浴房的木材质量要求很高。独特的板块结构设计能保持光波辐射面最大。

(4)光波浴房的核心设备。光波浴房的核心设备由5个红外辐射元件组成,严格遵循中医学的经络原理分布在浴房四周,以求对人体进行全方位的辐照。其主要施治部位在人的腹部、胸部、背部及四肢,起到调节阴阳、疏经活络之功效。

(5)光波浴房的配套设施。除了辐射元件,浴房内还备有舒适的靠椅、报架、排气窗、音响系统、照明灯及杀菌装置。浴房外的门前装有控制板,可选择、控制浴房内的温度和时间,可随个人需要调节温度和湿度。此外,还应设有排水系统,从而保持房内的清洁卫生。

(6)光波浴服务程序:①服务人员一般应在客人进行光波浴之前5 min接通浴房的电源,进行预热。②在请客人进入浴房之前,应根据客人的体质情况和要求选择适宜的温度和时间。③预订时间结束后,客人走出浴房到淋浴间用一次性专用毛巾清洁全身。④每当一个客人离去后,服务人员用皂液清洗污垢,最后启动浴房内的消毒装置,用紫外线对浴房进行全面消毒。

二、按摩

(一)按摩概述

1.按摩的起源

按摩的出现是人类正常生理需求使然。人们在身体某些部位有所不适时,就会自然而然地用手掌和手指直接去揉、压、捏,以此来减轻症状,达到止痛、祛乏的功效。按摩是将外力作用于表皮、经络、穴位,以利于气血流畅、经络畅通、皮毛开窍,从而达到防治疾病,延年益寿的目的。

2.按摩的动机

按摩又称推拿,是东方古老的健身方法之一,指在人体一定的部位上,运用各种手法对肢体施加外力,以达到预防疾病的目的。它依据东方医学中人体穴位、经脉原理,在人体的各有效部位进行推、拿、压、拉,从而理顺经络、扶正祛邪。它不仅可以消除疲劳,疏通经络,滑利关节,促进气血运行,强体健身,而且对许多病症,尤其是一些疑难杂症有一定的疗效。因此在东方按摩被当做一种医疗手段,随着医学科技的进步和西医的迅速发展,按摩渐渐成为一种辅助治疗和保健的手段。

3.按摩的发展

在人们工作之余,去按摩院享受专业的按摩服务,不但可以预防疾病的产生,而且可以消除疲劳,放松身心,成为一种享乐活动。随着经济生活水平的不断提高,人们在吃、穿、住、行上不仅追求现代化、高档化,而且在洗浴上也追求更高的享受。浴后的保健按摩已必不可少,按摩房成为桑拿中心的主要场所之一,几乎所有的健身浴项目都与按摩共同出现。进行一次健身沐浴,特别是桑拿浴等会使人体大量出汗,客人感到特别乏力,需要一段时间的静卧休息才能彻底消除疲劳,而按摩就是最有效的辅助手段之一。

(二)按摩的分类

按摩根据目的的不同分为医疗按摩和保健按摩,根据使用设施的不同分为手工按摩和器械按摩。不同国家或地区的按摩根据当地的传统和情况有很大的不同,具体表现在按摩方法、按摩部位、按摩手法等多个方面。医疗按摩主要是针对特殊部位的疾病对症按摩;目前,在娱乐场所常见的、具有代表性的是保健按摩。保健按摩又可分为以下几种:

1.中式按摩

中式按摩突出中医上的保健功能,是依据中医学中人体穴位的原理创造的一种按摩方式。中医学认为,人体从头到脚密布着许多穴位,这些穴位都与人体各内脏器官有着对应的关系,也联系着人的各路神经,对这些穴位的刺激可以有效地促使相应部位的病症好转,并在止痛、消除疲劳等方面有独特的作用。中式按摩就是针对穴位,对身体各部位运用按摩、按压、叩击、推拿、指压、揪拉、抖动等手法刺激有效穴位。按摩的作用不只限于皮肤,还可深达肌肉、筋骨。其动作慢且深沉,不仅有益于放松肌肉,而且有助于静脉回流,增加血红蛋白含量,促进淋巴液循环,加强关节的组织;在精神方面也能消除紧张和焦虑,从而从总体上达到治病健身的目的。

2.泰式按摩

传统的泰式按摩是按摩服务员为客人梳洗一番,擦拭干净后,再在按摩垫上进行按摩。泰式按摩以细致而著称,主要是采用指压的方式从脚底开始按照经脉的走向一点一点地按摩。泰式按摩讲究对人体的每个关节、经脉所经过的每一部位都按压、牵拉。泰式按摩和中式按摩在理论和手法上各有特点,所需设施也不同。从技术的角度讲,两种按摩都含有医疗性质,按摩师必须经过专门的培训和练习,不仅懂得穴位、经脉理论,还必须用力得当,手法规范准确。

3. 港式按摩

港式按摩主要是针对人体全身的穴道进行指压按摩,范围包括头、颈、肩、臂、腹、胸、背、腰、脚等多处。通过对经络穴位的按压,以达到平衡机体能量及增进健康的目的。当经络失去平衡时,精气可能不足或过剩,进行经穴按摩,具有调节机能的作用,使精气重新平衡,身体可自行康复。港式按摩的手法有缓慢、流畅的抚摩,也有揉捏摩擦,主要技法是按压和伸拉。

4. 足底按摩

足底按摩也称反射按摩。根据反射学的原理和生物全息律的理论,人体各部的器官都能在脚底找到一个固定的反射区,按摩这些存在于脚底的反射区,便可以调整相对应器官的功能,促进血液循环,调节内分泌,达到保持健康、治疗疾病的效果。脚底按摩前先要进行"足浴",足浴水温宜在 40～45 ℃,水要把脚踝全部淹没,一般浸泡 5～10 min 后,再用双手在趾腹、趾根及脚心处揉搓、挤捏、推钻、按压。

5. 头部穴位按摩

中医认为"头为诸阳之会",坚持头部按摩,可使任督脉气血经络通畅,起到清脑提神、健身强体的效果。头部按摩,可以活跃大脑的血液循环,增加大脑的供血量,促进神经系统的兴奋,从而起到健脑的作用。

6. 淋巴引流按摩

淋巴系统在人体中扮演着极重要的角色,遍布着全身各个部分。淋巴引流按摩法便是运用对皮肤内淋巴管的施压来促进淋巴液循环,使淋巴液从肌肉中排出,排出的淋巴液(其中包含有毒素)经淋巴结进入血液,由肾脏过滤并将过滤后的废物排出体外,改善皮肤弹力及肤色,增强免疫系统,促进细胞活化,能有效消除浮肿,立即改善腰酸背痛。

（三）按摩的方法

按摩的方法是指运用指、掌、腕、肘或肢体等部位,也可以借助器械来帮助人解除疲劳的技艺、技巧,其范围包括头、颈、肩、背、腰、脚等处。按摩的方法、种类很多,名称也不尽统一,主要有以下 5 种:

1. 拇指压法

拇指压法是用双手拇指的指腹用力作用于人体的手法,它要求双手拇指重叠,拇指和食指呈直角,以重叠的拇指在穴道上加压按摩。一般而言,拇指压法适用于全身穴道,与中医按摩的点穴手法相似,但中医按摩是指端垂直于肤面,而拇指压法则注重指腹用力。

2. 三指压法

三指压法即是将食指、中指、无名指并拢,在穴道上加压按摩。肩、腹、腰酸痛时常使用该法。

3.掌压法

掌压法即是以单掌或双掌重叠的加压法,一般用来按压脊椎骨和四肢等坚厚部位。

4.踩背法

踩背法是按摩者用双手按摩,用单脚或双脚用力踩踏于被按摩者身体的一种方法。按摩者以双脚脚趾、脚掌、脚跟,用点压、搓擦、滑行、抖动、踢打等动作施加于被按摩者,并与牵拉吊杠相配合,使按摩者的重心不断地移动,来调整脚部下压的力度。踩背法力度强劲,技巧性强,要求技术熟练,轻巧如燕而又力度深厚,做到"重而不涩"。此法适用于肌肉发达、体格健壮、耐受力强的人,或在局部疼痛,手法力度不够的情况下施用;禁用于年龄偏大、体质虚弱、脊椎骨质病变者及心脑疾病与高血压患者。

5.推油法

推油法是在指压按摩或踩背后,或单独应用的一种滑润肌肤,促进血液循环的方法。此套手法对治疗风寒感冒、腰背寒凉及增强人体体质都有良好的效果。涂抹橄榄油、婴儿油或薄荷膏等有益皮肤的膏剂,按摩后配以热毛巾作热敷效果更佳。

(四)按摩的进一步发展——机器按摩

近年来随着科技的进步,各种电脑控制的按摩器也纷纷出现。按摩器械是运用中医按摩原理来运作,在机械震动作用下,通过经络、气血、神经的传导和反射,使人达到平衡阴阳、疏通气血、解除肌肉僵硬酸痛的目的,对人们健康有一定的预防和治疗保健作用。但无论按摩器械如何"仿真",都不能模拟医生"因人而异、对症施术"的按摩手法。按摩器械的主要品种如下:

1.身体机能调理运动器

这种运动器是一张铺有软垫的床,而床的某些部位可以向高低、左右或上下摆动,对身体各部位,如脚部、大腿、臀部及全身肌肉进行按摩,使人全身放松。

2.电动按摩椅

电动按摩椅的外观与一般皮椅十分相似,只是在椅面内装了各种电动装置,可以对人体的各部位进行推、捏、溜转等各种动作的按摩。这种按摩椅还可以用电脑设定按摩程序,并可在液晶显示屏上指示操作部位。

3.热能震荡按摩器

热能震荡按摩器是一种比较先进的电动按摩器,是将按摩与桑拿相结合的一种按摩方法。使客人在按摩的同时,享受桑拿或局部受热,以得到背部肌肉的镇痛治疗。温度的控制和时间的长短也都可以在控制板上调节。客人在按摩和桑拿时,头部伸出机外,可以避免呼出的废气再次吸入体内,也可避免客人呼吸受到机内热气的影响。热能治疗法由25 ℃开始慢慢提升到70 ℃左右,人的身体和皮肤较容易适应。

特别是音乐和电波眼镜的享乐式设计受到了许多消费者的欢迎,一些高档酒店越来越多地采用了这种设备。

4. 水疗按摩床

水力按摩床通过水循环进行加热,经由高度弹性矽胶床面,将顾客与水力按摩分隔,使用者不需宽衣即可享受以各部位舒适的干式水疗护理。使用了结合水疗、热疗、按摩功能的水力按摩床后,神经、静脉、动脉及各毛细管能达到最佳的维系状态,可减低紧张、肌肉酸痛、关节僵硬疼痛、减重瘦身等症状,有效舒缓各种慢性疼痛、肿胀与压力、同时修饰体态曲线。

(五)按摩的作用

1. 提高机体的免疫功能

按摩通过各种手法作用于人体,可以使血管扩张,增强血管的通透性,以减少血流的阻力,使血液循环畅通,因而减轻了心脏的负担,使心脏搏动有力。此外,在人体相对安静时,淋巴液的流动是缓慢的,但经过按摩后,可以加速淋巴液的流动,从而达到提高机体抗病力、预防疾病的作用。

2. 加快新陈代谢

按摩能加快新陈代谢,可以使身体感到轻松,给人以脱胎换骨、焕然一新的感觉。

3. 改善肌肉的弹性

按摩手法作用于肌肉,促进了肌肉纤维的收缩和伸展活动,从而促进血液、淋巴等体液的循环和流动,使肌肉得到充分的营养物质,消除肌肉疲劳,增强肌肉组织的弹力。保健按摩可以使人体肌肉丰满,皮脂分泌畅通,皮肤柔润有光泽。

4. 振奋精神,消除疲劳

现代人的生活节奏越来越快,工作紧张、长期伏案工作及缺乏身体锻炼,易引起身体虚弱、疲劳、代谢紊乱、精神不振等不良状况。尤其是长期从事脑力劳动的人,由于用脑过度,可能会产生失眠、头晕乏力等症状。按摩可以刺激人体的肌肉神经,改善中枢神经系统兴奋抑制过程和维持相对体液平衡,从而恢复人体生理功能的正常状态,达到消除疲劳、振奋精神的作用。

5. 形体健美

社会的进步,生活水平的提高,使身体摄入大量脂肪,造成营养过剩,加上缺乏运动,使人发胖。现代社会文明程度越高,人们对健康及形体美的要求也越高。各种健美操、健美茶、健美食品、健美药品与桑拿、按摩结合在一起,可以使体内多余的脂肪转换成热能而排出体外,减少脂肪堆积,从而达到健美的目的。

第二节 桑拿中心的设计与布局

一、桑拿中心设计的依据

桑拿室设计的依据主要是康乐企业的经营形式和打算为客人提供的服务项目。

(一)经营形式

桑拿浴不同的经营形式,其功能的重要性方面会有所不同,在设计时就强调主要项目。洗浴作为一种辅助项目,用来突出休闲功能的完整齐全性。现代桑拿浴的经营形式主要有以下几种:

(1)休闲式桑拿浴,即桑拿与游泳池、按摩等现代休闲手段结合在一起。

(2)洗浴式桑拿,即桑拿与池浴、淋浴、擦背、修脚等服务项目结合在一起。主要功能就是洗浴,要求在洗浴项目上有特色,如有条件的地方突出温泉的特色。

(3)现代健身式桑拿,即桑拿与健身、减肥运动、韵律操、按摩等结合在一起。

(二)服务项目

为满足客人的需要,桑拿浴经营需要为客人提供各种服务项目,每一个服务项目都要设计出相应的服务区域。例如:

(1)更衣换鞋服务,即为客人擦皮鞋、接受客人衣服的保管等。

(2)洗浴用品服务,即为客人备齐一次性洗发液、浴液、毛巾、内裤等。

(3)洗浴指导服务,即提醒客人蒸浴标准时段,向客人介绍标准、科学的蒸浴方法。

(4)搓澡服务。

(5)理疗药浴服务。

(6)推拿按摩服务。

(7)休息室服务。客人更衣后进入休息室,为客人提供饮料、送上报纸或播放音乐及电视服务。

(8)结账服务。

二、各功能间的设计

(一)桑拿房的设计要求

1. 桑拿房总的设计要求

(1)全木质封闭结构。桑拿房通常要用优质松木条做成一个全木质的小房子,现代桑拿浴室的四壁、天花板、地板、门、凳一律都是木质结构,靠墙的一侧有两条台阶式的木凳,还有木条制的休息床和枕头,供客人在浴室卧坐之用。墙壁、天花板等都是双层结构,中间还有保温层,形成封闭系统,以防热气外溢。但要有玻璃窗和门,便于服务人员观察室内客人的状况以防意外。桑拿房天花板、墙面选用防热、防水材料装修,浴室房门安全,开启方便,设有安全防护瞭望孔和报警装置。浴室内各种设施设备齐全、完好。各桑拿浴室的天花板、墙面无灰尘、垃圾和卫生死角,整洁干净,所有金属件表面光洁明亮,镜面无水迹,所有木板洁净、光滑,无灰尘和污迹。

(2)规格多种多样。桑拿浴室的容量大小有许多种规格,从容纳两人到二十多人不等。

2. 干蒸室和湿蒸室的设计要求

干蒸室与湿蒸室是按桑拿房的用途所作的划分,它们的具体设计要求分别如下:

(1)干蒸室。内配浴床、专用水桶、电炉、大勺和橄榄枝,设置温度计、湿度计及沙漏计时器等,以增加舒适感。

(2)湿蒸室。通常为组合式玻璃纤维蒸汽房,要求美观耐用,容易清洁,隔热设备完善,耗电低,节省能源。各种蒸汽浴室的设计可根据接待人数来确定大小,如果预计一天接待100人(次),则需要设计一个大约8平方米的蒸汽浴室。蒸汽房内可装置冷水花洒淋浴、立体音响、安全防护瞭望孔、报警装置及全自动香气输送系统等。

3. 订造式桑拿房和组合式桑拿房的设计要求

订造式与组合式桑拿房是按其制作方法所作的划分,它们的具体设计要求分别如下:

(1)订造式桑拿房。采用经加工处理的白松木,可以根据康乐企业的设计要求或现场情况进行订造,不受固定尺码限制,能达到最理想的效果。订造式桑拿房的设计要点主要有:

①设有通过墙的气孔。

②在桑拿房顶部中空间格设一气孔,如果中空间格被密封,则间墙(如桑拿门以上)最少要有一个通风口,以确保桑拿房内空气与外对流。

③桑拿房顶设通风管,通风管应装置于间墙与桑拿房顶的相接处。

(2)组合式桑拿房。现代很多宾馆、酒店和娱乐企业大多数采用的是组合式桑拿房,其款式很多,可以迎合不同的桑拿房设计需要。其优点是兼有内外墙身,可省却建造外墙的土建工程,而且安装简单、快捷,搬拆容易。

(二)桑拿房配套设备的设计要求

1. 桑拿炉

桑拿炉是桑拿浴的一个重要设备,它为桑拿浴提供热能。桑拿炉的型号、品种、规格很多,其热能也不一样。目前获得欧洲国家科技研究所颁发五星级荣誉的桑拿炉是瑞典的"帝梦牌"桑拿炉。

2. 桑拿房的配件设备

(1) 全自动电子衡温控制器。先进的桑拿房配备全自动电子衡温控制器,可根据客人需要调节室温,并且始终控制好桑拿房内的温度,不必随时调整,大大方便了客人。

(2) 桑拿蒸汽两用炉,可用于土耳其浴和芬兰浴。

(3) 温度计、湿度计。所在的位置不可过高或过低,供客人随时观察桑拿房内的温度、湿度。

(4) 特制桑拿石。通过加热放置于大功率电炉或者电热磁石盆中的桑拿石(例如南非的灿石),从而使室温迅速升高,以达到蒸浴的目的。桑拿石含有大量的锌、钠、钾、钙、铁等各种金属成分,它的温度急剧上升之后,用冷水泼洒它,不但不会爆裂,而且还能在咝咝的节奏声中将对人体非常有益的矿物质分子大量溢出,供蒸浴者通过呼吸和皮肤吸入体内。

(5) 木制休息床(浴床),供客人坐、卧、躺。

(6) 木桶、木勺和橄榄枝。桑拿房中还有桑拿木桶和木勺等配件,以便让客人将房内的湿度增加到所需程度。当客人洗土耳其浴时,要在木桶中备好清水,在洗浴的过程中不断地用木勺舀水泼到桑拿石上。水碰到火红滚烫的石头后立刻变成水蒸气弥漫在空中,湿度的大小由客人自己掌握。

(7) 灯光、计时器和音响。墙上有防水的照明灯(隐蔽灯光)、沙漏计时器,豪华的桑拿浴房有专用的音响系统,能提供背景音乐。甚至可以模拟大自然的阴、晴、风、雨,只要将所需要的程序输入电脑,客人便可以听到悦耳的鸟鸣、隆隆的雷声和涛涛的海浪声,犹如置身大自然中。

(三)三温暖按摩浴池的设计要求

三温暖的浴池依次分为冷水池(10~12 ℃)、温水池(25~30 ℃)和热水池(40~45 ℃)。

目前,几乎所有的三温暖浴池都采用现代化电脑控制的按摩浴池,它能产生水压式按摩作用,对心肌运动有帮助,能使心脏机能得到适当的运动,加强其抵受压力的能力。还可以促进血液循环,加速新陈代谢,锻炼人体的血管、神经,增强身体的抵抗能力,使人获得浸浴的至高享受,并可治疗因剧烈运动所引起的肌肉疼痛或关节疼痛。而且水疗按摩系统还可汇集由四面八方而来的空气和水分,产生大量的回旋式气泡,再加上科学的喷嘴位置设计,使水的冲力直接针对人体的背部、尾龙骨、神经中枢、脚底及其他部位,从而提供全身水力按摩治疗。水力按摩池属于高档设施,一般用特级玻璃钢制成,可以制成多种形状和大小。除配备可调校式喷嘴外,还有多个按摩水泵,全自动过滤、消毒、加热机组及平稳水箱、池底照明,有些还带有隐藏式瀑布龙头及握式莲蓬头。

所以,一个完善的桑拿洗浴中心,应具备这3种不同温度的水力按摩浴池,供客人一冷一热地反复交替洗浴。按摩浴池的启动有多个旋涡式高压喷射龙头,以便随意调节喷射角度、水温、水力及空气的混合动力,使身体每个部位都能得到适当的水力按摩,有促进血液循环、增进健康等特殊作用。按摩浴池的大小应根据接待能力和客人的喜好来确定。

1. 热水按摩浴池

热水按摩浴池水温较高,使用者不多,是专为喜欢高温按摩的顾客而设计的,在座位背上的地方设置旋涡式高压喷射龙头,能使客人在比较热的水温中,享受到水力按摩,以便驱除疲劳,并能有助于关节神经治疗。一般建成 2.5 m 长、2.5 m 宽、0.9 m 深的浴池,可供 6～8 人使用。池内设水力旋涡式高压喷射龙头 6 个,池内照明灯 4 盏以及低压 12 V 输出变压器。池内设置的照明灯除有安全照明功能外,还具有加强池水动力的效果。

2. 暖水按摩浴池

暖水按摩浴池水温适中,适合大多数客人享用,故池身面积要求相对较大,为热池的两倍左右。按摩浴池应设计为可供 1～30 人同时使用,要求有池底照明灯、循环系统设备、全自动池水消毒系统以及相应的加热及制冷系统设备。池内应设多个 0.4 m 宽、0.45 m 高的座位,水力旋涡式高压喷头 10 个,池内照明灯 8 盏。

3. 冰水按摩浴池

冰水浴有其特殊的功效,因为人体在经历桑拿浴或蒸汽浴后,体温升高,动脉及皮肤毛细血管扩张,血液循环加速,在这种情况下,当身体突然接触到冰水后,血管及皮肤孔道马上收缩,使尿酸及有毒金属体迅速随汗水排出体外,肌肉得以保持弹性;而且皮肤孔道的清洁能促进散热功能的发挥,使顾客感到格外轻松,疲劳尽除。但是,一般顾客很难适应,故其尺寸不必太大,可与热池基本相同。冰水池底可设气泡式喷嘴 12～15 个,制造气泡上升的效果,使用者可感受到气泡的轻柔按摩。冰水池必须设置于桑拿浴室的门外,不应距离太远。

(四)淋浴间的设计要求

继水力按摩浴池之后,又出现了一种立式的集淋浴、蒸汽浴、水力按摩及瀑布式淋浴于一身的蒸汽花洒房。这种花洒房体积小,功能全,非常适合家庭或宾馆的豪华套房使用,娱乐场所中也经常将它配在桑拿浴中的 VIP 包房内,作为多功能的淋浴室供客人享用。

1. 淋浴间的体积

淋浴间通常 2 m 多高,全封闭,占地面积很小,用淡色的特种玻璃制成,里面通常配备多组对称式电脑控制的按摩喷嘴,对人体的各个穴位喷淋,为客人作全身按摩,以达到消除疲劳和恢复体力的功效。瀑布式淋浴和花洒淋浴还可以按摩人的颈部和肩膀。浴房外可安装小型的蒸汽炉并配有自动恒温控制器,使浴房成为蒸汽房。有些淋浴间内还有设计精巧的座椅,使沐浴更为舒适轻松。

2.淋浴间的数量

每个淋浴间(龙头)平均每天可接待约20名顾客。若设置淋浴间,需先确定每天接待的顾客人数,然后决定所需的蒸汽炉数量。

3.淋浴间的水压、温度

淋浴水力要充沛,如果水压不足,要考虑装设加压泵。国外的淋浴间多设单手控制的冷热水调温龙头,或加设时间掣,及采用脚踏开关,以节省用水。

4.淋浴间的高度设计

淋浴龙头的装置高度不可太低,一般离地2 m,并可考虑设置挡门。

5.淋浴间的配套用品

自动落浴油、洗发水及按摩花洒,已成为浴室必备之物,而最新设备为全身按摩器及冷热花洒淋浴器等。

6.淋浴间的排水系统

排水系统要畅通无阻,地面要铺防滑设备。

(五)按摩室设计要求

1.内部环境的要求

按摩室内温度25 ℃左右,相对湿度保持在50%～60%,天花板、墙面整洁美观,无灰尘、污渍,地面光洁,无杂物和卫生死角。光线暗雅,灯光设备要设于墙上,光线向上,切忌设于天花板上。室内通风良好,空气新鲜,整个按摩房环境达到美观、舒适和安静,气氛宜人。

2.按摩床的要求

按摩床的设计要专业舒适,不能随意,其位置相对固定,摆放整齐,距离与高度适中,便于操作。空调设备要小心策划,冷空气不能直吹床上。床上用品配被褥、床单、枕头。客用上衣、短裤等按摩衣、拖鞋、按摩用品齐全、完好,质地优良。

3.区域分隔的要求

男女按摩室要分开,配专用的配套桑拿浴室。

4.要求与休息室搭配

按摩室附近设休息室,室内配沙发座椅、电视、书报、杂志;家具摆放整齐,布局合理;照明充足,光线柔和。

5.外观视觉形象

按摩室门口应设营业时间、客人须知、价目表等标志牌。标志牌设计美观,安装位置合理,有中外文对照,字迹清楚,整洁美观。

(六)配套设施设计要求

桑拿浴室旁边要有与接待能力(档次与数量)相应的休息室、男女更衣室、淋浴室和卫生间。各配套设施墙面、地面均满铺瓷砖或大理石,有防滑措施。

1. 休息室

温度控制在 20 ~ 22 ℃，内设供应茶水的水吧，各种配套设施材料的选择和装修，应与洗浴中心的档次相适应。

2. 更衣室

配置带锁更衣柜、挂衣钩、衣架、鞋架与长凳。

3. 淋浴室

各间互相隔离，配冷热双温水喷头、浴帘、固定式吹风机等卫生设备。

4. 卫生间

卫生间门要配自动关门器，客人进入卫生间的路线应是曲线，可以采取在中间设置一个过渡带的办法。过渡带内配备盥洗台、洗手液、面巾纸、掷纸篓、大镜。内间设红外线感应小便池、隔离式抽水马桶、卫生纸、掷纸篓、除味球等。

三、桑拿浴室整体设计

(一)桑拿中心整体设计要点

1. 楼层布局合理

大型按摩浴池，其单位重量可能超过 1 500 kg，适宜建造在首层。如果楼面承重不够，可以采用多个小型轻质池。按摩房可设在楼上。

2. 外部视觉形象(VI)鲜明

外部装饰必须考虑周围的人文环境，力求做到既超凡脱俗，具有特色，又不破坏原有建筑风格。

3. 内部装修、装饰高雅

内部装饰不一定要富丽堂皇，但应大方、高雅、美观、实用，注意色彩的运用、空间的互补、景观的搭配。可适当布置一些灯具、小物品、字画、绿色植物、花卉、盆景、假山、回廊。

4. 注意客人消费顺序和洗浴流程

要防止干区与湿区的交叉和客人路线的重复，避免客人走回头路，使有限的空间发挥出最佳效用。

5. 各功能区合理分离

员工通道和客人通道要分开，员工卫生间、更衣室、休息室要同客用的分开，行政区和接待区分开。

6. 突出重点

康乐企业要视本企业的经营情况，突出重点区域。例如，有的康乐企业经营重点在按摩服务，故留出较多面积用于按摩；有的康乐企业考虑到女性消费者少的特点，将女宾区缩小或者将女宾区干脆称为 VIP 区，这样，在没有女宾时，男宾也可以使用了。

7.重视环境质量

桑拿浴室的空调系统必须完善,运转正常,以确保浴室内始终处于正常的温度与湿度并保证足够的通风,因为其好坏直接关系到桑拿的效果,甚至顾客的生命安全。室温宜保持在 22～26 ℃,各室通风良好,空气新鲜,环境整洁,客人有舒适感、方便感和安全感。

8.经济原则

桑拿浴室应根据接待顾客的能力设计安装各种设备。如需要接待大量顾客,应安装两间桑拿浴室,一个小间、一个大间,或者设分隔式小桑拿浴室,这样更符合经济原则及实际需要(因为一间 2 m×2 m 的桑拿浴室,一天内可以接待大约 100 名顾客)。在非繁忙时间,可关闭其中一间以减少用电量。

(二)浴室区域设计要点

(1)"绝对清洁"是浴室设计的根本要求。因此,所有排污水系统必须畅通无阻,地面必须铺上防滑的地台胶条,使水分迅速流走,以保持池区始终有干爽感觉。

(2)所有客人有机会接触的地面,必须采用防滑材料。

(3)空调系统设计要做到任何冷空气不能直接吹着客人。

(4)淋浴间及蒸汽房的天花板,必须采用塑料,以避免蒸汽凝聚而损坏天花板。

(5)要有电源供应饮水喷泉及小雪柜。

(6)冰水池必须设置于桑拿浴室及蒸汽浴房的门外,不应距离太远。

(7)浴室区应有宽敞位置放置休息椅,并应有饮品供应,因很多客人有在池区休息的习惯。

(8)淋浴间应尽量避免设于温水及热水按摩池附近,以免影响客人享受按摩浴的乐趣。如地方面积有限,则必须设置淋浴挡门。

(9)淋浴区须设有卫生清洁的洗手间,并需特别注意通风及抽湿系统。

(10)擦背是洗浴的必有服务项目之一,擦背房宜四边有墙,不宜面向其他淋浴者,擦床多用硬木制成。房内必须有温水供应及设下水地漏,而且灯光要暗,并不宜有空调设备。

(三)干蒸桑拿房及蒸汽浴室的安装要点

(1)桑拿房及蒸汽浴室皆设有通风设备,因此,要注意热空气或蒸汽散发的位置。一般而言,可将热空气或蒸汽引至通风系统内。

(2)桑拿房及蒸汽浴室的耗电量,直接影响运作成本,因此,要选择耗电量低、能保持一定温度的桑拿设备。桑拿房及蒸汽浴室的隔热设备,亦影响其耗电量。

(3)桑拿房内除桑拿炉需要电源外,照明灯及电视也需要电源。

(4)蒸汽浴室的蒸汽电源,只需供应至安装蒸汽电热炉的地方便可。照明光当然也需要在房内有电源供应。如需加装冷水淋浴,则需将水管安装至蒸汽房内。

（5）蒸汽发热炉安装后,供应蒸汽的管道不宜太长,应在3 m范围内,并应避免将管道弯曲成锐角,以免产生噪声。

四、桑拿中心的各功能分区及布局

桑拿浴室内各功能区域的布置必须保证服务周期和客人消费流程合理、顺畅,如图14-1所示。

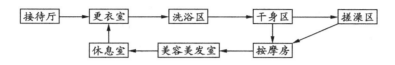

图14-1 顾客通道

职员通道应与顾客通道分开,如图14-2所示。

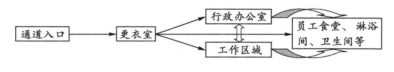

图14-2 职员通道

(一)接待厅

接待厅体现着康乐企业的整体形象,应该在装饰设计上主题鲜明,并具有艺术感染力。接待厅除了接待和结账用的柜台外,还应设沙发和茶几,以供客人等待或小憩之用。接待厅通常占场地的8%~10%,是装修的重点。

(二)更衣室

更衣室内的主要设备是储衣柜,其数量应与设计标准即接待能力相适应。具体计算公式如下:

$$储衣柜数量 = 每天消费人数（设计容量）\div 2（或3或更少）$$

(三)洗浴区

洗浴区通常设于一楼(如果设在其他楼层,则必须考虑承重能力),一般包括桑拿房、按摩池、蒸汽房、淋浴房。池区设计要求主题明确、突出,线条明快、简洁,空间要高,光线要明亮,空气交换量要大。

1. 桑拿房

设分隔式的干、湿桑拿房,数量视场地面积和经营情况而定。

（1）干区。每间面积约4 m²(2 m×2 m),每间1 h接待1~2人(按每人用时1 h计:15 min×3 + 5 min×3 = 60 min)。

（2）湿区。每间需要约 8 m²，每间 1 h 可接待 1 ~ 2 人（按每人用时 1 h 计：15 min × 3 + 5 min × 3 = 60 min）。

2. 按摩池和蒸汽房

水压按摩浴池集按摩与洗浴双重功效于一身，在浴池内设多个旋涡式高压喷射龙头，使身体各个部位都能得到适当的水力按摩，因而促进血液循环，增进健康。按摩池区一般要求设计三种不同温度的池（即热水池、暖水池和冰水池，习惯上称为三温暖）。现在有些高级场所还设置有药池。池区各种按摩池的数量由干、湿桑拿房的数量而定，要与桑拿房的数量保持一致。它们之间的数量比例关系如下：

$$热池数量 = 冷池数量$$
$$暖池数量 = 热池 × 2$$
$$蒸汽房数量 = 淋浴房数量$$

3. 淋浴房

淋浴房是与蒸汽浴室配套的房间，其间数的计算公式如下：

$$淋浴房间数 = 每天消费人数 ÷ (15 ~ 18)$$

上式中，每天消费人数超过 100 人的，取 18。按每天营业 12 h 计算，每人每次用淋浴房 40 min，通常每间淋浴房每天可接待 18 个左右的客人。

（四）干身区

干身区干身房的数量与淋浴房保持一致。

（五）按摩房

要分设男女按摩房，按摩房所占面积一般为场地的一半稍小，房内一般以暖色调配合调光灯，形成融洽、舒适的氛围。按摩房一般应与洗浴区相邻，不应间隔太远。按摩房可以是单间，也可以是一个多床位的按摩室，以满足不同顾客的需要。按摩收费是按"分钟"计算的，各康乐企业的规定时间不尽相同，有的是 45 min，有的是 50 min，客人可以自由选择及是否加时。某些酒店同时设有大按摩房和按摩包厢：大按摩房是指有 2 个以上床位的房间；每个包厢只放 1 ~ 2 个床位，每次只容纳 1 ~ 2 位客人。

（六）美容美发

在第十五章中详细介绍。

（七）休息区

休息区要求空间较高，气流通畅，光线柔和，形成一个安静、高雅、舒适的小憩区。为了增加经济收入，并适当控制休息区逗留人数，目前流行的是将休息室设计成具有视听功能的水吧，或者划出部分区域设成水吧。休息区所占面积一般是场地的25% ~ 30%。

(八)贵宾房

贵宾房是指配备独立的淋浴房、蒸汽桑拿房和按摩房的单独房间。贵宾房一般要求装修豪华气派、温暖舒适、富有特色、不落俗套。在设计中要尽可能将淋浴间、卫生间和蒸汽桑拿房隔开,以便同时接待一个贵宾房中的多位客人。高档次及大型桑拿中心,常常附设豪华气派的贵宾房,房内设小型蒸汽室、桑拿室或再生浴室、水力按摩浴缸、按摩床、更衣室、卫生间、沐浴间和小客厅等。房内各种设备一应俱全,适合家庭、商业伙伴、亲朋好友共同使用。有些贵宾房还设有 KTV 包厢,采用良好隔音设备,使客人得到更全面的享受。

五、桑拿中心的环境设计

(一)外部装饰

桑拿房外部装饰必须考虑周围的人文环境,力求做到既超凡脱俗、独具特色,又不破坏原有建筑环境。洗浴中心门前干净、整洁,并且停车方便。桑拿浴室门口设立营业时间、客人须知、价目表等标志标牌,标牌设计要求美观大方,有中英文对照,字迹清楚,安装位置合适、醒目,具有吸引顾客的功能。

(二)内部设计

由于内部功能布局与日后的经营管理和运营成本紧密相关,所以内部总体设计必须遵循美观、实用的原则,使有限的空间发挥出最佳效用。桑拿中心各功能区域的设计与布置必须保证活动流程完整、顺畅,职工通道与顾客通道分开,机械房应与休息场所分开,并保持一定距离。室内温度保持在 24 ℃左右,各室内通风良好,空气新鲜,环境整洁,客人有舒适感、方便感和安全感。

第三节　桑拿中心的服务与管理

一、桑拿保健类项目的服务

(一)桑拿保健类项目服务的基本要求

1. 提供高水平的保健专业技术服务

桑拿保健类项目服务的突出特点,就是一旦出现较严重的服务事故,将会给客人造成难以弥补的身心伤害,极大地损害客人的权益和饭店的形象。因此,有关部位必须对保健器械、用具、用品和药品的规格、采购、验收、保管、准备、试用、使用等各个环节严格把关,防微杜渐,避免存在任何事故隐患,为提供高水平的保健服务做好保障。

2.提供保健服务过程中的心理满足

(1)桑拿保健类项目的工作人员必须准确、清楚地回答客人提出的有关问题,满足客人求知的心理需求。

(2)必须严格执行器械、用具用品、浴室、更衣室、客用棉织品和按摩浴衣等清洁整理规程和标准,满足客人安全消费的心理需求。

(3)康乐服务与管理人员必须取得有关的服务技术等级认证证书和上岗资格证书,满足客人求专的心理需求。

3.提供热情、礼貌、主动的优质服务

桑拿保健类项目服务过程的环节都比较多,客人也需要用到不同的保健设施设备,再加上此类项目服务的专业技术性很强,客人肯定会经常感到无所适从。这时,热情的服务态度、礼貌的服务语言和主动的指示介绍将使客人感到轻松、安全和放心。

(二)桑拿中心各岗位职责

根据桑拿中心的投资规模和营业时间,一般设主管 1～2 人,桑拿房服务员、厅面服务员、按摩服务员若干。

1.桑拿房主管职责

桑拿房主管是桑拿中心的负责人,必须既熟悉桑拿基础知识,又懂得桑拿浴企业管理知识。其职责如下:

(1)对部门经理与经理助理负责所辖区域内的健身、娱乐、会议等活动项目进行全面管理。

(2)制订员工管理、物品管理、布件管理、酒水管理的各项规章制度,每月写一份工作计划,每周进行工作小结。

(3)了解、掌握各营业场所状况,根据各场所客源的多少及时调配人力。

(4)检查浴室里的冷热水池水质以及桑拿房里的温度是否正常。按时打开冷热水池的循环系统,检查喷泉和游泳池底灯、蒸汽房的蒸汽开关、温水表度数,并做好每一次检查记录。检查机房、蒸汽房、桑拿房、淋浴间、热水池的设备和水温情况,水温须用手试状态,以保持一切正常。

(5)每日营业前、后检查桑拿浴室、冲浪浴池、蒸汽浴室、休息区、更衣室、淋浴室与卫生间的清洁卫生各一次。

(6)检查各分部场所的设施设备的维修保养状况。如果有需要维修的项目,立即上报。

(7)负责安排各业务班组的各项工作。

(8)对下属的考勤进行统计,根据员工表现,进行表扬或批评、奖励或处罚。

(9)负责组织、策划大型活动,协调各班组的工作。

（10）负责监督控制营业班组的服务流程的每一动态，确保规范化、科学化、标准化。

（11）及时向上级汇报工作。

（12）处理客人投诉。

2. 桑拿房领班职责

（1）配合各分部主管的工作。

（2）掌握员工的出勤情况与平时的工作表现，定期向上级汇报。

（3）负责检查服务人员的仪容仪表，带领并督促员工做好各项工作。

（4）了解当日客情，必要时向员工详细布置当班的任务。

（5）确保按规格布置场地摆设，负责维持高标准的服务程序。

（6）检查营业所需的储备用品的准备工作。

（7）营业开始时，参加并督促每一流程的服务，与有关的班组、部门协调，保证服务的连贯性与有条不紊。

（8）接受宾客的投诉并向上级汇报。

（9）负责安排确认的预订，亲自为重要的宾客服务。

（10）及时向有关部门汇报各班组财产、设备的损坏及丢失情况，确保及时维修，使营业场所达最佳状态。

（11）检查物品领用、耗费情况，并核查三级账本，保证账物相符，与收银员核对报表，确保无误。

（12）负责培训新员工与实习生。

（13）填写工作日志。

（14）及时向上级汇报工作。

3. 厅面服务员职责

厅面服务员必须能够根据不同接待对象恰当运用迎接、问候语言，熟悉和掌握桑拿浴的特点、开放时间、收费标准以及所属饭店的一般情况，对客人态度积极，语言亲切。其职责如下：

（1）负责宾客桑拿、按摩活动的预订工作。

（2）为客人安排其较为满意的桑拿服务员、按摩服务员。顾客要求正在工作的按摩师为其服务的，要尽量调剂，想办法满足其要求。

（3）清洁桑拿中心门厅、储物室以及休息室等区域，保证接待厅所有家具、设备、门窗清洁、明亮、无尘。

（4）负责物品发放，做好登记。

（5）负责对客的接待、收款、预订、登记等工作，并根据客人选择的活动项目下通知单给各岗位服务员，并准确记录客人姓名、洗浴柜号、按摩项目、使用时间、指定的按摩员工号。

（6）负责补充所缺的出售品。

（7）熟悉本中心设施设备情况以及各服务项目，了解其价格，做好推销工作。

（8）有一定的外语会话能力。

（9）负责客人遗留物品的登记、归还、上交。

（10）负责做营业报表，一式三份，一份交财务，一份交部门，一份留在班组。

4. 桑拿房服务员职责

桑拿房服务员必须熟练掌握桑拿浴室的工作内容、服务程序和操作方法，其职责如下：

（1）接待客人前检查桑拿室温度、冷热水池水质情况是否正常。

（2）热情接待客人，为客人提供桑拿浴室内的一整套服务。

（3）负责浴室停止服务后的卫生工作，清洁浴池，送洗客人用过的毛巾、浴衣等至洗衣房。

（4）保持更衣室、蒸汽浴室、桑拿房、卫生间的整洁，随时收拾客人用过的浴巾、浴衣、毛巾和清洁地面的杂物、污迹，及时擦拭室内坐椅，更换纸篓中的垃圾袋，清洁坐便器，补充厕纸，喷洒空气清新剂。

（5）服从厅面服务员的工作安排，与按摩服务员合作做好桑拿中心各项工作。

（6）勤巡查，提醒客人保管好私人物品，禁止儿童进入蒸汽房、桑拿房、水池。

5. 按摩服务员职责

（1）必须遵守各项规章制度，树立高尚的职业道德，熟练掌握按摩室的工作内容、工作程序。

（2）具有医疗保健和按摩服务专业技术知识，熟悉人体穴位和全身与局部按摩操作技巧，能正确掌握和运用按摩的整套程序及各种指法，并能根据不同国家、地区的客人提供客人所乐意接受的按摩法。

（3）持证上岗，一般需经过两年以上专业卫生学校培训，并有 1 年以上实践经验，能够提供全身和局部 5 种以上按摩服务项目。

（4）穿按摩室专用工作服上岗，工号牌醒目，对每一位客人笑脸相迎，热情、礼貌，大方有礼、谈吐高雅。

（5）提供保健按摩服务时，服务操作规范，能够回答客人有关问题。应该根据客人的体质和感受调整按摩时的体位、手法和力度，做到轻重适宜，并尽量满足客人的合理要求。特别是对一些有跌打损伤的客人要提供个性化服务。

（6）听从主管的调运指挥，随叫随到，不挑选客人。

（三）桑拿中心服务标准

1. 桑拿服务标准

（1）桑拿预订服务标准：①用规范语言主动、热情接受客人预订。②对电话预订，必须在铃响三声内，如因工作繁忙，请客人稍候。③准确记录客人姓名、使用时间,并复述以取得客人确认。④下预订通知单,通知相关服务人员提前做好接待准备。

(2)服务准备工作:①每天提前10~15 min上班,桑拿房服务员每日到岗前必须换好制服,戴好工号牌,注意仪容仪表的整洁。②签到上岗,签领钥匙,认真看交接班本,处理上一班留下的工作。③清理头天用过的浴巾、面巾、头巾、地巾、按摩床单、口布、擦背巾、小方巾、浴衣等,分类、点数装上小推车,填写洗衣单,送交洗衣房,并凭昨日洗衣单领回洗涤干净的布件。④整理好服务台卫生专用品,准备好为客人服务的各种用品,折叠放好,要求店标统一朝外。⑤检查冰柜内饮品数量,盘点上一班所存的数量,并填写记录表(填写所存数量和领用数量)后交主管签名,按规定的数目予以补足。

(3)迎宾服务标准:①由厅面服务员来做。②热情、礼貌地向客人问好,登记客人的姓名、时间和所需项目(如干、湿桑拿等)。③向客人说明桑拿浴的费用标准。④分发浴巾、面巾各一条及更衣柜钥匙给客人。⑤要主动介绍桑拿中心的服务项目。比如在有的桑拿中心,设有擦鞋、搓背、按摩等服务项目,休息厅服务员分别反复询问客人是否需要这些服务时,客人觉得很烦。正确的做法是:应该事先一次性告知客人,如果需要以上服务,厅面服务员应随时通知相关服务员。⑥满足客人的各项要求,如传电话、找人等。

(4)对客服务阶段的服务标准:①向客人说明桑拿浴的费用标准,指示、介绍设备。由于桑拿浴室空气湿热,客人特别是戴眼镜的顾客会感到很不方便,这时,主动为客人指示设备的方位和使用方法就变得十分重要。②客人进入浴室前,做好开启桑拿、调好温度和沙漏计时器等准备工作,递送毛巾及服务用品(一条浴巾、一条手巾)及更衣柜钥匙,准确分配浴室,为不熟悉环境的客人做介绍。③客人享用桑拿浴期间,每10 min巡视一次,注意客人情况。若有呼唤,随时服务,满足客人的各项合理要求,如传电话、找人等。④随时同服务台人员保持联系,有情况及时同服务台沟通。

(5)结账服务标准:①客人准备离开,如果在本桑拿中心擦鞋,服务人员应该主动将为客人擦好的鞋子取来放好。②收取客人交回的钥匙时,应向客人致谢。③接过客人递来的现金或者信用卡等时,收银员应该使用服务用语向客人道谢。

(6)送客服务标准:使用服务用语向客人道别,并提醒客人带好随身物品。

(7)客人走后,做好清洁卫生工作,具体包括:①清扫更衣室:开窗换气→检查衣柜及门锁→擦门、窗、衣柜→擦地板→摆好拖鞋。②清扫淋浴室:开窗换气→擦门、窗、墙壁→擦地板→检查水龙头。③清扫蒸汽浴室:开门换气→擦躺板、墙壁→擦地板→检查矿石电炉→清理废渣、补充矿石、冷水→通电加热矿石。④清扫过道。⑤洗烟灰缸:使用专用毛球洗清(注意有无破损,如破损,则不能再用,将破损的交到管事部)。⑥抹尘:要求分干、湿布至少各抹一次。⑦擦铜器:对门把手及铜牌标识,倒少许铜水在铜器表面上用力擦,直至出现黑渍,再用另一干净布抹干净。⑧擦梳妆镜面:先用湿布,再用玻璃刮,最后用干净的抹布擦净。⑨地毯吸尘:由里到外,要顺纹路,注意边角位及大理石地面墙角、梳妆台底、台椅底、鞋柜内侧;用完吸尘器要负责清理,倒净垃圾。⑩一个月清洗一次天花板(要拆下来里外清洗),每天清理垃圾桶一次,每天清理擦拭冰柜一次。

(8)补充物品。浴巾、面巾按规格,标准将店标朝外放于更衣柜内,护肤品、摩丝、发胶、面霜、手霜、棉签,按高物重物在后在下、低物轻物在前在上的原则放于托盘内,上面盖一块白色方巾。在浴室区与更衣区交接处铺好地巾。

(9)下班前,收拾好客人用过换下的浴巾、浴衣等物,记好数量,填写表格,准备明天送交洗衣房。早班桑拿服务员下班时须等到接班人员上班,完成交接手续方可离岗。

(10)安全服务标准:①浴室门口设"患心脏病、高血压、脑溢血等病症的客人不得使用桑拿浴"的标牌。②客人使用桑拿浴期间,认真做好安全工作,对初次进行桑拿浴的客人,要介绍桑拿浴方法和注意事项。根据客人要求,将温度控制选择盘转到客人需要的位置,45 ℃较为适宜。服务员要密切注视客人的动静,每隔几分钟就要从门上窗口望一望,看客人浴疗是否适宜,以防发生意外。发现就浴客人有不适感觉或意外情况,及时采取紧急救护措施,保证客人安全。③随时提高警惕,注意防盗,保证客人的财物、衣物的安全。④要配备烟感、温感、消火栓、灭火器、安全通道等消防安全设施,并要保持其清洁、完好的状态。

2. 按摩服务标准

(1)按摩的预订服务:①按摩室设服务台,配预约电话。②接受客人预订时要主动、热情。③对电话预订,必须在电话铃响三声内接听。④预订信息记录准确,记录客人姓名、电话、按摩项目、服务时间、指定的按摩员等,并复述清楚,取得确认。⑤如客人第一次接触按摩服务,可主动向客人介绍按摩种类、特点,耐心、细致地帮助客人选择按摩项目。⑥及时通知有关人员做好准备,使客人有方便感。

(2)按摩的准备工作:①备好服务台卫生专用品、按摩用品,做好按摩室及按摩设施的清洁卫生。②检查按摩室设施设备,保持各种设施设备完好。③注意自己的仪容仪表,每日上班时身着清洁的工作服,精神饱满地准备迎接客人。

(3)按摩的对客服务阶段:①热情、礼貌地向客人问好,对常客、回头客能够称呼姓名或头衔。②观察客人,如是酒后神志不清、精神不正常、年老体弱、极度衰弱之人及孕妇,原则上不宜按摩。③把客人带入按摩室。④一边向客人提供整洁、干净的专用按摩衣和经过消毒的拖鞋,一边热情、礼貌、耐心地询问客人需要按摩的项目、部位。⑤洗手。按摩师在每日操作前一定要修剪指甲,不带戒指、手链、手表、脚链等硬物,以免划破客人的皮肤,同时洗手防止交叉感染。⑥指导和帮助客人摆好正确的体位,放松肌肉,同时保持呼吸畅通。⑦按摩过程中,每一个按摩项目均按损伤程度和技术要求进行,并根据客人身体的好坏、强壮与否来适当调整用力的大小。观察客人的反映和面部表情,及时调整手势,做到时间够,按摩部位(穴位)准确、力度适当,以客人感到局部稍微有酸、麻、胀、痛感为佳。⑧如果最后作踩背法,踩完后应嘱咐客人在床上稍稍休息几分钟再起床,以防马上起床后,产生头晕、血压升高等现象。⑨按摩结束后,征求客人意见,或者让客人填写"宾客意见书",向客人致谢,欢迎客人再次光临。⑩洗手,整理物品,休息一会儿,准备迎接下一位客人。

二、桑拿中心管理

(一)基础管理

1.员工行为管理

(1)当班时,必须穿工作服、佩戴工作证。

(2)做好并保持所负责区域的卫生,如更衣室内外、墙面、地面、干湿蒸汽房、浴缸等处无污迹、杂质。

(3)工作人员严禁使用浴室的设备,严禁使用客用物品,包括浴衣、浴巾、浴液、洗发液等。

(4)节约用水、用电,做到客离水关、无客灯关。

(5)正确操作各种洗浴设备,定时检查设备运行情况,发现故障及时报告。

(6)为客人提供服务,严禁向客人索要小费或变向索要小费。

2.交接班管理

(1)每班需要按要求时间提前10 min到岗,认真做好物品、卫生和设备的交接,并做好记录。

(2)交接班过程不得互相推诿,相互埋怨,应实事求是做好交接班工作,分清责任。如有争议应请经理协调解决。

(3)接班后,应马上进入角色,使设备、卫生、服务等营业正常运转。

(4)不得私自调班。如要调班,需提前向经理或主管打招呼,并经同意后,方可调班。

(二)桑拿浴管理

一般涉外饭店(特别是新建的大中型饭店)都建有桑拿浴,大多设在饭店的一二层或游泳池旁。有的饭店桑拿浴属于客房部,有的则归属娱乐部。桑拿浴室男女分设,附设更衣室和淋浴室。桑拿浴的管理重点是抓好以下4个环节:

1.狠抓卫生

必须制定严格的卫生操作程序和卫生质量标准,因为桑拿浴室很多设备直接接触客人身体,关系到客人的健康及安全感。

(1)卫生操作程序。每天3次清理浴池卫生,上午全面清扫更衣室、淋浴室和蒸汽浴室,擦洗地面、墙面、玻璃及各项浴室设备,保持清洁、舒适;中午属一般性整理;下午利用晚饭期间整理。更衣柜每日消毒,杜绝传染病传播,毛巾、浴巾一日一换,坐凳每日用开水冲烫刷净,室内喷洒空气清新剂。

(2)卫生质量标准。各桑拿浴室的天花板、墙面无灰尘、水渍、印痕,无掉皮、脱皮现象,地面无灰尘、垃圾和卫生死角,整洁干净;所有金属件表面光洁明亮,镜面无水迹,所有木板洁净、光滑,无灰尘、污迹、碳化物,客人有舒适感。

2.管好设备和低值易耗品

设备必须绝对保证舒适、安全。桑拿中心主管每天要检查门窗、水龙头、坐椅、矿石炉、躺床板等各种设备是否安全、使用方便,矿石炉要防止线路不畅致使室内温度过高,将室内墙面、躺床板烧坏。同时配备好毛巾、浴巾、香皂、拖鞋等各种用品。一般在蒸汽浴室门口或附近设接待室,备齐各种服务用品,客人前来,服务员凭票提供浴巾、面巾等用品,然后将客人引入浴室。

3.做好内部促销

桑拿经营一般采用售票方式,每人每次收取一定费用。饭店的前厅、客房服务员要向客人介绍桑拿中心地点,开放时间,主动推销。要设桑拿中心指示牌,前厅总台或浴室门口设售票点。

4.变欢迎投诉为寻找投诉

客人洗浴完毕,管理人员应主动征求客人意见,以便改善和调整不足之处。

(三)按摩室管理

按摩是一种医疗保健服务项目,它使客人迅速消除疲劳、身心愉快,较受客人欢迎。饭店中的按摩室,大多和桑拿浴室配套,也有的饭店与美容美发室配套或提供客房按摩服务。按摩室的管理重点要做好以下4方面工作:

1.坚持男宾、女宾部分设

与桑拿浴配套的按摩服务通常是在浴后进行的,不少客人穿着较少且随便,如浴衣、睡衣等,因此按摩室应坚持文明按摩,男女分设。

2.保证按摩技术,提高效果

要配备或聘用懂得医疗保健的有较高技巧的按摩师。按摩中,要注意观察、询问客人的反应,做到轻重适当、按穴准确,客人感到疼痛时要及时改变手势,真正使客人达到松筋活络、消除疲劳、舒服轻松的效果。

3.做好推销工作,合理收费

饭店要在客房或公共场所介绍按摩室提供服务的时间、地点、服务项目、收费标准及方法等。按摩服务大多单独作业及收费,费用按时间和人(次)计,因此,要求每个按摩师登记服务时间、人次、收费数额。聘用社会按摩师的桑拿中心,还要制定收费分成办法和比例。

4.注意清洁卫生工作

应做到按摩室及休息室天花板、墙面整洁,无蛛网、灰尘、污迹,地面光洁,无废纸、杂物和卫生死角。至于客用物品,如按摩衣、床单、枕套、拖鞋、毛巾等,应该一客一换,保持洁净卫生。

(四)销售管理

桑拿洗浴中心的各种服务项目是为客人服务的,这些服务项目也是桑拿经营的主要收入来源。将顾客消费信息及时传送、准确记录,是桑拿经营的保证。如果记录不及时,就会造成疏漏或跑账的现象,直接影响桑拿中心的收入来源。

1.客人情况统计表

因客人入浴时,必须经过男宾、女宾服务处,领用品,拿更衣柜钥匙,洗浴结束在服务部交还更衣柜钥匙。所以"客人情况统计表"应在男宾、女宾入口处,由服务人员用以记录客人的更衣柜号、洗浴开始结束时间以及在洗浴过程中享用的各种服务项目及消费统计记录(见表14-1)。此表一般按客人入浴时间的先后顺序来记录,这样对一天洗浴的情况就一目了然。

2.客人洗浴项目记录单

客人洗浴项目记录单(见表14-2),也作为客人结账单用,客人享用的每一服务项目应详细记载。此记录单有单据号并一式三联,一联在收银台,一联在吧台,一联在服务台。

(五)客用品管理

1.客用品的卫生管理

客用品的卫生与否不仅关系到客人的安全,而且直接影响桑拿洗浴中心的声誉。客用品必须是经过消毒处理的,符合国家卫生标准。客用品必须一客一换,一次性客用品不能重复使用。

表 14-1　客人情况统计表

日　期	客人编号	账单号	人数	更衣柜号	入浴时间	出浴时间	服务项目	付款方式	备　注

续表

日　期	客人编号	账单号	人数	更衣柜号	入浴时间	出浴时间	服务项目	付款方式	备　注

注:服务项目代号:A.桑拿,B.按摩,C.搓背,D.修脚,E.足浴、脚底按摩,F.酒水,G.食品。

表 14-2　客人洗浴项目记录表　　　　NO. KM/00006797

客人编号		日　期	年　月　日	时　间	时　分至　时　分
服务项目		单　价		数　量	
				总计金额:¥	
				服务员工号:	

2. 客用品使用量的控制

桑拿中心客用品的提供是根据收费标准、桑拿中心的档次来定的。一般来说,收费标准越高,提供的客用品就越安全。普通的桑拿洗浴中心基本收费较低,只有 8 元左右,这类地方除提供浴衣外,没有任何客用品。中档桑拿洗浴中心收费 20～40 元,提供客用的香皂、洗发液或小毛巾。高档洗浴中心则提供如表 14-3 所示的客用品。客用品是日常开支的主要项目,应严格管理和控制。

（1）建立严格的使用监管制度。客用品必须根据营业规律,即每天接待人数的估计来领用,领用时必须有书面的记录。

表 14-3　客用品申领单

申领时间:_____　日期:_____　申领人:_____　发放人:_____

品　名	申领数	实发数	营业结束交回数
浴衣			
浴巾			
毛巾			
方巾			
化妆棉			
浴帽			
香皂			
洗发液			
沐浴液			
木梳			
一次性裤衩			
背心			
卫生袋			
拖鞋			

（2）客用品领取后应存放在便于服务的地方,同时,应严格控制,防止流失。客用品的流失主要是员工造成的:一方面,因员工管理不善造成浪费;另一方面,主要是员工思想觉悟不高,自己使用。饭店应加强安全检查,严格执行各种管理制度,杜绝客用品的浪费。

【小　结】

桑拿按摩是酒店康乐项目的重要组成部分。本章详细地介绍了桑拿的基础知识、洗浴方式、作用等内容,重点讲述了桑拿中心的设计与布局。通过学习还应了解并掌握桑拿中心服务及管理的基本技术性问题,如服务规范、服务程序、服务标准、操作技巧、基础管理、员工行为管理、环境管理,等等。

【思考题】

1. 桑拿的两种洗浴方式各有什么特点？
2. 一般来说，有哪些按摩的种类和按摩的方法？
3. 桑拿和按摩的作用是什么？
4. 桑拿中心的设计依据是什么？
5. 按摩室的设计要求是什么？
6. 桑拿保健类服务项目的基本要求是什么？
7. 桑拿中心的管理主要包括哪些方面？

【案例与思考】

案例 14-1

一位客人在桑拿中心淋浴时，调整好水温便冲洗起来，突然水温升高，把这位客人的皮肤烫伤了。他勃然大怒，穿好衣服后去找服务员，大声斥责，要求酒店对他烫伤一事负责。服务员很礼貌地说："对不起，先生，这不是我能控制的，您应该去找我们的工程部处理此事。"客人打电话到工程部，得到的回答是："我们供应的热水最高温度只有65度，绝对不会烫伤人的，淋浴要调水温，你不会不知道吧？"客人听后，提出要找总经理，并向当地消协、旅游局投诉。

问题：

（1）服务员应该怎么办？

（2）客人被烫伤是谁的责任？

（3）在解决客人的投诉中应怎样运用语言技巧？

（4）《消费者权益保护法》中，对此类事件有何具体的规定？

（提示：应遵循"把对留给客人"的原则，注意处理问题时的方式方法，尽量不要把小事变成大事）

案例 14-2

一位客人在接受完桑拿按摩服务后，到服务台结账，并说有急事，催促服务员小李动作快些。客人走后，小李发现客人没有把更衣柜的钥匙留下，服务员小李立刻向领班报告了此事。

问题：

领班应该怎么办？（提示：分两种情况给予说明）

案例 14-3

按摩师刘小丽拿到按摩师职业技能资格证后第一天上班,服务热情周到,但在给一位客人按摩时,该客人对她动手动脚,她感觉到十分委屈。在班后会上,她向领班诉说了自己的遭遇,一边说一边哭了起来。

问题:

假如你是领班该怎么办?(提示:服务员要善于运用服务技巧,领班要加强对员工的培训等)

美容美发厅经营与管理

从古至今，人们对美的追求是无止境的，特别是人类文明的发展，物质文化水平的提高，人们对美也有了更高的要求，人们对美容美发服务的需求日益增长。美容，即美化容貌，是指人们为了追求自身形体的美丽特有的一种整修面部、身体、毛发的行为，是为了使容貌美丽、面部轮廓协调，外形端正的行为活动。美发就是指对头发的修剪、整理、定型和护理。头发对整个人的外观气质起着非常重要的作用。干净、整洁、自然、有弹性的头发是需要有规律的经常性护理。美容美发随着社会的发展已经具有越来越多的享乐成分，逐渐成为一种休闲保健活动。

第一节　美容美发知识

一、美容知识及技能

现在的美容实际上包括医疗美容和非医疗美容。医疗美容则是指运用手术、药物、医疗器械以及其他具有创伤性或者侵入性的医学技术方法，对人的容貌和人体各部位的形态进行修复和再塑的服务。医学美容院的美容师的要求非常严格，必须具备较高的医学知识，具有一定的临床经验的专业人员，经过考核认证后才可上岗。非医疗美容，就是平时大家说的生活美容，就是使用化妆品或护理保养方法对人面部皮肤的保养、预防皮肤老化，在个人原有的基础上加以修饰。生活美容的概念又包含广义美容和狭义美容两种，狭义美容即人们对面部的护理、化妆等。广义生活美容则包括面部美容、身体美容、指甲美容以及毛发美容等。涉外旅游饭店是我国较早开设美容项目的企业，很多人是从饭店的美容中心开始接触日常护理美容，通过皮肤护理改善了自己的皮肤状态,成为中国美容行业较早的消费群体。

(一)面部美容

面部美容即对面部皮肤进行护理,对面部的暗疮、褐斑等进行治疗,使客人皮肤达到白皙,光滑,弹性好,焕发光泽等状态,展现健康活力的一面。要保护好皮肤,首先要了解皮肤,根据皮肤的类型来使用保养品、采用合适的护理方法使皮肤处于良好的状态。康乐部美容中心的服务人员要能够准确判断客人的皮肤状态,并给予美容建议。

1. 皮肤的构造

皮肤由外而内分别是表皮、真皮和皮下组织。表皮的功能在于阻绝外在有害物质的入侵,并将体内水分保持住,其厚度大约 1 mm。表皮由外而内又分为角质层、颗粒层、有棘层和基底层。基底层再生新细胞,有棘层补充细胞及细胞养分,颗粒层防御紫外线的侵袭,角质层则阻挡外界的刺激。通常新细胞在基底层形成后,随着新陈代谢的过程朝外层移动,这种除旧换新的循环共需要 28 天时间,只要积极推动这种循环,就能使皮肤生机勃勃。而真皮层的细胞,一旦成熟便停止成长,且没有再生能力,成熟后受到伤害将造成终生疤痕。

2. 皮肤的类型

人们常把肤质分为油性、干性、中性、混合性、敏感性等类型。

(1)油性皮肤,又称为皮脂溢出型皮肤,是由于皮脂腺分泌过盛引起的。一般毛孔粗大明显,皮沟线又粗又深,很容易诱发面疱。面疱是由于皮脂过剩,使一些污垢附着于皮肤上所致。油性皮肤有 3 个特点:出油,毛孔粗大,易生黑头、粉刺、小痤疮。

(2)干性皮肤,缺少水分而不缺少脂肪,是皮脂腺不够活跃的结果,而且随着年龄增长,油脂腺分泌还会减慢。干性皮肤的皮沟线是浅细的,形成组织纤细的网状,毛孔较少,经不起风吹日晒,时间一长就会发红和起皮屑。在寒冷、干燥的季节,极易形成皲裂性皮肤。

(3)中性皮肤。它介于上述两类皮肤之间,既不油腻又不干燥。年轻而又有弹性的中性皮肤皮沟线细而且直,皮上因含有丰富水分而呈膨胀状态。其肌肤健康光滑,皮脂腺分泌适宜,30 岁后易变成干性皮肤。

(4)混合性皮肤,即是具有干性和油性两种性质的皮肤,此种皮肤的额头至鼻子这一部位及鼻翼四周有油腻感,其他部位感觉干燥。

(5)过敏性皮肤,是一种病态皮肤,通常有以下症状:①皮肤苍白,血管脉络明显可见;②皮肤容易变红、晒黑;③皮肤对环境变化敏感,用洁面品、润肤品或防晒品易引起皮肤发炎。皮肤过敏主要是由于不同成分的物质直接发生化学反应而引起的,症状主要有皮肤泛红,常伴有脱皮现象,有时会有刺痛、灼热和瘙痒。

3. 皮肤的保养

皮肤有保护机体、调节体温的生理功能。皮肤的衰老不仅仅是因为年龄的增长,在通常情况下,阳光中的紫外线照射,是引起肌肤老化的主要原因。吸烟、新陈代谢和荷尔蒙的分泌等原因,也会导致皮肤的衰老。

美容师需要采取一整套护理操作程序为顾客进行全面的皮肤护理,每个程序既有相互关联,又有各不相同的目的和要求。美容师严格按照各个程序的规范要求去操作是皮肤护理取得最佳效果的决定因素。

表 15-1　美容院面部护理程序

1. 准备工作	8. 面部按摩
2. 清洁皮肤	9. 面膜疗法
3. 卸妆与洗面	10. 滋润皮肤
4. 判断皮肤类型,制订护理方案	11. 涂保养霜
5. 蒸汽仪器蒸面	12. 按摩放松
6. 去角质层	13. 结束工作
7. 应用美容电疗仪器	

(二)化妆常识

1. 化妆目的

化妆是以美化为基本目的,对面部某一部位施以色彩,扬长避短增加外表美,使人们对自己的外貌充满自信,满足人们追求美的本能,是一种创造个性美的行为。

2. 化妆品常识

化妆品指的是保护、清洁、美化人体脸部、身体、毛发以及口腔等处的日常生活用品的总称。化妆品有乳、粉、油、液、块、胶、膏、霜、泡沫等,经配料、加热、过滤、混合、乳化、静置、灌装等生产工艺而成。

化妆品按性能可分为基础化妆品和美容化妆品。

(1)基础化妆品,即指对皮肤起滋润、整洁作用的化妆品,如雪花膏、香脂等。一般包括清洁类化妆品、护肤类化妆品、美化类化妆品。

(2)美容化妆品。对人体起修饰、美化、留香的作用。例如:①胭脂。主要成分有:滑石粉、碳酸钙和碳酸镁、高岭土、氧化锌、二氧化钛、硬脂酸锌、硬脂酸镁、色素、黏合剂。②唇膏。唇膏和口红具有较强的覆盖能力,能修饰、美化女性的嘴唇,唇厚可画薄,嘴大可描小。美唇术是一种表现女性微妙情感和美容效果的艺术。③指甲油。它有修饰、美化指甲外观,并有保护指甲的作用。④香水。英文"Perfume"由拉丁文演变而来,在古拉丁文中是"由烟引起"的意思。古人以香料点火产生烟,这是香水的前身。香水有"液体钻石"、"女人的衣服"之称。⑤香粉。香粉能起到润滑、遮盖、吸收汗腺和皮脂腺的分泌物的作用。⑥眼影。眼影是一种增加眼部魅力的美容化妆品。眼影的色粉有蓝、绿、棕、银、古铜色、金色等,形态有粉块状、膏状、锭状和液体状。⑦眼睫毛膏。眼睫毛膏用于美化睫毛,可加深睫毛的色度,起到衬托眼神、增加眼部美观的作用。⑧眉笔。眉笔是用于修饰眉毛的一种眼部美容化妆品,有黑色和棕色、灰色、褐色等。

3. 化妆步骤

(1)清洁面部皮肤。化妆前一定要使用有效的清洁用品彻底清洁皮肤。

(2)保养皮肤。洁面后涂抹能改善并保护皮肤的护肤品,如爽肤水、营养霜、隔离霜,使肌肤表面滋润并形成薄膜,有效隔离紫外线及化妆品粉垢。使妆容持久、均匀、细柔,色泽也不易改变。

(3)打底粉:将粉底均匀、完整地涂于面部。

(4)清扫眼影粉:使用不同颜色的眼影粉,塑造眼睛的轮廓,衬托出鼻子的线条,使眼睛生动有神而具立体感。

(5)画眼线:用黑色眼线在上下睫毛线上画眼线,使眼睛炯炯有神,增添魅力。

(6)扫睫毛:用睫毛刷将深色睫毛液扫在睫毛上,以增加眼睛的深邃。

(7)打腮红粉:打上腮红粉,能使整个脸部显得柔美自然,也能使颧骨显得突出。涂腮红的同时应注意修饰脸的其他部位,如额和下颌。

(8)塑唇形:首先用唇笔画出所设计的唇形。在上下唇中加上珠光唇彩,以增光泽。

二、美发知识及技能

美发是指对头发的理发、整理、定型和美化。头发对整个人的外观气质起着非常重要的作用。从人的形象综合内容来看,发型是形象中最易被人们发现且具变化性的一个因素。发型的改变可改变脸型,激发人的情绪。

(一)美发常识

1. 人体毛发的结构

在整个人体表面除手掌及脚底外,均有毛发分布。毛发寿命的长短,因所在部位、年龄和性别的不同而有差异。其中以头发最粗最长,直径约0.6 mm,躯干及四肢的毛最细小,长约几毫米,直径约0.005 mm。一根毛发可分为毛干和毛根两部分,毛干是露出皮肤以外的部分,毛根是埋藏在皮肤内的部分。头发的枯荣、旺衰与人的身体状况有着密切的关系,脱发、斑秃、头发稀疏、早白等症状,是人体不健康的表现,适当的擦洗可以通过刺激头皮、增加皮下血液循环来改善局部皮下毛发生长的环境。

2. 发际线、基线和发式轮廓线

这是男式理发中的几个基本概念,发际线是头发生长的边缘;基线是确定留发长短及发式标准部位的弧线,它是修发式轮廓的基础;发式轮廓线是上茬边缘的弧线,也说是中上茬衔接的部位。影响轮廓线与基线位置的因素主要是发际线的高低以及头发生长的疏密度,此外,颈部的长短、粗细均对基线有影响。

3. 塑发型的基本要求

发型应美观大方、式样持久,便于学习和工作,同时发型应与脸型相协调,并做到扬美抑丑。

人的脸形分类有长脸、方脸、圆脸、菱形脸、三角脸、椭圆脸等多种,可通过遮盖法、衬托法、填充法等处理方法使发型配合好脸型。例如塑男式发型时,长脸形一般头顶较高,宜用"挑"的方法,使两侧的头发蓬松一些,顶部头发吹得不宜过高,前额头发略向前伸,这种脸型适于长发式或中长发式。圆脸型则可将额顶发梳得略高一些,顶部略带平坦,两侧头发吹得紧贴一些,适宜较长的平头或平圆头式,这样有利于冲淡圆的感觉。至于方脸形,一般都比较宽,顶部头发要突出弧形并略高一些,额前头发要梳得较为蓬松,不宜分得太偏。塑女式发型的难度更大,除考虑脸型外,还应考虑身高、肤色、五官等因素。

(二)美发基本技能

1. 修剪技能

修剪是一道很重要的工序,它对发式定型及其他操作工序都起着重要的基础作用。修剪要求长短有序,层次鲜明,厚薄适中,两边相等,轮廓圆润,两侧衔接适度。在操作的时候,一般先修剪发型轮廓,再调整层次厚薄,最后修饰定型。具体的修剪方法还可分为刀削、滑剪、夹剪、挑剪等方法,打造多变的发型。

2. 推剪技能

使用电推子的技巧及推剪的技术标准是男士理发中必须重点掌握的,推剪出来的发型要求:①接茬精细,色调柔和;②轮廓齐圆,层次清晰;③两鬓无死角,高低要适度;④左右相等,前后相称。

3. 烫发的操作方法

烫发分为电烫和化学烫两种。其程序为:从顶部开始把头发分股,分股要少,间距要小,每股头发使用一个卷发棍;涂化学烫发液于每股头发上,涂一根卷一根,从顶部到前额两侧再到后颈部结束;头发全部卷好后再均匀地在每个发卷上涂烫发液,随即戴上塑料帽;加热到一定的时间后,检查一下,如头发卷曲良好,可全部拆除卷发棍,清洗头发即可。

4. 吹风技能

吹风是发型整理、修饰、定型的重要手段,可以干燥客人湿润的头发,塑造出不同的发式造型,使发型的轮廓饱满自然,发纹清晰,发丝柔顺服帖,有弧度。

三、美容基本设备和工具

(一)美容设备

现代康乐企业必须具备先进的美容设备,如离子蒸汽机、高频率仪、阴阳电离子仪、文眉机、蜡疗脱毛机、综合美容仪等。

1. 按摩美容设备

通过按摩设备来按摩脸部皮肤,促进血液循环,增强细胞再生能力,达到美容的目的。

2. 气熏美容设备

通过热气软化皮脂腺内的堵塞物,达到使皮肤洁净、嫩滑的美容目的。在蒸面的同时,涂上美容膏做适当按摩,因而有了足够的温度和湿度,使营养物质直接被皮肤吸收。

3. 离子喷雾机

又称离子蒸汽机、奥桑喷雾机及臭氧离子喷雾机,是美容的必备器械。用具有紫外线离子的喷雾机,对经药物清洁后的面部喷雾 10 ~ 30 min,能清洁皮肤、杀菌,促使毛细血管扩张,使护肤品更好地发挥作用,还可按摩皮肤及磨去皮肤表面多余的角质层。

4. 超声波综合美容机

超声波(Ultrasonic wave)是指频率高于 20 000 Hz 的不能引起人的听觉的声波,具有机械作用、温热效应、理化效应。它能使皮肤局部组织细胞受到微细按摩,在理化作用下使细胞膜通透性增加,营养物质及药物易渗透入细胞内,使新陈代谢加速。这样,就提高了组织细胞的再生能力,促使组织创伤恢复,疤痕组织软化而逐渐消失。因此,一般洁面、磨面、蒸面等美容方法所不能解决的如酒糟鼻、暗疮后留下的疤痕及色素沉淀、各种痣及眼袋等,都可以通过超声波美容给予改变。超声波美容机渗透深度好,声波度大,使皮肤血液循环和新陈代谢加强溶解、吸收加快而起到美容效果。

5. 多功能美容机

多功能美容机是指喷雾、皮肤清洁、真空吸啜、阴阳离子电疗、冷喷等功能集于一体的美容器械,其特点是功能齐全,使用方便。

(二)美发工具

1. 电吹风机

电吹风机是用于头发吹干和整形的电器,又称为干发器、吹风机。

(1)分类。按电动机类型分为单相交流感应式、交直流两用串激式和永磁直流式 3 种,按送风方式分为轴流式和离心式两种。

(2)结构。电吹风机主要由外壳、电动机、风叶和电热元件组成。

(3)使用常识。为防止受潮触电、发生意外,使用时,手要保持干燥,并且后端进风口必须保持畅通无阻,前端热风出口也应该与头发保持适当距离,连续使用的时间不能太久;否则,会增大其工作负荷,导致内部温度过高,降低元器件的使用寿命。所以,若需连续使用,应注意冷却片刻后再接着用。不用的时候,宜放在干燥清洁处,严防油、水进入。

2．理发推剪

理发推剪分为手推子和电推子两种，随着社会的进步，物质生活的提高，手推子已不常见。

（1）手推子。在使用时，中心螺帽不要旋得过紧或过松，松紧程度以轧动轻松、刀齿能剪断一两根纱头为正常状态。

（2）电推子。其底壳尾部安有开关，推动开关即接通电源，电流通入绕阻，使磁铁产生脉振磁场，将弯脚吸过来，同时弯脚在顶簧的作用下，又回到原来的位置。如此往复，形成左右移动，带动上刀片来回运动而轧断头发。

第二节　美容美发厅的服务与管理

近年来，随着社会的发展及人们生活水平的提高，美容美发行业加入了越来越多的享乐性成分，逐渐成为休闲保健业的一部分。美容美发成为人们在工作之余消除疲劳、愉悦身心的方式之一。因此，在拥有高超的美容美发师的同时，还必须有现代化的设备及优美、整洁的环境，以愉悦顾客身心。

现代人对美容美发的需求是十分稳定的，特别是对皮肤护理都是定期的，因此旅游饭店一般都设立美容美发项目来满足客人的要求。大部分饭店将美容和美发设置在同一个房间里，因为大部分客人往往同时要求两个项目的服务。在设置美容美发厅的同时，要十分注重清洁卫生。因为这些服务都与人体的皮肤直接接触，因此配备紫外线消毒设备等十分必要。所有与客人接触过的物品都应进行消毒，才能让客人用得放心。

一、美容中心的种类

美容中心根据其性质和形态，大致可分为以下几种：

（一）医学美容中心

医学美容中心将医学与美容相结合，先由医生进行必要的诊疗，再由美容师配合护理。这种美容中心通常设在皮肤科诊所里，以诊疗为主。

（二）专业美容店

专业美容店专门提供化妆、面部美容、脱毛等服务。

（三）休闲式美容店

休闲式美容店能提供美容及其相关的多样化服务，如全身护理、指压按摩、做脸、化妆等项目。休闲式美容店不能有治疗行为，多设在娱乐中心和高级宾馆里。

（四）饭店附设的美容美发厅

二、美容美发厅的结构设置

美容美发中心属于生活服务设施,在饭店中归康乐部或客房部,美容室和美发室有的分开设置,而有的则合二为一。美容美发厅的结构设置一般分为以下 3 个部分:

（一）宾客接待室

宾客接待室,顾名思义就是招待客人的地方。接待室除了安置一些沙发、桌椅,提供报刊、杂志为等候的顾客服务之外,有些美容院还设置美容顾问,解答顾客提出的有关美容美发方面的问题。整个美容厅内回荡着轻松、欢快的背景音乐,使顾客精神放松,以最佳状态接受护理。

（二）美发室

美发室专用的美发设备有吹风机、烘发机、焗油机、剪子、削刀、各类梳子以及美发椅、美发镜台、美发工具车等辅助设备。美发室安装大面积的镜子,顾客可以从各个侧面看到自己,在美发过程中得到享受。

（三）皮肤护理室

在这个区域内,一般设置包厢和大房间,内设真空吸面机、蒸面机、离子导入器等各种皮肤护理设备。强调温馨静怡的消费环境,客人在进行皮肤护理时得到身心放松。

三、美容美发服务的特点

一是技术性强。美容美发的服务水平主要取决于有关服务人员的专业技术水平,由于其服务操作直接影响客人的生命安全和人格尊严,因而要求具有突出的安全技术性。康乐服务与管理人员必须对此具有深刻的认识,在服务操作中保持最高度的责任心。有关的服务与管理人员上岗条件和资格,必须严格遵照国家有关的法规、制度执行,确保客人的身心安全和法律权益。二是时代性强。越来越多的国内宾客光顾饭店的健身房、桑拿中心、美容美发中心,这是我国社会主义现代化建设事业蓬勃发展的时代特征。随着时代的进步,人们的价值取向和审美情趣都会发生不断的变化,并迅速形成时尚潮流,饭店康乐部的有关部门必须迎合甚至引导这些消费潮流,才能够获得宾客的支持和信赖。

四、美容消费客人的心理需求

饭店康乐部美容美发中心提供的美容项目要能够引导当地时尚美容消费的最新走向,向客人提供最新最好的美容美发方式,为客人塑造理想的形象。

清洁卫生,是客人挑选美容美发场所最重要的条件之一。工作人员要严格对客用品进行消毒,特别是与客人直接接触的毛巾、暗疮针、指甲挫等可能传染疾病的用品,以防止产生交叉感染。环境卫生要达到饭店要求的"十无六净"。美容美发专业操作人员要与客人进行近距离接触,对于自身的卫生状况要注意,在为客人提供服务时要注意不接听电话,不食用食物等,给客人干净明快的感觉。

来美容美发的客人都是美的追求者,他们在消费时都希望自己在经过美容美发师的巧手打理后,能够容光焕发,精力充沛,充满自信,展现出自己的魅力。美容美发中心的员工应熟悉美容美发等有关业务,能根据客人的身份、年龄、职业、个性、外形条件等设计出客人满意的发型或妆容;能根据客人的皮肤状态和要求设计提供美容美发方案。

五、美容美发中心服务员的岗位设置

饭店的美容美发中心员工配备要在满足经营管理需要的前提下,将人员按专业化分工后,根据工种性质和工作量大小设立相应的岗位和职务。在这个基础上建立严格的岗位责任制,根据美容美发中心的工作程序来设置服务岗位。

(一)美容美发中心主管

美容美发中心主管全面负责美容美发中心的一切事务,他必须策划本部门的工作,对下属进行评估、工作指导及奖惩,随时检查员工为宾客服务时是否严格履行操作程序,服务是否周到,态度是否和善等,以此作为改善经营管理和服务的依据。

(二)美容美发中心服务员

美容美发中心服务员肩负着迎宾员、清洁员、服务员、收银员的职责。负责接受宾客美容美发预订、接待,为客人安排专业操作人员;清洁美容美发中心公共区域和服务区域;负责物品发放,做好登记;负责对客接待工作,下通知单给专业操作人员,并准确记录客人信息,建立客人消费档案;负责客人遗留物品的处理;填写营业报表;收取客人费用等。除此以外,还要担负专业操作人员的助手工作,如引领美体客人更衣沐浴;为美发客人更换理发衣、洗头;为美容客人铺美容床等。

(三)美容美发中心专业操作人员

美容美发中心专业操作人员包括美容师、美发师、美体师、美甲师等。专业操作人员的操作技术水平与交际能力直接影响到美容美发中心的经营状况。他们要具备丰富的专业知识,不仅能按照客人的要求提供服务,还能根据自己的判断为客人提出可行的建议,使客人经过修饰后展现出自己的个性和魅力;要有高超的操作技巧,在操作时不墨守成规,可推陈出新;还要有良好人际沟通能力,在与客人交流中分析客人消费需求,摸清客人性格,提供令人满意的服务。专业操作人员要有职业道德,遵守规章制度,熟练掌握工作内容与程序;持有专业上岗证书;听从调度指挥。

六、美容标准化服务

(一)准备阶段

按规定的时间和要求完成环境卫生整理工作；做好美容器具的消毒工作，准备好美容药品、护肤品、化妆品、毛巾、头巾等，打开蒸汽发生器的电源开关；阅读"预约服务登记表"，做好对有关客人的服务准备工作。

(二)预订服务

(1)接受客人预订时要主动、热情。

(2)对电话预订，必须在电话铃响三声内接听。

(3)预订信息记录准确，记录客人姓名、电话、美容项目、服务时间、指定的美容师等，并复述清楚，取得确认。

(4)如果客人是第一次光临，可主动向客人介绍美容种类、特点，耐心细致地帮助客人选择美容项目。

(5)及时通知有关人员做好准备，使客人有方便感。

(三)迎宾服务

对顾客服务的责任心、耐心和爱心是做好美容服务工作的首要标准。客人到来，要热情接待，主动问候，表示欢迎。若同时来客较多，要按先后次序安排客人。若客人需要，入室时帮助客人宽衣，并用衣架托好挂在衣帽架上。询问客人的服务要求（美容或理发等），解答客人提出的护肤问题，并提出有效的皮肤护理计划。对初次到达的客人，应引导其参观设备，介绍服务项目和特定美容师。专业理论知识和良好服务意识是美容服务产品推销成功的关键。如果客人需要美容服务，应协助其填写顾客登记表，并对需要"月卡"的顾客办理手续。

(1)热情接待，热情礼貌地主动问候客人，对常客、回头客能够称呼姓名或头衔。

(2)如果客人有预订，应迅速查找预约登记表中客人的姓名，为客人进行登记。

(3)如客人需要脱衣摘帽，服务员要主动为客服务，并将衣帽挂在衣架上，请客人坐下。若客人来得较多，要按先后次序安排客人，并为其送上茶水、书报杂志等；如果客人需要擦鞋服务，可以为其提供服务。

(4)对于初次到达的客人，还应引导其参观美容设备，介绍美容服务项目。

(5)询问客人需要美容服务的项目和要求，耐心解答客人提出的护肤问题。

(6)了解客人拟定消费项目，并对中心其他项目进行促销。

(7)向客人说明美容项目费用标准，确定付费方式。

(8)分发更衣柜钥匙或美容衣等，并提醒客人保存好更衣柜钥匙，请客人将贵重物品寄存服务台或随身携带。

(9)引领客人到美容室。

(四)对客服务阶段

(1)客人躺在美容床上后,为其盖好毛巾被和罩布,必须一边操作一边介绍为其使用的美容用品和操作手法的名称、功效和特点,并询问客人的感受,回答客人提出的问题。

(2)使用脱脂棉团沾卸妆水,洗去客人眼部的彩妆;再用洗面奶为客人清洁面部、颈部的化妆品。

(3)使用脱脂棉团沾收缩水为客人擦涂一遍面部和颈部。

(4)将磨砂膏均匀地涂在客人的面部,几分钟以后按规定的手法为客人做面部按摩。一般顺序是:眼部→前额→面颊→鼻子→下颌。

(5)使用真空吸面机或专用洗面奶为客人去除面部污点和污垢。

(6)使用喷雾机向客人面部喷雾。

(7)为客人再擦涂一次收缩水。

(8)为客人擦涂按摩膏,几分钟后为客人做按摩。

(9)使用面膜膏为客人擦涂面部和颈部。

(10)擦上收缩水,几分钟以后用清水洗净,根据客人皮肤的特点为其擦抹护肤霜。

(五)结账服务

(1)事先准备好账单。

(2)当客人示意结账时,服务员要引领客人结账,或者将账单递送给客人。

(3)收验客人递来的现金、信用卡、房卡等,为客人办理相应的结账手续。

(4)如客人要求挂单,服务员要请客人出示房卡并与前台收银处联系,待确认后要请客人签字并认真核对客人笔迹,如未获前台收银处同意或认定笔迹不一致,则请客人以现金结付。

(5)接受客人交回的更衣室钥匙,对客人的到来表示感谢。

(六)送别服务

(1)帮助客人穿好外套,并提醒其带好随身物品。

(2)送客人至美容厅门口,礼貌向客人道别并欢迎下次光临。

(3)迅速检查客人是否有遗留物品,若有,及时赶上并归还客人。

(4)将对该客人的服务要点记入"顾客服务档案",为个性化服务做必要的准备工作。

七、美发标准化服务

美发必须与客人的脸型、体型、个性、服装、饰物、生活习惯等相一致,以体现出个人风格。根据客人的发性(油性、中性、干性)和发质(细发质、普通发质和粗发质)特征选用洗发水,进行造型设计等。

(一)准备阶段

主要包括卫生工作和备足器械准备工作两项。用医用酒精或者专用消毒液对美发工具进行消毒,阅读"预约服务登记表",做好对有关客人的服务准备工作。

(二)迎宾阶段

(1)客人到达,应使用服务用语主动问候,接挂客人的衣物。客人如果需要擦鞋服务,可以通知服务员。

(2)如果客人较多,需要排队,应当告知客人需要等候的时间,以便其决定是否排队等候。服务员应为等候的客人提供报刊、杂志。

(3)请客人入座时,应该将转椅朝向客人方便入座的角度,然后为客人盖好罩布。

(三)预订服务

(1)接受客人预订时要主动、热情。

(2)对电话预订,必须在电话铃响三声内接听。

(3)预订信息记录准确,记录客人姓名、电话、美发项目、服务时间、指定的美发师等,并复述清楚,取得确认。

(4)如果客人是第一次光临,可主动向客人介绍美发种类、特点,耐心细致地帮助客人选择美发项目。

(5)及时通知有关人员做好准备,使客人有方便感。

(四)美发前的准备工作

(1)备好美发卫生专用品、美发用品,做好美发室及美发设施的清洁卫生。

(2)检查美发室设施设备,保持各种设施设备完好。

(3)注意自己的仪容仪表,上岗前要身着清洁的工作服,精神饱满地准备迎接客人。

(五)迎宾服务

(1)面带微笑,热情礼貌地主动问候客人,对常客、回头客能够称呼姓名或头衔。

(2)如果客人有预订,应迅速查找预约登记表中客人的姓名,为客人进行登记。

(3)如客人需要脱衣摘帽,服务员要主动为客服务,并将衣帽挂在衣架上,请客人坐下。如果客人较多,应安排其按顺序等候,并告知大约等候的时间,同时为客人提供茶水、书报杂志等。

(4)对于初次到达的客人,还应引导其参观美容设备,介绍美发服务项目。

(5)询问客人需要的美发项目和要求,了解客人拟定消费项目,并对中心其他项目进行促销。

（6）向客人说明美发项目费用标准,确定付费方式。

（7）将客人引领到美发室。

（六）对客服务阶段

（1）男宾美发:

①询问客人对发型的要求,并安排洗发人员(洗头一般由理发师副手完成)。②客人无论是要理发、洗发、电发、美发,都要先给客人洗头。洗头前,先调好水温,第一、二次用洗发液洗,第三次用护发素洗。先搓香波,再进行头部按摩,然后揉洗,最后用温水为客人冲净洗发水。③从后颈部的发基处开始为客人修剪头发,按客人头发的疏密、脸型、客人要求等认真、细致地剪出理想的发型。剪发时,神情要专注,动作要轻快、熟练。美发过程中,客人电发或发上施有药水或其他原因需要等候时,要告诉客人等候的时间。④刮脸。先打胡须水,然后按脸、嘴、鼻、眼、眉、耳的顺序轻刮。⑤吹发型。根据客人的要求擦摩丝,然后分层次、分角度吹风。⑥上发胶、喷香水要适度。⑦用镜子征求客人对后头部理发的意见。

（2）女宾美发:

①洗头或头部按摩的方法与对男宾服务时相同。②修剪。根据客人的头型、脸型、发型,结合客人的要求分层次修剪。修剪的主要手法有托剪、抓剪、滑剪、去薄剪等。修剪后的头发应薄厚匀称,长短适当。③吹风。通过吹边、吹花、吹卷等手法,使客人的发式从整体上看自然、美观。

（七）美发完毕服务工作

（1）美发结束后,如客人无其他要求,服务员应帮助客人取下毛巾,脱下理发衣,清除客人身上粘着的头发,帮助客人整理好衣领,穿好外套。

（2）征询客人对美发中心的意见和建议,对客人的光临表示感谢。

（3）为客人送上茶水,请客人稍事休息。

（八）结账服务

（1）事先准备好账单。

（2）当客人示意结账时,服务员应主动引领客人结账或将账单递送给客人。

（3）收验客人递来的现金、信用卡、房卡等,为客人办理相应的结账手续。

（4）如客人要求挂单,服务员要请客人出示房卡并与前台收银处联系,待确认后要请客人签字并认真核对客人笔迹,如未获前台收银处同意或认定笔迹不一致,则请客人以现金结付。

（九）送别服务

（1）客人离别时,服务员要主动提醒客人不要忘记随身物品,并帮助客人穿戴好衣帽。

（2）将客人送出美发室门口,礼貌地向客人道别并欢迎其再次光临。

(3)迅速检查客人是否有遗留物品,若有,及时赶上并归还客人。

（十）收尾工作

(1)在客人离开后,及时做好美发室的清洁卫生工作。

(2)收拾客人用过的毛巾,及时送洗衣房进行洗涤消毒。

(3)整理美发用具,补充客用品,并按照规格和标准放在指定位置。

(4)关闭电源、水源、门窗等。

(5)将对该客人的服务要点记入"顾客服务档案"。

八、美容服务要注意的问题

(1)注意清洁卫生和保持整齐的仪容等。

(2)收费要说明、说清。

(3)要注意同客人的沟通。美容服务的项目很多,客人的习惯和要求又各不相同。为了服务周到,使客人满意,理发员要做到:一观察、二询问、三细心操作。发型师要征求顾客意见,顾客要将自己想要的发型提出来与发型师沟通,并告诉发型师自己的职业、兴趣、生活方式等,专业发型师会判断顾客想要的发型与其个人职业、发质等各方面适合与否。若不适合,什么样的发型较好? 为什么? 美发后的效果如何?专业发型师应跟顾客谈清楚,直至顾客满意为止。

询问就是在观察的基础上,询问客人有什么要求,如发型、长短及操作技术等,一切询问清楚后,再进行操作。

细心操作包括两个方面:一是在操作过程中注意客人的表情动态。如洗头时,是轻一点好,还是重一点好,要依客人的动态而定;二是遇到奇特发型要慢削、慢剪,随时征求客人意见,按客人要求操作。有些来洗头的女外宾,要求保持长发梳成的发型,理发员要在洗发之前细心拆下发卡,记住梳理顺序,绝不可出现给客人洗头后不能恢复原发的情况。

(4)应提供最基本的美容咨询、概况介绍、物品保管等服务项目。

(5)美容中心不能有治疗行为,对有问题的皮肤应建议到医院皮肤科就诊。

九、美容美发厅的管理

（一）合理配置设备

应设置休息室、美容厅、美发厅,厅内有理发椅、大镜、电烫机、洗梳台、美容床等各种设备和美容美发用具、用品。各种设备的摆放要适当,有利于操作,室内要始终保持清洁、舒适。

（二）制定操作程序、工作标准

美容美发是专业技术性较强的工作,一般分男式理发、女式理发和美容3种服务。理发、染发、做假发、修指甲、按摩服务以及美容化妆等都应制定具体的操作程序。

（三）注重清洁卫生

包括设施设备的清洁卫生和内外环境的清洁卫生，例如：眉刷、唇扫、化妆扫每周清洁一次，粉扑2～3天清洗一次。

（四）提倡个性化服务

美容美发工作是十分细致的，要注意两个问题：一是态度要热情、友好，迎接客人要主动，操作服务要规范，征求意见要及时。二是要根据客人的年龄、脸型、体型不同及要求不同，提供有针对性的服务。要善于察言观色，揣摩客人心理，多询问客人，当好客人的参谋，使发型、化妆等符合客人的身份。

【小　结】

本章主要介绍了美容美发的基本知识、原理，美容美发厅的结构设置、布局，美容美发的服务与管理等内容，旨在通过对本章的学习，能够正确理解美容美发的操作标准，重点掌握其服务与管理等内容。

【思考题】

1. 简述皮肤的构造。
2. 皮肤有哪几种类型？
3. 化妆的步骤是什么？
4. 美发基本技能有哪些？
5. 美容服务项目有哪些？
6. 美发服务项目有哪些？
7. 简述美容美发中心的管理要点。

【案例与思考】

案例 15-1

在忙碌了一天后，美容美发厅的小王等几位服务员正在做卫生，准备关门下班。这时，有几个客人带着醉意进入了美容美发厅，要求洗头，小王上前向客人礼貌地说："对不起，我们已经下班了，欢迎几位明天光临。"可是客人却指着小王说："你们服务态度太差了,我又不是不给钱! 今天洗不成头,老子就不走了。"

问题:

(1)服务员小王应该怎么办?(提示:要以"客人总是对的"为宗旨)

(2)该事件发生后,服务员小王她们应该总结什么经验?(提示:服务结束后,也要按标准化程序做好结束工作等)

案例 15-2

一位客人在美容美发厅抽烟,有服务员去劝阻,他说:"你们服务效率太低了,动作又慢,我等得不耐烦了才抽烟的,你不要管我!"服务员于是向领班报告。

问题:

假如你是领班该怎么办?(提示:注意服务论和服务心理学的灵活应用)

参考文献

[1] 刘哲.康乐服务与管理[M].北京:旅游教育出版社,2001.

[2] 李云霞,姜若愚,田芙蓉.康乐经营与管理[M].昆明:云南大学出版社,1999.

[3] 林清波,吴俊伟,陈秀忠.现代饭店康乐经营与管理[M].广州:暨南大学出版社,1998.

[4] 张润刚.康乐管理规程(东方酒店管理公司酒店管理模式)[M].北京:经济科学出版社,2001.

[5] 吴克祥.KTV 的经营与管理[M].沈阳:辽宁科技出版社,1998.

[6] 蔡捷,陈海旺.酒店人力资源管理[M].北京:中国经济出版社,1994.

[7] 胡君辰,郑绍廉.人力资源开发与管理[M].上海:复旦大学出版社,1999.

[8] 万光玲.康乐经营与管理[M].沈阳:辽宁科学技术出版社,1996.

[9] 蔡睿.高尔夫运动入门[M].南京:江苏科学技术出版社,2001.

[10] 徐坚白.俱乐部的经营管理[M].沈阳:辽宁科学技术出版社,2001.

[11] 董晓峰.康乐部服务与管理[M].大连:东北财经大学出版社,2000.

[12] 吴克祥.现代娱乐业经营管理实务[M].北京:中国旅游出版社,1998.

[13] 周彬.现代饭店康乐管理[M].上海:上海人民出版社,2001.

[14] 宋晓玲.饭店服务常见案例 570 例[M].北京:中国旅游出版社,2001.

教师信息反馈表

为了更好地为教师服务,提高教学质量,我社将为您的教学提供电子和网络支持。请您填好以下表格并经系主任签字盖章后寄回,我社将免费向您提供相关的电子教案、网络交流平台或网络化课程资源。

书名:		版次	
书号:			
所需要的教学资料:			
您的姓名:			
您所在的校(院)、系:	校(院)	系	
您所讲授的课程名称:			
学生人数:	_____人 _____年级	学时:	
您的联系地址:			
邮政编码:	联系电话	(家)	
		(手机)	
E-mail:(必填)			
您对本书的建议:	系主任签字 盖章		

请寄:重庆市沙坪坝正街 174 号重庆大学(A 区)
重庆大学出版社市场部

邮编:400030
电话:023-65111124
传真:023-65103686
网址:http://www.cqup.com.cn
E-mail:fxk@cqup.com.cn